Réussir
sa demande de **permis de construire**

Du même auteur ───

avec S. Fourage. – **Le mémento du conducteur de travaux**, 2ᵉ édition, 6ᵉ tirage, G11048, 2007.

Dans la même collection ─────────────────────────────────

M. Moro. – **Bien choisir sa maison**, G11593, 2005.

Chez le même éditeur ────────────────────────────────────

J.-P. Gousset. – **Lire et réaliser les plans de maisons de plain-pied**, G11718, 2007.
H. Renaud. – **Plans et perspectives, Plain-pied et étage**, G11630, 2005.
H. Renaud. – **Plans de maisons de plain-pied et combles aménagés**, G11517, 2005.
H. Renaud. – **Réussir ses plans**, G11096, 2002.
T. Tangaz. – **Architecture d'intérieur, Cours pratique et théorique**, G11921, 2006.

Réussir
sa demande de **permis de construire**

Brice Fèvre et Jean-Marc Chailloux

EYROLLES

ÉDITIONS EYROLLES
61, bld Saint-Germain
75240 Paris Cedex 05
www.editions-eyrolles.com

DANGER

LE PHOTOCOPILLAGE TUE LE LIVRE

Le code de la propriété intellectuelle du 1er juillet 1992 interdit en effet expressément la photocopie à usage collectif sans autorisation des ayants droit. Or, cette pratique s'est généralisée notamment dans les établissements d'enseignement, provoquant une baisse brutale des achats de livres, au point que la possibilité même pour les auteurs de créer des œuvres nouvelles et de les faire éditer correctement est aujourd'hui menacée.

En application de la loi du 11 mars 1957, il est interdit de reproduire intégralement ou partiellement le présent ouvrage, sur quelque support que ce soit, sans l'autorisation de l'Éditeur ou du Centre Français d'exploitation du droit de copie, 20, rue des Grands Augustins, 75006 Paris.

© Groupe Eyrolles, 2008, ISBN : 978-2-212-11573-4

Sommaire

Avant-propos 1

1. Historique du permis de construire 2
   - 1.1 Esthétisme et sécurité… 2
   - 1.2 Protection patrimoniale et considérations sanitaires… 2
   - 1.3 Urbanisme et réglementation nationale… 3
   - 1.4 Décentralisation et planification… 5
2. Intérêt du respect du règlement 7
3. La simplification du règlement 8
4. Les infractions et les sanctions 9
   - 4.1 Les infractions 9
   - 4.2 Le constat des infractions 10
5. Le recours à un architecte 12

Chapitre 1 • Le cadre réglementaire 15

1. Les Codes 15
   - 1.1 Le Code de la construction et de l'habitation 16
   - 1.2 Le Code de l'urbanisme 17
   - 1.3 Le Code civil 18
   - 1.4 Le Code de l'environnement 18
   - 1.5 Le Code du patrimoine 18
2. Les documents d'urbanisme 19
   - 2.1 Le règlement national d'urbanisme 19
   - 2.2 Les Schémas de cohérence territoriale 20
   - 2.3 Les Plans locaux d'urbanisme 21

2.4	Les cartes communales	23
2.5	Les documents opposables aux documents d'urbanisme	24
3	Les habitations légères, mobile home, caravanes et camping	25
3.1	Les habitations légères de loisirs	25
3.2	Les résidences mobiles de loisirs	25
3.3	Les caravanes	26
3.4	Le camping	27
3.5	L'information du public	27
4	Les secteurs spécifiques	28
4.1	Les secteurs sauvegardés	28
4.2	Les sites inscrits et classés	29
4.3	Le champ de visibilité d'un monument historique	29
4.4	La zone de protection du patrimoine architectural, urbain et paysager	30
4.5	Les réserves naturelles et parcs nationaux	31
4.6	Les secteurs de décision communale	32
4.7	La restauration immobilière	32
5	Le Certificat d'urbanisme	32
5.1	La simple demande d'information ou Certificat de droit commun	33
5.2	La demande préopérationnelle	33
5.3	Le formulaire de demande	34
5.4	La décision de l'autorité compétente	40
5.6	Le contenu de Certificat d'urbanisme	40

Chapitre 2 • Le calcul des surfaces 43

1	La Surface hors œuvre brute	44
1.1	Les éléments constitutifs de la SHOB	44
1.2	Les éléments non constitutifs de la SHOB	47
2	La Surface hors œuvre nette	49
2.1	Les déductions relatives aux sous-sols et aux combles des constructions	49
2.2	Les déductions relatives aux toitures-terrasses, balcons, loggias et surfaces non closes des rez-de-chaussée	52
2.3	Les déductions relatives aux aires de stationnement des véhicules	54

2.4	Les déductions relatives à certains bâtiments des exploitations agricoles..	55
2.5	La déduction forfaitaire relative à l'isolation des locaux à usage d'habitation..	56
2.6	La déduction spécifique aux opérations de réfection d'immeubles à usage d'habitation.......................................	56
3	Fiche d'aide pour le calcul des SHOB et SHON	58
4	Le Coefficient d'occupation des sols	59
4.1	Calcul de la SHON maximale..	59
4.2	Dépassement du COS...	59

Chapitre 3 • Nature des travaux exécutés .. 65

1	Les constructions	66
2	La création de surface de plancher dans une enveloppe existante.........	67
3	La modification de bâtiment...	68
4	Le changement de destination d'une construction existante	69
5	Modification de l'aspect extérieur d'un bâtiment	70
6	Les travaux sur immeubles spécifiques	70
7	La modification de l'aménagement des abords d'un bâtiment.............	72
8	Les murs...	73
9	Les clôtures...	73
10	Les piscines	74
11	Les châssis et serres	75
12	Les éoliennes	76
13	La démolition	77
14	Les lotissements..	77
15	Les aires de stationnement...	78
16	Les affouillements et exhaussements...	79
17	Les autres travaux dispensés d'autorisations......................................	80

18	Les cas particuliers des habitations légères de loisirs et terrains de camping	81
19	Les cas particuliers des Établissements recevant du public	82
	19.1 L'autorité administrative compétente	82
	19.2 Le dépôt et contenu de la demande	83
	19.3 L'instruction de la demande	85
	19.4 Le délai d'instruction	85
	19.5 L'achèvement des travaux	85
	19.6 L'autorisation d'ouverture d'un établissement recevant du public	86
20	Le cas particulier des Immeubles de grande hauteur	86
	20.1 L'autorité administrative compétente	86
	20.2 Le dépôt et contenu de la demande	86
	20.3 L'instruction de la demande	87
	20.4 Le délai d'instruction	87
21	Tableau récapitulatif	88

Chapitre 4 • Réalisation du dossier 91

1	La déclaration préalable	91
	1.1 Le formulaire	91
	1.2 Les pièces à joindre à la déclaration préalable	99
	1.3 Le récépissé de dépôt d'une déclaration préalable	101
2	Le permis de construire une maison individuelle et/ou ses annexes	102
	2.1 Le formulaire	102
	2.2 Les pièces à joindre à la demande	107
	2.3 Le récépissé de dépôt	109
3	Le permis de construire	110
	3.1 Le formulaire	110
	3.2 Les pièces à joindre à la demande	117
	3.3 Le récépissé de dépôt	121
4	Le permis d'aménager	122
	4.1 Le formulaire	122
	4.2 Les pièces à joindre à la demande	129
	4.3 Le récépissé de dépôt	134

5	Le permis de démolir...	135	
	5.1 Le formulaire	135	
	5.2 Les pièces à joindre à la demande	137	
	5.3 Le récépissé de dépôt..	138	
6	Tableau récapitulatif	139	
7	Les pièces à joindre à la demande	139	
	7.1 Le plan de situation..	139	
	7.2 Le plan de masse	140	
	7.3 Le plan en coupe du terrain et de la construction	142	
	7.4 La notice décrivant le terrain	143	
	7.5 Le plan des façades et toitures.............................	144	
	7.6 Document graphique...	145	
	7.7 Photographies	146	

Chapitre 5 • L'instruction de la demande d'autorisation 147

1	L'autorité compétente pour délivrer l'autorisation..............	147
	1.1 Les décisions prises au nom de la commune............	148
	1.2 Les décisions prises au nom de l'État	148
2	Le déroulement des opérations d'instruction	149
	2.1 L'enregistrement de la demande...........................	149
	2.2 La transmission des demandes	149
	2.3 La publicité de la demande.................................	150
3	Les opérations d'instruction...	151
	3.1 Le point de départ du délai d'instruction	151
	3.2 Les délais d'instruction..	151
	3.3 L'étude de la légalité du dossier	158
4	La décision...	159
	4.1 Les décisions tacites et expresses	159
	4.2 La forme et le contenu de la décision	160
	4.3 La notification de la décision................................	161
	4.4 Le refus de l'autorisation.....................................	161

Chapitre 6 • Après l'obtention de l'autorisation 163

1	La durée de validité	163
2	L'affichage de la décision	165
3	Les autres affichages	170
4	Le transfert du permis de construire	170
5	Le permis modificatif	173
6	Le recours des tiers	180
7	La déclaration d'ouverture de chantier....................................	180

Chapitre 7 • Après la réalisation des travaux 185

1	La déclaration d'achèvement des travaux et récolement	185
2	Conformité des travaux	188
3	Les taxes liées à la construction	189
	3.1 La Taxe locale d'équipement..	189
	3.2 La Taxe complémentaire à la Taxe locale d'équipement	191
	3.3 La Taxe départementale pour le financement des dépenses des conseils en architecture, d'urbanisme et de l'environnement ..	193
	3.4 La Taxe départementale des espaces naturels sensibles	194
	3.5 Les autres taxes..	195
	3.6 Le recouvrement des taxes	195
	3.7 Le dégrèvement, décharge ou restitution partielle des taxes	196

Chapitre 8 • Les assurances et garanties 197

1	L'assurance dommages ouvrage	197
	1.1 Quand doit-on souscrire ?	198
	1.2 Que couvre cette assurance ?......................................	198
	1.3 La déclaration de sinistre	198
	1.4 La procédure d'indemnisation	199
	1.5 Règlement de l'indemnisation	199

2	L'assurance tous risques chantier		200
3	Les garanties		200
	3.1	La garantie de livraison	201
	3.2	La garantie de parfait achèvement	201
	3.3	La garantie de bon fonctionnement	202
	3.4	Garantie décennale	202

Bibliographie 205

Sitographie 207

Sigles 209

Index 211

Avant-propos

Environ 450 000 demandes de permis de construire sont déposées chaque année, qui aboutissent à 400 000 autorisations délivrées. La moitié d'entre elles, soit 200 000, concernent la construction de maisons individuelles, dont 70 % sont issues d'une demande faite par le particulier lui-même et 30 % sont faites par un professionnel. 20 000 demandes concernent la construction de logements collectifs et 110 000 correspondent à des modifications ou agrandissements de bâtiments existants, ou bien à des changements de destination. La construction de locaux professionnels et d'activité représente les 70 000 demandes restantes. S'ajoute à cela, 400 000 déclarations de travaux.

La moitié des dossiers de demande de permis de construire s'avèrent incomplets. La méconnaissance du système, le flou de la nature exacte des pièces exigées et la superposition de plusieurs réglementations en sont souvent la cause. La réforme engagée en 2004 et qui a abouti à la mise en application au 1er octobre 2007 de nouvelles règles d'urbanisme, a pour but de remédier à ces inconvénients.

Cet ouvrage est destiné à guider, avec un langage clair, le candidat vers l'acte de construire, de telle sorte qu'il sache, en fonction du projet qu'il porte, les démarches qu'il doit entreprendre. Les services instructeurs pourront quant à eux trouver dans les divers tableaux synthétiques, la réglementation en vigueur qui concerne la demande d'autorisation qui leur est soumise.

1 Historique du permis de construire

1.1 Esthétisme et sécurité...

Au cours des âges et pour de multiples motifs, les pouvoirs en place ont toujours eu le souci d'encadrer l'acte de construire. Pour des raisons d'esthétisme, de tracés monumentaux et de perspectives sur les palais, les Grecs et les Romains imposaient déjà des règles d'alignement et de gabarit. Cela permettait également de renforcer la sécurité civile et militaire : la première en imposant des distances entre les constructions afin d'éviter la propagation du feu, la seconde en préservant la libre circulation des véhicules et des troupes.

La période moyenâgeuse, moins rigide, va laisser la constitution des villes aux soins des initiatives individuelles, aboutissant bien souvent à des implantations plus ou moins anarchiques. Au XVe siècle, les problèmes de sécurité ainsi que la volonté d'embellissement, incitent certaines villes à édicter leur propre règlement. Apparaissent les premières demandes d'autorisation préalable à la construction d'un édifice. L'octroi de ces autorisations se faisait par l'intermédiaire d'une institution différente en fonction de la cité concernée, instaurant ainsi de nombreuses inégalités.

1.2 Protection patrimoniale et considérations sanitaires...

À partir du XVIIe siècle, la densification des villes va engendrer la nécessité de réglementer les constructions urbaines ainsi que la propriété foncière avec les droits et les devoirs qui en découlent, et ce, au niveau national. De nombreux textes voient le jour : imposition d'un alignement, définition de prospects, limitation de hauteur, création de servitudes de reculement, etc.

Les considérations sanitaires, développées au cours du XIXe siècle, vont profondément influencer la rédaction de nouveaux textes. Il est ainsi créé en 1810 une police des établissements dangereux, incommodes et insalubres et une police des édifices menaçants ruine en 1850. Le décret de 1852 relatif aux rues de Paris, impose le raccordement aux réseaux à toutes nouvelles constructions. Ce décret, lié aux grands travaux d'Haussmann, institue pour la première fois l'obligation, à tous constructeurs, de déposer une demande préalable avant le début des travaux. Principalement dicté par l'intérêt de la sécurité, de la salubrité publique et de l'esthétisme des façades, il introduit également les bases du permis tacite. La loi de 1858 relative à la salubrité des villes renforcera, quant à elle, la réglementation sanitaire. Au temps de l'essor industriel et des grandes innovations, va naître une nouvelle préoccupation : celle de la considération du patrimoine historique et de sa conservation. Deux lois importantes traiteront, en 1841, de la protection du patrimoine, et en 1887, de la protection des monuments historiques. Cette prise de conscience se poursuivra jusqu'au début du siècle suivant avec la promulgation en 1906 de la loi sur la protection des sites et en 1913 la réorganisation de la loi de 1887.

Le début du XXe siècle fut marqué par la loi relative à la protection de la santé publique. Cette loi très importante de 1902 prévoit, pour chaque commune de plus de 20 000 habitants, l'établissement d'un règlement sanitaire communal, et impose, avant toute construction, l'obtention d'un permis prouvant le respect de ce règlement. Toujours guidée par un souci d'esthétisme, la loi Cornudet de 1919 constitue le premier texte d'urbanisme en imposant, aux communes de plus de 10 000 habitants, la création d'un projet d'aménagement, d'embellissement et d'extension. Ce projet était constitué de documents graphiques et d'un règlement écrit réunissant l'ensemble des servitudes. Même si très peu furent réalisés pour cause de difficulté de mise en œuvre, ces projets n'en constituent pas moins les ancêtres des Plans d'occupation des sols. C'est également le cas des autorisations avant travaux rendues indispensables par cette loi vis-à-vis des permis de construire actuels. C'est dans le contexte de reconstruction de ces années vingt, où les lotissements proliféraient en périphérie des villes, qu'est apparue la nécessité d'une réelle planification urbaine, et que cette dernière n'était pas uniquement l'affaire des pouvoirs publics mais qu'elle devait s'imposer à tous.

1.3 Urbanisme et réglementation nationale...

Véritable acte de naissance du permis de construire moderne, la loi de 1943 organise la gestion de l'urbanisme en créant une administration spécifique, en effectuant une synthèse des règlements antérieurs, en confiant à l'État le soin de réaliser les projets d'aménagement, et surtout en unifiant et universalisant sur l'ensemble du territoire national l'autorisation de construction quelles que soient son importance et sa localisation urbaine ou rurale. Cette vision fondamentale de l'urbanisme va, de par sa centralisation décisionnaire, engendrer dans l'avenir de nombreuses difficultés d'application sur le terrain.

La reconstruction d'après guerre effectuée dans l'urgence va mettre en lumière la nécessité d'une vision plus globale et d'une planification des sols, malheureusement trop souvent dictée par l'influence économique des Trente Glorieuses. Les textes se succèdent et se superposent. Le Règlement national d'urbanisme, créé en 1955, réglemente l'implantation, le volume et l'aspect des constructions ainsi que leur localisation et leur desserte. Il est encore en vigueur dans certaines communes. Les projets d'aménagement de 1943 sont remplacés dans la fin des années cinquante par des ZUP (Zone à urbaniser en priorité). Les villes peuvent se doter de Plans d'urbanisme directeurs et de détail, puis de Plans d'aménagement et d'organisation générale (PADOG). En 1962, sont créées les ZAD (Zones d'aménagement différé) qui s'avèreront être un échec.

La multiplication des textes incite le législateur à créer, en 1961, le Code de l'urbanisme et de l'habitation, regroupant la législation en vigueur. Le patrimoine historique quant à lui, trop souvent malmené par les constructions hâtives et de grande ampleur, sera protégé par la loi Malraux de 1962, mettant en place les secteurs sauvegardés.

La lenteur des décisions, leur centralisation et surtout l'emprise de l'administration sur le développement local, conduisent à la remise en cause du système en place. La loi d'Orientation foncière de 1967, différencie la réglementation applicable des documents prospectifs et concilie les impératifs de l'État avec les intérêts communaux en créant les Schémas directeurs d'aménagement et d'urbanisme (SDAU) qui incluent la concertation locale, les Plans d'occupation des sols (POS) de compétence communale et les Zones d'aménagement concerté (ZAC). Le permis de construire s'obtient alors qu'au regard des seules règles d'urbanisme. Apparaissent les années suivantes la simple déclaration préalable, le permis tacite et le Certificat d'urbanisme en tant qu'acte administratif créateur de droit.

L'abondante législation relative au financement de la construction et plus particulièrement du logement, et celle concernant le droit de l'urbanisme, conduisent en 1973 à la distinction entre le Code de l'urbanisme et le Code de la construction et de l'habitation. Plus tard, en 1976 et 1977, le régime du permis de construire se précise avec la création d'une liste de travaux soumis à autorisation. Les années soixante-dix sont également l'époque de la prise de conscience de la protection de l'environnement et du cadre de vie, par la création des Zones d'environnement protégé de la loi de 1976.

1.4 Décentralisation et planification...

Les années quatre-vingt marquent le tournant important de la décentralisation. En ce qui concerne le permis de construire, la loi de 1983 en modifie radicalement la procédure d'instruction et d'attribution, en la transposant au niveau local. En effet, si la commune est dotée d'un POS, le maire accorde le permis au nom de la commune et non plus au nom de l'État comme auparavant. Pour les autres communes, le préfet reste compétent. Afin de répondre au souci toujours croissant de préservation du patrimoine existant, la loi de 1983 instaure les Zones de protection du patrimoine architectural urbain et paysager (ZPPAUP). C'est également l'époque où le législateur impose la concertation des citoyens lors de l'établissement de documents ou règlements d'urbanisme ainsi que lors de création de zones spécifiques. Sous le couvert de simplification et parce que le droit de l'urbanisme est considéré comme un frein au marché de la construction, la loi de 1986 instaure la Déclaration de travaux pour les travaux de faible importance et dresse une liste de travaux exemptés de permis de construire. L'imprécision des textes rendra difficile son application.

Ce transfert de compétence a très vite engendré le besoin d'encadrer, au niveau national, les différents plans d'urbanisme réalisés au niveau local, ce que seul le contrôle de légalité ne pouvait faire. Plusieurs lois sont venues ajouter des prescriptions spécifiques et des obligations de planification qui s'opposent aux règles locales : loi Montagne (1985), loi Littoral (1986), loi Paysage (1986) et loi d'Orientation pour la ville (1991). Beaucoup considèrent ces textes comme une forme de recentralisation des compétences d'urbanisme. Ce qui est certain, c'est que les lois qui suivirent ont toutes eu pour but d'imposer, dans les documents d'urbanismes locaux, une réflexion prospective à diverses échelles afin de promouvoir un développement harmonieux du territoire. Ce fut le cas de la loi Solidarité et renouvellement urbain (SRU) de décembre 2000, qui institue les SCOT, les PLU ainsi que le nouveau régime du Certificat d'urbanisme ; et de la loi Engagement national pour le logement (ENL), du 13 juillet 2006, qui pose les bases de la réforme du permis de construire de 2007.

Chronologie du permis de construire
Ordonnance de Sully, 1607 : alignement individuel.
Ordonnance de 1783 : gabarits, prospects et trottoirs.
Loi de janvier 1804 : loi relative à la propriété.
Loi de 1841 : protection du patrimoine.
Décret du 26 mars 1852 : rues de Paris, grands travaux d'Haussmann.
Loi de 1858 : salubrité des villes.
Loi du 30 mars 1887 : protection des monuments historiques.
Loi du 15 février 1902 : protection de la santé publique.
Loi du 14 mars 1919 (Cornudet) : police de l'urbanisme.
Loi du 19 juillet 1924 : Plans d'extension et d'aménagement des villes.
Loi du 25 février 1943 : monuments historiques, périmètre de 500 m.
Loi du 15 juin 1943 : loi d'urbanisme.
Décret de 1955 : Règlement national d'urbanisme (RNU).
Ordonnances et décrets de 1958 : Plans d'urbanisme directeurs et de détail.
Décret du 31 décembre 1958 : Plans d'aménagement du territoire.
Décret du 13 septembre 1961 : Code de l'urbanisme et de l'habitation.
Loi du 4 août 1962 (Malraux) : secteurs sauvegardés.
Loi du 30 décembre 1967 (Orientation foncière) : SDAU, POS, ZAC.
Loi du 3 janvier 1969 : simple déclaration préalable.
Décret du 28 mai 1970 : permis de construire tacite.
Loi du 16 juillet 1971 : Certificat d'urbanisme.
Décrets de 1973 : distinction entre Code de l'urbanisme et Code de la construction et de l'habitation.
Loi du 31 décembre 1976 : loi portant réforme de l'urbanisme.
Loi du 3 janvier 1977 : recours à l'architecte, complément du régime du permis de construire.
Lois du 7 janvier et 22 juillet 1983 : décentralisation, ZPPAUP.
Loi du 12 juillet 1983 : démocratisation des enquêtes publiques.
Loi du 6 janvier 1986 : simplifications administratives en matière d'urbanisme.
Loi du 13 juillet 1991 (loi d'Orientation pour la ville) : planification.
Loi du 13 décembre 2000 (loi Solidarité et renouvellement urbain, SRU) : SCOT, PLU, nouveaux CU.
2000 : Code de l'environnement.
2004 : Code du patrimoine.
Loi du 13 juillet 2006 (Engagement national pour le logement, ENL).

2 Intérêt du respect du règlement

Le premier article, L 110, du Code de l'urbanisme commence ainsi : « Le territoire français est le patrimoine commun de la nation. » Comme pour toute chose mise en commun, il est important et indispensable que soient édictées des règles afin d'en assurer la meilleure utilisation possible. Ces règles vont quelquefois à l'encontre des intérêts privés, mais elles ont pour but de préserver l'intérêt collectif.

C'est en effet dans l'optique d'obtenir un aménagement du territoire harmonieux et cohérent, de préserver certains sites naturels ou urbains que des contraintes ont été instituées afin d'encadrer les constructions nouvelles ou les modifications des existantes, et cela, même au détriment du propriétaire. Comme l'écrit Jacqueline Morand-Deviller dans son ouvrage *Le permis de construire* (Éditions Dalloz), « le droit de construire doit s'accommoder de l'absence de liberté ». Les exigences d'aménagement élaborées dans l'intérêt général, qui prévalent à l'établissement des divers documents d'urbanisme, ne peuvent tenir compte de la spécificité de chaque candidat à l'acte de construire. C'est pourquoi le droit à construire est attaché au terrain où doit être édifié le projet et non à la personne qui va le réaliser.

> Le permis de construire est l'acte administratif par lequel les pouvoirs publics vérifient que la construction projetée, ou la modification d'un édifice existant, respecte bien les règles qui ont été créées dans l'intérêt de tous.

Certaines de ces règles peuvent parfois paraître par trop contraignantes, mais elles trouvent leur source dans diverses considérations d'ordre général. Le coefficient d'occupation du sol permet de conserver une homogénéité volumique des constructions. L'interdiction de certaines destinations de constructions permet d'éviter l'implantation d'activités qui pourraient nuire au bon fonctionnement d'un quartier. L'obligation de réalisation de place de parking sur les parcelles privées permet de dégager la voie publique. La préservation du patrimoine ne concerne pas uniquement les châteaux et les monuments historiques, mais également le « petit patrimoine » comme les murs, les puits, les granges, etc. L'imposition de construction en limite séparative permet de conserver à un centre ancien le regroupement des constructions qui fait son charme. La réglementation de l'utilisation de certains matériaux permet de conserver l'identité locale du bâti.

Il est important de considérer que la propriété foncière, bâtie ou non, ne constitue pas uniquement un bien propre dont celui qui la possède peut disposer comme bon lui semble. Elle participe en effet au cadre de vie de ses voisins ou de toute autre personne amenée à la croiser. En cela le droit de propriété se trouve restreint par le respect d'autrui et de son environnement, tout comme l'est le respect d'une attitude de bon voisinage.

3 La simplification du règlement

Comme nous l'avons vu, au cours du temps, les considérations d'ordre esthétique et plus tard environnemental, les préoccupations d'hygiène et de salubrité publique, la préservation du patrimoine, la volonté d'instaurer une mixité sociale, la nécessité d'une planification de l'occupation du territoire et en conséquence de maîtriser les opérations de constructions publiques et privées, ont abouti à la création successive de règles et de procédures spécifiques dont l'application est devenue de plus en plus complexe.

Le droit de l'urbanisme, avec son code comportant plus de deux mille articles mal ou peu appliqués, réservé à une élite, s'est avéré compliqué et obscur pour l'ensemble des candidats à l'acte de construire. Les réformes et les réformes de réformes, aux prescriptions quelquefois contradictoires, ont ouvert la porte à un contentieux croissant.

En 2004, Gilles de Robien, alors ministre de l'Équipement, des transports, de l'aménagement du territoire, du tourisme et de la mer, décide d'engager une réforme des autorisations d'urbanisme. « Il s'agit de réécrire près du quart du Code de l'urbanisme, soit plus de six cents pages d'articles divers qui se sont sédimentés au cours des dernières décennies » déclare-t-il. Il souhaite que, dans le cadre d'un « plan de modernisation de l'instruction des permis de construire », les services de l'État passent « d'une culture d'instruction et de contrôle de légalité d'un projet de permis à une culture de conseil et d'assistance pour aider les maîtres d'ouvrage, c'est-à-dire les particuliers, à réaliser leur projet ». Selon le ministre, la réforme doit clarifier le champ d'application des différents régimes en inversant la logique et instituer que « le cas général devient l'absence d'autorisation pour réaliser les travaux », le Code de l'urbanisme devant énumérer les exceptions au cas général. Elle doit également « améliorer la sécurité juridique des constructeurs » et accélérer le traitement des contentieux.

Cette réforme vise la simplification administrative, la recherche d'une meilleure qualité architecturale et la réduction du contentieux, par la mise la mise en œuvre de mesures pratiques :

- la simplification des démarches par la mise en ligne de nouveaux formulaires, la garantie du délai d'instruction et l'extension des simples déclarations ;
- la diminution du nombre des autorisations, passant de douze à trois ;
- la suppression de certaines procédures, en particulier celles concernant les installations temporaires ;
- la clarification du champ des procédures en séparant et définissant clairement les opérations soumises à aucune procédure, celles soumises à simple déclaration et celles soumises à autorisation préalable ;
- la définition précise du projet architectural et paysager pour une meilleure prise en compte des contraintes environnementales ;
- la réduction des risques de contentieux par la prolongation de la validité du permis en cas de recours, l'application d'une annulation conditionnelle qui permet la régularisation et une meilleure définition des délais d'instruction et de recours ;
- la simplification de l'instruction pour les services administratifs par la suppression de courriers inutiles, une meilleure coordination des divers services amenés à se prononcer et la mise en application du système déclaratif, limitant, sans l'exclure, le contrôle *in situ*.

4 Les infractions et les sanctions

4.1 Les infractions

Les infractions suivantes sont sanctionnées : l'exécution de travaux ou l'utilisation du sol en méconnaissance des obligations imposées par la loi ; l'exécution de travaux nécessitant une autorisation en méconnaissance des obligations imposées par le Code de l'urbanisme ; l'exécution de travaux en méconnaissance des prescriptions imposées par un permis de construire, de démolir ou d'aménager ; l'exécution de travaux en méconnaissance de la décision prise sur une déclaration préalable.

Montant de l'amende

Ces infractions sont punies d'une amende comprise entre 1 200 euros et un montant qui ne peut excéder soit, dans le cas de construction d'une surface de plancher, une somme égale à 6 000 euros par mètre carré de surface construite, démolie ou rendue inutilisable, soit, dans les autres cas, un montant de 300 000 euros. En cas de récidive, outre la peine d'amende ainsi définie un emprisonnement de six mois pourra être prononcé.

Ces peines peuvent être prononcées contre les utilisateurs du sol, les bénéficiaires des travaux, les architectes, les entrepreneurs ou autres personnes responsables de l'exécution desdits travaux. Elles sont également applicables : en cas d'inexécution, dans les délais prescrits, de tous travaux d'aménagement ou de démolition imposés par les autorisations ; en cas d'inobservation, par les bénéficiaires d'autorisations accordées pour une durée limitée ou à titre précaire, des délais impartis pour le rétablissement des lieux dans leur état antérieur ou la réaffectation du sol à son ancien usage.

Le tribunal ordonne, en cas de perte ou de destruction d'une plaque commémorative au cours des travaux, à la charge du maître d'ouvrage, la gravure et l'installation d'une nouvelle plaque. Les dispositions du présent chapitre ne sont pas applicables aux infractions relatives à l'affichage des permis ou des déclarations préalables.

4.2 Le constat des infractions

Les infractions sont constatées par tous officiers ou agents de police judiciaire ainsi que par tous les fonctionnaires et agents de l'État et des collectivités publiques commissionnés à cet effet par le maire ou le ministre chargé de l'urbanisme suivant l'autorité dont ils relèvent et assermentés. Les procès-verbaux dressés par ces agents font foi jusqu'à preuve du contraire.

L'interruption des travaux peut être ordonnée soit sur réquisition du ministère public agissant à la requête du maire, du fonctionnaire compétent ou d'une association agréée de protection de l'environnement, soit par le juge d'instruction saisi des poursuites ou par le tribunal correctionnel.

L'autorité judiciaire statue après avoir entendu le bénéficiaire des travaux ou l'avoir dûment convoqué à comparaître dans les quarante-huit heures. La décision judiciaire est exécutoire sur minute et nonobstant toute voie de recours.

Dès qu'un procès-verbal relevant a été dressé, le maire peut également, si l'autorité judiciaire ne s'est pas encore prononcée, ordonner par arrêté motivé l'interruption des travaux. Copie de cet arrêté est transmise sans délai au ministère public.

L'autorité judiciaire peut à tout moment, d'office ou à la demande, du maire, du fonctionnaire compétent ou du bénéficiaire des travaux, se prononcer sur la mainlevée ou le maintien des mesures prises pour assurer l'interruption des travaux. En tout état de cause, l'arrêté du maire cesse d'avoir effet en cas de décision de non-lieu ou de relaxe.

Le maire est avisé de la décision judiciaire et en assure, le cas échéant, l'exécution. Lorsque aucune poursuite n'a été engagée, le procureur de la République en informe le maire qui, soit d'office, soit à la demande de l'intéressé, met fin aux mesures prises par lui. Le maire peut prendre toutes mesures de coercition nécessaires pour assurer l'application immédiate de la décision judiciaire ou de son arrêté, en procédant notamment à la saisie des matériaux approvisionnés ou du matériel de chantier. La saisie et, s'il y a lieu, l'apposition des scellés sont effectuées par un agent assermenté qui dresse un procès-verbal.

Dans le cas de constructions sans permis de construire ou de constructions poursuivies malgré une décision de la juridiction administrative ordonnant qu'il soit sursis à l'exécution du permis de construire, le maire prescrira par arrêté l'interruption des travaux ainsi que, le cas échéant, l'exécution, aux frais du constructeur, des mesures nécessaires à la sécurité des personnes ou des biens ; copie de l'arrêté du maire est transmise sans délai au ministère public. Dans tous les cas où il n'y serait pas pourvu par le maire et après une mise en demeure adressée à celui-ci et restée sans résultat à l'expiration d'un délai de vingt-quatre heures, le représentant de l'État dans le département prescrira ces mesures et l'interruption des travaux par un arrêté dont copie sera transmise sans délai au ministère public.

En cas de continuation des travaux nonobstant la décision judiciaire ou l'arrêté en ordonnant l'interruption, une amende de 75 000 euros et un emprisonnement de trois mois, ou l'une de ces deux peines seulement, sont prononcés par le tribunal contre les personnes concernées.

Est puni d'une amende de 18 000 euros et, en cas de récidive, d'une amende de 45 000 euros le fait de vendre ou de louer des terrains bâtis ou non bâtis compris dans un lotissement sans avoir obtenu ou sans s'être conformé aux prescriptions imposées par un permis d'aménager ou sans avoir respecté les obligations imposées par une déclaration préalable.

Lorsque les prescriptions imposées n'ont pas été respectées, le tribunal peut en outre impartir un délai au lotisseur pour mettre les travaux en conformité avec lesdites prescriptions, sous peine d'une astreinte de 7,5 à 75 euros par jour. Si, à l'expiration du délai fixé par le jugement, les travaux n'ont pas été mis en conformité, l'autorité compétente peut faire effectuer les travaux d'office, aux frais et risques financiers de l'aménageur.

En cas de condamnation d'une personne physique ou morale pour une infraction au Code de l'urbanisme, le tribunal, au vu des observations écrites ou après audition du maire ou du fonctionnaire compétent, statue, même en l'absence d'avis en ce sens de ces derniers, soit sur la mise en conformité des lieux ou celle des ouvrages avec les règlements, l'autorisation ou la déclaration en tenant lieu, soit sur la démolition des ouvrages ou la réaffectation du sol en vue du rétablissement des lieux dans leur état antérieur.

L'extinction de l'action publique résultant du décès du prévenu, de la dissolution de la personne morale mise en cause ou de l'amnistie ne fait pas obstacle à l'application de ces dispositions.

Si le tribunal correctionnel n'est pas saisi lors de cette extinction, l'affaire est portée devant le tribunal de grande instance du lieu de la situation de l'immeuble, statuant comme en matière civile.

Le tribunal est saisi par le ministère public à la demande du maire ou du fonctionnaire compétent. Dans les deux cas, il statue au vu des observations écrites ou après audition de ces derniers, l'intéressé ou ses ayants droit ayant été mis en cause dans l'instance.

La demande précitée est recevable jusqu'au jour où l'action publique se serait trouvée prescrite.

Le tribunal pourra ordonner la publication de tout ou partie du jugement de condamnation, aux frais du délinquant, dans deux journaux régionaux ou locaux diffusés dans tout le département, ainsi que son affichage dans les lieux qu'il indiquera.

5 Le recours à un architecte

Conformément à l'article L 431-1 du Code de l'urbanisme, la demande de permis de construire ne peut être instruite que si la personne qui désire entreprendre des travaux soumis à une autorisation a fait appel à un architecte pour établir le « projet architectural » faisant l'objet de la demande de permis de construire.

Toutefois l'article L 431-3 du même code stipule que ne sont pas tenues de recourir à un architecte les personnes physiques, ou exploitations agricoles à responsabilité limitée à un associé unique, qui déclarent vouloir édifier ou modifier, pour elles-mêmes, une construction de faible importance. L'article R 431-2 en précise les caractéristiques.

Le recours à un architecte n'est pas obligatoire
– si la surface est inférieure, après travaux, à 170 m² de surface de plancher hors œuvre nette pour une construction à usage autre qu'agricole ;
– si la surface est inférieure à 800 m² de surface de plancher hors œuvre brute pour une construction agricole ;
– si la surface est inférieure à 2 000 m² de surface de plancher hors œuvre brute pour des serres de production dont le pied-droit a une hauteur inférieure à 4 mètres.

Selon l'article L 431-3, le recours à l'architecte n'est pas non plus obligatoire pour les travaux soumis au permis de construire qui portent exclusivement sur l'aménagement et l'équipement des espaces intérieurs des constructions et des vitrines commerciales ou qui sont limités à des reprises n'entraînant pas de modifications visibles de l'extérieur.

Chapitre 1
Le cadre réglementaire

1 Les Codes

Différents acteurs participent à la réalisation d'une construction quelle qu'elle soit : le maître d'ouvrage, personne qui souhaite réaliser les travaux, qui peut être différente du propriétaire ; le maître d'œuvre, ou tout autre personne habilitée à assister le maître d'ouvrage ; l'entrepreneur qui réalise concrètement les travaux. Chacun, en fonction de son niveau d'intervention et de sa responsabilité propre dans l'acte de construire, peut être amené à répondre de ses actes devant la justice.

Outre la responsabilité inhérente à chaque profession, tous les intervenants se doivent de respecter le cadre réglementaire qui régit l'acte de construire. Ce cadre réglementaire se trouve éparpillé au sein de plusieurs codes, souvent volumineux et ne possédant pas de renvois entre eux. Cela rend difficile la connaissance exhaustive de la réglementation en vigueur. Il est de plus quelquefois possible de rencontrer des incohérences entre deux textes, dues à leur modification, parfois rapide et non simultanée. Afin de se tenir informé des dernières évolutions, il est possible de consulter l'ensemble de ces textes sur le site Internet (www.legifrance.gouv.fr), régulièrement mis à jour.

Les principaux codes qui encadrent l'acte de construire sont : le Code de la construction et de l'habitation, le Code de l'urbanisme, le Code de l'environnement et le Code civil.

> **Pour retrouver un article dans un code**
> L'article L 128-2 du CCH se situe :
> – dans le Code de la construction et de l'habitation   (CCH)
> – dans la partie législative   (L)
> – dans le livre premier, *Dispositions générales*   (1)
> – dans le titre II, *Sécurité et protection des immeubles*   (2)
> – dans le chapitre VIII, *Sécurité des piscines*   (8)
> – il s'agit du deuxième article   (2)

1.1 Le Code de la construction et de l'habitation

De par son volume et son contenu, c'est le document le plus important. Il est opposable (c'est-à-dire qu'il régit les rapports juridiques entre les différents acteurs) et concerne l'ensemble des intervenants dans l'acte de construire, qu'ils soient publics ou privés. Il est constitué de trois parties : une partie législative (L), une partie réglementaire (R) et des annexes.

Le livre premier, *Dispositions générales*, traite des règles générales de construction ; de la sécurité et protection des biens et des personnes ; du chauffage, fourniture d'eau et ravalement des immeubles ; ainsi que de lutte contre les termites.

Le livre deuxième, *Statut des constructeurs*, traite de la promotion immobilière ; des baux à construction ou réhabilitation ; ainsi que de la protection de l'acquéreur immobilier.

Le livre troisième, *Aides diverses à la construction d'habitations et à l'amélioration de l'habitat – Aide Personnalisée au Logement*, traite de la politique générale du gouvernement en faveur de la construction et l'amélioration de l'habitat ; des aides et financements existants ainsi que des organismes habilités à les distribuer.

Le livre quatrième, *Habitations à Loyer Modéré*, traite des organismes spécialisés dans la construction de logements sociaux, de leur financement ainsi que de leur rapport avec les bénéficiaires de tels logements.

Le livre cinquième, *Bâtiments menaçant ruine ou insalubres*, traite des procédures et des mesures de police ayant pour but la protection des personnes mis en danger par un bâtiment en mauvais état.

Le livre sixième, *Mesures tendant à remédier à des difficultés exceptionnelles de logement*, traite également de la politique gouvernementale en faveur du droit au logement par une augmentation et une meilleure répartition du nombre de constructions.

Plusieurs articles réglementaires sont complétés par des annexes publiées en même temps que le décret créant ou modifiant ces articles. Elles sont présentées dans la partie Annexes. Il est important de les connaître et de s'y référer.

1.2 Le Code de l'urbanisme

Créé par dissociation du Code de la construction et de l'habitation dans le début des années soixante-dix, ce code définit les règles générales d'utilisation du sol ainsi que les droits collectifs et individuels. Près d'un quart de ce code a été modifié par la dernière réforme du permis de construire de 2007. Le livre IV, principal objet des modifications, constitue la référence légale et réglementaire de l'acte de construire. Le Code de l'urbanisme est également constitué de trois parties : une partie législative (L), une partie réglementaire (R) et une partie arrêtés (A).

Le livre premier, *Règles générales d'aménagement et d'urbanisme*, traite de l'utilisation générale du sol ainsi que des dispositions particulières à certaines parties du territoire.

Le livre deuxième, *Préemption et réserves foncières*, traite des droits collectifs susceptibles de s'opposer aux droits individuels.

Le livre troisième, *Aménagement foncier*, traite des organismes spécialisés dans la réalisation d'opération d'aménagement ainsi que de leur financement.

Le livre quatrième, *Régime applicable aux constructions, aménagements et démolitions*, traite des différentes autorisations nécessaires à l'acte de construire, du contrôle de conformité ainsi que des sanctions encourues en cas de non-respect des règles édictées.

Le livre cinquième, *Implantation des services, établissements et entreprises*, traite des dispositions spécifiques aux bâtiments à vocation autre que d'habitation.

Le livre sixième, *Dispositions relatives au contentieux de l'urbanisme*, traite des procédures susceptibles d'être engagées contre une réglementation locale ou une occupation particulière d'un terrain.

Le titre du livre septième, *Dispositions applicables à Mayotte*, parle de lui-même.

1.3 Le Code civil

Promulgué en 1804, souvent modifié, il reste cependant plus stable que les autres codes. Regroupant l'ensemble des lois relatives aux rapports privés entre les personnes, il concerne l'acte de construire principalement par son livre II et III. Il n'est constitué que d'une seule partie avec des articles numérotés en continu.

Le livre deuxième, *Des biens et des différentes modifications de la propriété*, traite de la définition des biens, de leur occupation ainsi que des servitudes pouvant y être associées (mitoyenneté, droit de passage, etc.).

Le livre troisième, *Des différentes manières dont on acquiert la propriété*, traite des différents statuts de propriétaire pouvant avoir des conséquences sur la procédure à engager en cas de travaux.

1.4 Le Code de l'environnement

La partie législative du Code de l'environnement date de 2000. Sa partie réglementaire, beaucoup plus récente, n'a été publiée par décrets qu'en 2005 et 2007. Destiné à encadrer la protection et la mise en valeur du patrimoine naturel, ce sont principalement les livres III et V qui concernent les candidats constructeurs.

Le livre troisième, *Espaces naturels*, traite des inventaires, des parcs et réserves ainsi que des sites naturels et paysages classés, pouvant avoir une incidence sur la réalisation d'un futur projet.

Le livre cinquième, *Prévention des pollutions, des risques et des nuisances*, traite des installations classées, de la prévention des risques naturels et sonores ainsi que de la protection du cadre de vie.

1.5 Le Code du patrimoine

Instauré en 2004, dans le cadre de la simplification du droit français, ce code a remplacé et regroupé une demi-douzaine de textes datant du début du siècle dernier. Disposant du patrimoine culturel en général et des institutions en charge de ce patrimoine, c'est dans le livre VI que l'on trouve les articles pouvant contraindre un propriétaire lors de travaux.

Le livre sixième, *Monuments historiques, sites et espaces protégés*, traite du classement de certains immeubles ou groupes d'immeubles ayant des conséquences sur leur propre modification ou sur celles de terrain alentours.

2 Les documents d'urbanisme

« Le droit de l'urbanisme peut être défini comme l'ensemble des règles et des institutions établies en vue d'obtenir une affectation de l'espace conforme aux objectifs d'aménagement des collectivités publiques », écrit Henri Jacquot dans *Droit de l'urbanisme*.

C'est en effet par l'application de ce droit que les intérêts privés s'effacent devant l'intérêt général défini par les lois ou les règlements locaux. Les autorités administratives, instruisant les diverses demandes individuelles, sont les garantes de l'ensemble de ces textes.

La mise en application d'un tel principe peut paraître brutale. C'est pourquoi le législateur a prévu, avant la mise en place d'un règlement local (PLU, etc.), une concertation des propriétaires concernés. En effet, avant ratification par la collectivité, chaque nouveau règlement fait l'objet d'études préalables, pendant lesquelles il est recommandé de faire participer la population au cours de réunions publiques, ainsi que d'une enquête publique avec nomination d'un commissaire enquêteur chargé de rassembler les remarques et avis de la population concernée.

Chaque propriétaire est soumis à un règlement d'urbanisme propre à son lieu de résidence.

2.1 Le règlement national d'urbanisme

L'article L 111-1 indique que le Règlement national d'urbanisme s'applique dans toutes les communes à l'exception des territoires dotés d'un Plan d'occupation des sols rendu public ou d'un Plan local d'urbanisme approuvé, ou du document en tenant lieu.

Défini par les articles R 111-2 à R 111-24 du Code de l'urbanisme, il réglemente de manière générale la localisation et desserte des constructions, aménagements, installations et travaux ; l'implantation et le volume des constructions ; l'aspect des constructions.

Ce règlement est le reflet du souci de l'État de planifier l'utilisation du sol au niveau national et surtout de lutter contre la prolifération des constructions, particulièrement en zone rurale. Il ne dispose que de principes généraux, souvent peu précis, ce qui, en cas de litige, donne plein pouvoir à l'appréciation du juge lorsqu'il est saisi.

La salubrité ou la sécurité publique, la conservation ou la mise en valeur d'un site ou de vestiges archéologiques, l'hygiène générale et la protection sanitaire, la prise en compte des équipements collectifs existants, la protection des espaces naturels et des activités agricoles ou forestières, sont autant de principes généraux défendus par la sous-section 1 du Règlement national d'urbanisme.

La sous-section 2 définit quelques règles générales concernant l'implantation et le volume des constructions en indiquant quelques distances à respecter lors d'une construction.

La sous-section 3 a pour but de faire respecter l'intégration d'un futur projet dans les lieux avoisinants, les sites, les paysages naturels ou urbains et les perspectives monumentales par la limitation de la hauteur ou l'harmonisation de l'aspect extérieur de la nouvelle construction.

2.2 Les Schémas de cohérence territoriale

Créés par la loi Solidarité et renouvellement urbain (SRU) du 13 décembre 2000, les Schémas de cohérence territoriale sont des documents d'urbanisme élaborés par des Établissements publics de coopération intercommunale (EPCI) ou des syndicats mixtes, couvrant un territoire continu et sans enclaves.

Outil de planification générale du territoire, les SCOT ne possèdent cependant pas de règlement. Ils ne concernent donc pas directement le candidat à l'acte de construire. Mais ils sont opposables aux règlements locaux (PLU, Cartes communales, etc.) qui doivent être compatibles avec leurs directives.

Définis par les articles R 122-1 à R 122-14 du Code de l'urbanisme, ces documents se composent de trois parties :

- un rapport de présentation exposant le diagnostic du territoire concerné, établi au regard des prévisions économiques et démographiques et des besoins répertoriés en matière de développement économique, d'agriculture, d'aménagement de l'espace, d'environnement, d'équilibre social de l'habitat, de transport, d'équipements et de services ;
- un Projet d'aménagement et de développement durable (PADD) qui fixe les objectifs des politiques publiques d'urbanisme en matière d'habitat, de développement économique, de loisirs, de déplacement des personnes et des marchandises, de stationnement des véhicules et de régulation du trafic automobile ;

— un Document d'orientations générales (DOG) qui fixe les orientations générales de l'organisation de l'espace et de la restructuration des espaces urbanisés, et détermine les grands équilibres entre les espaces urbains et à urbaniser et les espaces naturels et agricoles ou forestiers.

Les Schémas de cohérence territoriale sont consultables en préfecture.

2.3 Les Plans locaux d'urbanisme

Également instaurés par la loi Solidarité et renouvellement urbain en 2000, les Plans locaux d'urbanisme (PLU) doivent remplacer, à terme, les Plans d'occupation des sols (POS) au fur et à mesure de leur modification. Ils sont élaborés à l'initiative et sous la responsabilité des communes et couvrent la totalité de leur territoire.

Documents de référence, ils sont opposables à toute personne publique ou privée désireuse d'exécuter des travaux. Ils traduisent la volonté communale en matière d'aménagement et de développement et ont une portée prospective sur dix à quinze ans. Ils fixent l'ensemble des dispositions d'urbanisme s'appliquant à tout le territoire de la commune. Ils doivent cependant respecter les prérogatives et les recommandations des autres acteurs influant sur la vie locale : l'État, la Région, le département, les organismes consulaires, etc.

Définis par les articles R 123-1 à R 123-25 du Code de l'urbanisme, ces PLU comportent quatre parties :

— un rapport de présentation où figure le diagnostic préalable qui, tout comme pour les SCOT, permet de dresser un état des lieux de la commune concernée et d'en distinguer les points forts et les points faibles. Il précise les besoins en matière de développement économique, d'aménagement de l'espace, d'environnement, d'équilibre social de l'habitat, de transports, d'équipements et de services ;

— un Plan d'aménagement et de développement durable (PADD) qui, sur la base du diagnostic effectué, définit les orientations générales d'aménagement et d'urbanisme retenues pour l'ensemble de la commune. Ces orientations peuvent également prévoir des actions et opérations d'aménagement pour mettre en valeur l'environnement, les paysages, les entrées de villes et le patrimoine, lutter contre l'insalubrité, permettre le renouvellement urbain et assurer le développement de la commune. Ce document résume la politique urbanistique de la commune pour les années à venir. Il doit faire l'objet d'une information auprès de la population ;

- un règlement, composé de documents écrits et graphiques, fixe, en cohérence avec le PADD, les règles générales et les servitudes d'utilisation des sols, délimite les zones urbaines ou à urbaniser et les zones naturelles ou agricoles et forestières à protéger, et définit les règles concernant l'implantation des constructions. Il peut entre autres :
  - préciser l'affectation des sols,
  - définir les règles concernant la destination et la nature des constructions autorisées,
  - déterminer des règles concernant l'aspect extérieur des constructions, leurs dimensions et l'aménagement de leurs abords,
  - préciser le tracé et les caractéristiques des voies de circulation à conserver, à modifier ou à créer,
  - identifier et localiser les éléments de paysage, les constructions, les sites ou secteurs à protéger,
  - fixer des Emplacements réservés (ER) pour la réalisation d'ouvrages d'intérêt général,
  - localiser des terrains inconstructibles,
  - délimiter les zones concernant l'assainissement et les eaux pluviales,
  - fixer une superficie minimale des terrains constructibles,
  - fixer un ou des Coefficients d'occupation des sols ;
- des annexes indiquant à titre d'information, généralement sous forme graphique, les secteurs spécifiques à l'intérieur desquels une réglementation spéciale est appliquée (secteurs sauvegardés, zone de préemption, zones à risques, etc.), ainsi que certaines servitudes publiques (réseau d'assainissement, canalisation de gaz, ligne haute tension, etc.).

Par l'intermédiaire des Plans locaux d'urbanisme et plus particulièrement par le biais des documents graphiques, chaque terrain se trouve situé dans une zone définie. Quatre zones ont été définies par le législateur : les zones urbaines, dites « zones U » ; les zones à urbaniser, dites « zones AU » ; les zones agricoles, dites « zones A » ; et les zones naturelles et forestières, dites « zones N ».

La partie écrite du règlement fixe les principes d'utilisation des sols au sein de ces zones. Quatorze articles sont ainsi déclinés pour chacune d'elles :
- les occupations et utilisations du sol interdites ;
- les occupations et utilisations du sol soumises à des conditions particulières ;

Le cadre réglementaire

- les conditions de desserte des terrains et accès aux voies ouvertes au public ;
- les conditions de desserte des terrains par les réseaux publics ;
- la superficie minimale des terrains constructibles ;
- l'implantation des constructions par rapport aux voies et emprises publiques ;
- l'implantation des constructions par rapport aux limites séparatives ;
- l'implantation des constructions les unes par rapport aux autres sur une même propriété ;
- l'emprise au sol des constructions ;
- la hauteur maximale des constructions ;
- l'aspect extérieur des constructions et aménagement de leurs abords ;
- les obligations imposées aux constructeurs en matière de réalisation d'aires de stationnement ;
- les obligations imposées aux constructeurs en matière d'espaces libres, d'aires de jeux et de loisirs et de plantations ;
- le Coefficient d'occupation des cols.

2.4 Les cartes communales

Créées à la fin des années soixante-dix, les cartes communales ont pour but de faciliter sur le terrain l'application, quelquefois arbitraire, du Règlement national d'urbanisme. Elles ont plus particulièrement pour effet de limiter le mitage en milieu rural.

Les communes qui ne sont pas dotées d'un PLU peuvent élaborer, le cas échéant dans le cadre de groupements intercommunaux, une carte communale précisant les modalités d'application des règles générales d'urbanisme. Définies par les articles R 124-1 à R 124-8 du Code de l'urbanisme, ces cartes communales se composent de deux parties :

- un rapport de présentation qui analyse l'état initial de l'environnement et expose les prévisions de développement. Il explique les choix retenus pour la délimitation des secteurs où les constructions sont autorisées et en évalue les incidences sur l'environnement ;
- un ou des documents graphiques délimitant les secteurs où les constructions sont autorisées et ceux où les constructions ne sont pas admises, à

l'exception de l'adaptation, du changement de destination, de la réfection ou de l'extension des constructions existantes.

2.5 Les documents opposables aux documents d'urbanisme

Comme il a été vu précédemment, l'ensemble des documents d'urbanisme locaux doivent respecter les recommandations supracommunales, édictées par l'État, la Région, le département ou l'Établissement public de coopération intercommunale et publiées à travers divers documents. C'est au cours de la réalisation du règlement local, ou lors d'une modification rendue indispensable, que sont prises en compte l'ensemble de ces directives afin d'éviter au pétitionnaire la recherche et l'examen compliqués des dispositions applicables à son terrain.

Voici une liste des principaux textes susceptibles d'impositions sur les règlements locaux :

- charte de Parc naturel régional (charte PNR) ;
- charte de Parc national (charte PN) ;
- Directive territoriale d'aménagement (DTA) ;
- Plan de déplacement urbain (PDU) ;
- Plan d'exposition aux bruits (PEB) ;
- Plan de prévention des risques (PPRI pour les risques d'inondations) ;
- Programme local de l'habitat (PLH) ;
- Schéma directeur (SDRIF pour la Région Île-de-France) ;
- Schéma de mise en valeur de la mer (SMVM) ;
- Schéma de secteur ;
- Schéma régional d'aménagement et de développement du territoire (SRADT) ;
- Unité touristique nouvelle (UTN).

3 Les habitations légères, mobile home, caravanes et camping

3.1 Les habitations légères de loisirs

Sont regardées comme des habitations légères de loisirs les constructions démontables ou transportables, destinées à une occupation temporaire ou saisonnière à usage de loisir.

Ces habitations légères de loisirs peuvent être implantées :
- dans les parcs résidentiels de loisirs spécialement aménagés à cet effet ;
- dans les terrains de camping classés au sens du Code du tourisme, sous réserve que leur nombre soit inférieur à trente-cinq lorsque le terrain comprend moins de 175 emplacements ou à 20 % du nombre total d'emplacements dans les autres cas ;
- dans les villages de vacances classés en hébergement léger au sens du Code du tourisme ;
- dans les dépendances des maisons familiales de vacances agréées au sens du Code du tourisme.

En dehors de ces emplacements, leur implantation est soumise au droit commun des constructions.

3.2 Les résidences mobiles de loisirs

Sont regardés comme des résidences mobiles de loisirs les véhicules terrestres habitables qui sont destinés à une occupation temporaire ou saisonnière à usage de loisir, qui conservent des moyens de mobilité leur permettant d'être déplacés par traction mais que le Code de la route interdit de faire circuler.

Ces résidences mobiles de loisirs ne peuvent être installées que :
- dans les parcs résidentiels de loisirs, à l'exception des terrains créés après le 1er juillet 2007 et exploités par cession d'emplacements ou par location d'emplacements d'une durée supérieure à un an renouvelable ;
- dans les terrains de camping classés au sens du Code du tourisme ;
- dans les villages de vacances classés en hébergement léger au sens du Code du tourisme.

Les résidences mobiles de loisirs peuvent en outre être entreposées, en vue de leur prochaine utilisation, sur les terrains affectés au garage collectif des caravanes et résidences mobiles de loisirs, les aires de stationnement ouvertes au public et les dépôts de véhicules.

Sur décision préfectorale, et par dérogation aux articles précédents, les résidences mobiles de loisirs peuvent, à titre temporaire, être installées dans tout autre terrain afin de permettre le relogement provisoire des personnes victimes d'une catastrophe naturelle ou technologique.

3.3 Les caravanes

Sont regardés comme des caravanes les véhicules terrestres habitables qui sont destinés à une occupation temporaire ou saisonnière à usage de loisir, qui conservent en permanence des moyens de mobilité leur permettant de se déplacer par eux-mêmes ou d'être déplacés par traction et que le Code de la route n'interdit pas de faire circuler.

L'installation des caravanes, quelle qu'en soit la durée, est interdite :
– dans les secteurs où le camping pratiqué isolément et la création de terrains de camping sont interdits ;
– dans les bois, forêts et parcs classés par un Plan local d'urbanisme comme espaces boisés à conserver, ainsi que dans les forêts classées ;
– dans les secteurs où la pratique du camping a été interdite.

Un arrêté du maire peut néanmoins autoriser l'installation des caravanes dans ces zones pour une durée qui peut varier selon les périodes de l'année et qui ne peut être supérieure à quinze jours. Il précise les emplacements affectés à cet usage.

Sauf circonstance exceptionnelle, cette interdiction, édictée au premier alinéa de l'article R 111-39, ne s'applique pas aux caravanes à usage professionnel lorsqu'il n'existe pas, sur le territoire de la commune, de terrain aménagé.

Nonobstant les dispositions qui précèdent, les caravanes peuvent être entreposées, en vue de leur prochaine utilisation :
– sur les terrains affectés au garage collectif des caravanes et résidences mobiles de loisirs, les aires de stationnement ouvertes au public et les dépôts de véhicules ;
– dans les bâtiments et remises et sur le terrain où est implantée la construction constituant la résidence de l'utilisateur.

Le cadre réglementaire

3.4 Le camping

Le camping est librement pratiqué, hors de l'emprise des routes et voies publiques, avec l'accord de celui qui a la jouissance du sol, sous réserve, le cas échéant, de l'opposition du propriétaire.

Le camping pratiqué isolément ainsi que la création de terrains de camping sont interdits, sauf dérogations :

– sur les rivages de la mer et dans les sites inscrits ;

– dans les sites classés ;

– dans les secteurs sauvegardés ;

– dans le champ de visibilité des édifices classés ou inscrits au titre des monuments historiques et des parcs et jardins classés ou inscrits ;

– dans les zones de protection du patrimoine architectural, urbain et paysager ;

– dans un rayon de 200 m autour des points d'eau captée pour la consommation.

La pratique du camping en dehors des terrains aménagés à cet effet peut en outre être interdite dans certaines zones par le Plan local d'urbanisme ou le document d'urbanisme en tenant lieu. Lorsque cette pratique est de nature à porter atteinte à la salubrité, à la sécurité ou à la tranquillité publiques, aux paysages naturels ou urbains, à la conservation des perspectives monumentales, à la conservation des milieux naturels ou à l'exercice des activités agricoles et forestières, l'interdiction peut également être prononcée par arrêté du maire pris après avis de la commission départementale d'action touristique.

3.5 L'information du public

Les interdictions prévues pour les caravanes et le camping ne sont opposables que si elles ont été portées à la connaissance du public par affichage en mairie et par apposition de panneaux aux points d'accès habituels aux zones visées par ces interdictions.

4 Les secteurs spécifiques

Conserver le cadre rural ou urbain et l'architecture ancienne tout en conservant une évolution en harmonie avec les fonctions modernes, c'est l'objectif des secteurs spécifiques. Il s'agit, à l'aide de règles et prescriptions spéciales, d'inscrire l'acte d'aménagement, de transformation ou de construction dans le respect de l'existant et de son environnement, ce qui ne signifie pas dupliquer le patrimoine ancien, mais le prendre en compte sans porter atteinte à ses qualités historiques, morphologiques et architecturales. En cas de doute sur l'appartenance ou non d'un lieu à un secteur spécifique, il est recommandé de se renseigner auprès de la mairie du lieu en question.

4.1 Les secteurs sauvegardés

Résultant de la loi Malraux du 4 août 1962, ces secteurs sauvegardés peuvent être créés lorsqu'ils présentent un caractère historique, esthétique ou de nature à justifier la conservation, la restauration et la mise en valeur de tout ou partie d'un ensemble d'immeubles bâtis ou non. Près d'une centaine de secteurs sauvegardés sont aujourd'hui répartis sur le territoire national.

Définis par les articles R 313-1 et suivants du Code de l'urbanisme, les secteurs sauvegardés sont créés par arrêté du préfet de département, à la demande ou après accord du conseil municipal ou de l'organe délibérant de l'Établissement public de coopération intercommunale compétent en matière de Plan local d'urbanisme et après avis de la commission nationale des secteurs sauvegardés.

L'acte qui crée le secteur sauvegardé prescrit l'élaboration d'un Plan de sauvegarde et de mise en valeur (PSMV), comprenant un rapport de présentation et un règlement ainsi que des documents graphiques.

Restés de compétence de l'État malgré la décentralisation, ces PSMV sont des documents d'urbanisme qui s'opposent aux règlements locaux. Ils peuvent comporter l'indication d'immeubles ou parties intérieures ou extérieures d'immeubles dont la démolition, l'enlèvement ou l'altération sont interdits et dont la modification est soumise à des conditions spéciales ; ou dont la démolition ou la modification pourra être imposée par l'autorité administrative à l'occasion d'opérations d'aménagement publiques ou privées.

La mise en application des dispositions des Plans de sauvegarde et de mise en valeur est assurée par l'Architecte des bâtiments de France (ABF), qui vérifie la conformité aux règles édictées de tous les projets de travaux, y compris l'amélioration et l'aménagement intérieur des immeubles, les plantations et abattages d'arbres.

4.2 Les sites inscrits et classés

L'article L 341-1 du Code de l'environnement stipule qu'il est établi dans chaque département une liste des monuments naturels et des sites dont la conservation ou la préservation présente, au point de vue artistique, historique, scientifique, légendaire ou pittoresque, un intérêt général.

L'inscription sur la liste est prononcée par arrêté du ministre chargé des sites et, en Corse, par délibération de l'Assemblée de Corse après avis du représentant de l'État. Un décret en Conseil d'État fixe la procédure selon laquelle cette inscription est notifiée aux propriétaires ou fait l'objet d'une publicité.

L'inscription entraîne, sur les terrains compris dans les limites fixées par l'arrêté, l'obligation pour les intéressés de ne pas procéder à des travaux autres que ceux d'exploitation courante en ce qui concerne les fonds ruraux et d'entretien normal en ce qui concerne les constructions sans avoir avisé, quatre mois à l'avance, l'administration de leur intention.

Le classement comme monument historique constitue une servitude d'utilité publique visant à protéger un édifice remarquable. Il existe deux niveaux de classement : le classement (classé) ou l'inscription simple (inscrit). C'est la loi du 25 février 1943 qui a ajouté le périmètre de 500 m.

4.3 Le champ de visibilité d'un monument historique

L'article L 621-30-1 du Code du patrimoine précise qu'est considéré comme étant situé dans le champ de visibilité d'un immeuble classé ou inscrit tout autre immeuble, nu ou bâti, visible du premier ou visible en même temps que lui et situé dans un périmètre de 500 m.

Il ajoute que lorsqu'un immeuble non protégé au titre des monuments historiques fait l'objet d'une procédure d'inscription ou de classement ou d'une instance de classement, l'Architecte des bâtiments de France peut proposer, en fonction de la nature de l'immeuble et de son environnement, un périmètre de protection adapté. La distance de 500 m peut être dépassée avec l'accord de la commune ou des communes intéressées.

Il est important de noter que le périmètre de 500 m peut être modifié sur proposition de l'Architecte des bâtiments de France après accord de la commune ou des communes intéressées et enquête publique, de façon à désigner des ensembles d'immeubles bâtis ou non qui participent de l'environnement du monument pour en préserver le caractère ou contribuer à en améliorer la qualité.

Le tracé du périmètre concerné est annexé aux documents d'urbanisme consultables en mairie.

Les travaux nécessitant autorisation, sur un immeuble inscrit dans un tel périmètre, sont soumis à l'avis de l'Architecte des bâtiments de France. Il en est de même pour les travaux non soumis à autorisation, mais qui pourraient affecter la bonne conservation du bâtiment classé ou inscrit.

4.4 La zone de protection du patrimoine architectural, urbain et paysager

Instaurées par la loi de décentralisation de 1983 puis élargies par la loi Paysage de 1993, les ZPPAUP ont pour but de protéger le patrimoine urbain et paysager, en permettant la réappropriation de la protection de leur patrimoine aux collectivités locales.

L'article L 642-1 du Code du patrimoine stipule que sur proposition du conseil municipal des communes intéressées ou de l'organe délibérant de l'Établissement public de coopération intercommunale compétent en matière de Plan local d'urbanisme, des Zones de protection du patrimoine architectural, urbain et paysager peuvent être instituées autour des monuments historiques et dans les quartiers, sites et espaces à protéger ou à mettre en valeur pour des motifs d'ordre esthétique, historique ou culturel.

Des prescriptions particulières en matière d'architecture et de paysage sont instituées à l'intérieur de ces zones ou parties de zone pour les travaux de construction, de démolition, de déboisement, de transformation et de modification de l'aspect des immeubles. Ces travaux sont soumis à autorisation spéciale après avis conforme de l'ABF.

Les dispositions de la zone de protection sont annexées au Plan local d'urbanisme.

Selon l'article L 123-1 alinéa 7 du Code de l'urbanisme, ce même Plan local d'urbanisme peut, en son sein, identifier et localiser les éléments de paysage et délimiter les quartiers, îlots, immeubles, espaces publics, monuments, sites et secteurs à protéger, à mettre en valeur ou à requalifier pour des motifs d'ordre culturel, historique ou écologique et définir, le cas échéant, les prescriptions de nature à assurer leur protection.

4.5 Les réserves naturelles et parcs nationaux

Plus de trois cents réserves naturelles et une dizaine de parcs nationaux existent sur le territoire français. Ces zones, créées par les instances régionales ou nationales, ont pour but la préservation de l'environnement.

L'article L 332-1 du Code de l'environnement indique que des parties du territoire d'une ou de plusieurs communes peuvent être classées en réserve naturelle lorsque la conservation de la faune, de la flore, du sol, des eaux, des gisements de minéraux et de fossiles et, en général, du milieu naturel présente une importance particulière ou qu'il convient de les soustraire à toute intervention artificielle susceptible de les dégrader. C'est pour cette raison que l'article L 332-3 du même code précise que l'acte de classement d'une réserve naturelle peut soumettre à un régime particulier et, le cas échéant, interdire l'exécution de travaux. Cet acte est communiqué aux maires en vue de sa transcription à la révision du cadastre.

C'est également dans le Code de l'environnement, à l'article L 331-1, que l'on peut lire qu'un parc national peut être créé à partir d'espaces terrestres ou maritimes, lorsque le milieu naturel, particulièrement la faune, la flore, le sol, le sous-sol, l'atmosphère et les eaux, les paysages et, le cas échéant, le patrimoine culturel qu'ils comportent présentent un intérêt spécial et qu'il importe d'en assurer la protection en les préservant des dégradations et des atteintes susceptibles d'en altérer la diversité, la composition, l'aspect et l'évolution. C'est dans l'article suivant, L 331-4, qu'il est précisé que, dans le cœur d'un parc, en dehors des espaces urbanisés définis dans le décret de création de chaque parc, les travaux, à l'exception des travaux d'entretien normal, de grosses réparations, les constructions et les installations sont interdits, sauf autorisation spéciale. Dans les espaces urbanisés définis dans le décret de création du parc, ces mêmes travaux sont soumis à l'autorisation spéciale de l'autorité administrative après avis de l'établissement public du parc. La réglementation du parc et la charte peuvent comporter des règles particulières applicables aux travaux, constructions et installations. Ces règles valent servitudes d'utilité publique et sont annexées aux Plans locaux d'urbanisme.

4.6 Les secteurs de décision communale

Depuis la loi Solidarité et renouvellement urbain de 2000 et dans le cadre de leur PLU, les communes ont la possibilité de délimiter des secteurs spécifiques à mettre en valeur ou de repérer des éléments remarquables à conserver (façades, murs, arbres, etc.) qui seront soumis à réglementation particulière.

De plus, les conseils municipaux ont la possibilité d'exiger, sur tout ou partie du territoire communal, le dépôt d'une déclaration préalable pour certaines constructions qui n'en nécessitent pas dans le cadre général, comme par exemple pour l'édification de clôture. C'est également le cas du permis de démolir qui peut être institué par décision du conseil municipal.

4.7 La restauration immobilière

Définie par l'article L 313-4 du Code de l'urbanisme, les opérations de restauration immobilière consistent en des travaux de remise en état, de modernisation ou de démolition ayant pour objet ou pour effet la transformation des conditions d'habitabilité d'un immeuble ou d'un ensemble d'immeubles. Elles sont engagées à l'initiative soit des collectivités publiques, soit d'un ou plusieurs propriétaires, groupés ou non en association syndicale.

Lorsqu'elles ne sont pas prévues par un Plan de sauvegarde et de mise en valeur approuvé, elles doivent être déclarées d'utilité publique. Après le prononcé de la déclaration d'utilité publique, la personne qui en a pris l'initiative arrête, pour chaque immeuble à restaurer, le programme des travaux à réaliser dans un délai qu'elle fixe. Ce programme est notifié à chaque propriétaire concerné lors de l'enquête parcellaire.

5 Le Certificat d'urbanisme

Depuis la loi Solidarité et renouvellement urbain (SRU), le Certificat d'urbanisme (CU) est devenu une sorte de note de renseignements d'urbanisme concernant une propriété donnée. Avant cette date, la demande donnait lieu à une réponse positive ou négative : le terrain était constructible ou ne l'était pas. Aujourd'hui la réponse est plus neutre et ne fait pas référence à la constructibilité de la parcelle.

Il est important de souligner que le Certificat d'urbanisme ne donne pas lieu à une autorisation et ne remplace aucunement le permis de construire. Il permet simplement de préfigurer la décision qui sera prise lors de l'instruction de ce dernier.

C'est un acte administratif gratuit, dont la demande se fait auprès du maire de la commune dans laquelle le terrain est situé. Deux types de demande peuvent être effectuées : la simple demande d'information et la demande opérationnelle.

5.1 La simple demande d'information ou Certificat de droit commun

Dans ce cas, le Certificat d'urbanisme indique les dispositions d'urbanisme (règlement en vigueur : PLU, Carte communale, etc.), les limitations administratives au droit de propriété (servitude d'utilité publique, droit de préemption, etc.), le régime des taxes et participations d'urbanisme applicables au terrain ainsi que l'état des équipements publics (eau, électricité, assainissement, etc.) existants ou prévus.

La demande se fait à l'aide du formulaire CERFA 13410*01. Ce formulaire précise l'identité du demandeur, la localisation, la superficie et les références cadastrales du terrain ainsi que l'objet de la demande. Un plan de situation permettant de localiser le terrain dans la commune doit être joint.

La demande doit être déposée en deux exemplaires. Le délai d'instruction est d'un mois à compter de la réception en mairie de la demande.

5.2 La demande préopérationnelle

Dans ce cas, outre les renseignements donnés lors d'une simple demande, le Certificat d'urbanisme précise si le terrain peut être utilisé pour la réalisation de l'opération décrite dans la demande. Dans le cas où l'instruction d'un permis de construire nécessiterait l'avis d'une administration particulière (l'Architecte des bâtiments de France, etc.), le certificat en fait expressément la réserve.

En plus des documents fournis pour une simple demande, la demande opérationnelle doit être accompagnée d'une note descriptive succincte de l'opération indiquant, lorsque le projet concerne un ou plusieurs bâtiments, leur destination et leur localisation approximative dans l'unité foncière ainsi que, lorsque des constructions existent sur le terrain, un plan du terrain indiquant l'emplacement de ces constructions.

La demande doit être déposée en quatre exemplaires. Le délai d'instruction est de deux mois à compter de la réception en mairie de la demande.

Lorsque la décision indique que le terrain ne peut être utilisé pour la réalisation de l'opération mentionnée dans la demande, ou lorsqu'elle est assortie de prescriptions, elle doit être motivée.

5.3 Le formulaire de demande

La demande de Certificat d'urbanisme prévue à l'article R 410-1 du Code de l'urbanisme est établie conformément au formulaire enregistré par la direction générale de la modernisation de l'État sous le numéro CERFA 13410*01.

MINISTÈRE DE L'ÉCOLOGIE,
DU DÉVELOPPEMENT
ET DE L'AMÉNAGEMENT
DURABLES

Demande de
Certificat d'urbanisme

N° 13410*01

* Informations nécessaires à l'instruction du certificat d'urbanisme

Vous pouvez utiliser ce formulaire pour :
- Connaître le droit de l'urbanisme applicable sur un terrain
- Savoir si l'opération que vous projetez est réalisable

Cadre réservé à la mairie du lieu du projet

C U ⎵⎵ ⎵⎵⎵ ⎵⎵⎵⎵ ⎵⎵⎵⎵
      Dpt   Commune   Année   N° de dossier

La présente demande a été reçue à la mairie

le ⎵⎵⎵⎵⎵⎵⎵⎵   *Cachet de la mairie et signature du receveur*

*1 - Objet de la demande de certificat d'urbanisme

☐ **a) Certificat d'urbanisme d'information**
Indique les dispositions d'urbanisme, les limitations administratives au droit de propriété et la liste des taxes et participations d'urbanisme applicables au terrain

☐ **b) Certificat d'urbanisme opérationnel**
Indique en outre si le terrain peut être utilisé pour la réalisation de l'opération projetée

*2 - Identité du ou des demandeurs
Le demandeur sera le titulaire du certificat et destinataire de la décision
Si la demande est présentée par plusieurs personnes, indiquez leurs coordonnées sur la fiche complémentaire.

| **Vous êtes un particulier** | Madame ☐   Monsieur ☐ |

Nom : _____ Prénom : _____

Vous êtes une personne morale
Dénomination : _____ Raison sociale : _____
N° SIRET : ⎵⎵⎵⎵⎵⎵⎵⎵⎵⎵⎵⎵⎵⎵ Catégorie juridique : ⎵⎵⎵⎵
Représentant de la personne morale : Madame ☐   Monsieur ☐
Nom : _____ Prénom : _____

3 - Coordonnées du demandeur

* Adresse : Numéro : _____ Voie : _____
Lieu-dit : _____ Localité : _____
Code postal : ⎵⎵⎵⎵⎵ BP : ⎵⎵⎵ Cedex : ⎵⎵
Si le demandeur habite à l'étranger : Pays : _____ Division territoriale : _____

☐ J'accepte de recevoir par courrier électronique les documents transmis en cours d'instruction par l'administration à l'adresse suivante : _____@_____
J'ai pris bonne note que, dans un tel cas, la date de notification sera celle de la consultation du courrier électronique ou, au plus tard, celle de l'envoi de ce courrier électronique augmentée de huit jours.

4 - Le terrain

* **Localisation du (ou des) terrain(s)**
Les informations et plans (voir liste des pièces à joindre) que vous fournissez doivent permettre à l'administration de localiser précisément le (ou les) terrain(s) concerné(s) par votre projet.
Le terrain est constitué de l'ensemble des parcelles cadastrales d'un seul tenant appartenant à un même propriétaire

Adresse du (ou des) terrain(s) :
Numéro : _____ Voie : _____
Lieu-dit : _____ Localité : _____
Code postal : ⎵⎵⎵⎵⎵ BP : ⎵⎵⎵ Cedex : ⎵⎵
Références cadastrales : section et numéro[1] (si votre projet porte sur plusieurs parcelles cadastrales, veuillez indiquer les premières ci-dessous et les suivantes sur une feuille séparée) : _____

* Superficie du (ou des) terrain(s) (en m²) : _____

---
[1] En cas de besoin, vous pouvez vous renseigner auprès de la mairie

*5 - Cadre réservé à l'administration - Mairie -
Articles L.111-4 et R.410-13 du code de l'urbanisme

État des équipements publics existants
Le terrain est-il déjà desservi ?
Équipements :

Voirie :	Oui ❏	Non ❏
Eau potable :	Oui ❏	Non ❏
Assainissement :	Oui ❏	Non ❏
Électricité :	Oui ❏	Non ❏

Observations :

État des équipements publics prévu
La collectivité a-t-elle un projet de réalisation d'équipements publics desservant le terrain ?

Équipements		Par quel service ou concessionnaire?	Avant le
Voirie	Oui ❏ Non ❏		
Eau potable	Oui ❏ Non ❏		
Assainissement	Oui ❏ Non ❏		
Électricité	Oui ❏ Non ❏		

Observations :

*6 - Engagement du (ou des) demandeurs
Je certifie exactes les informations mentionnées ci-dessus.

À _____

Le : _____

Signature du (des) demandeur(s)

Votre demande doit être établie en <u>deux exemplaires</u> pour un certificat d'urbanisme d'information ou <u>quatre exemplaires</u> pour un certificat d'urbanisme opérationnel. Elle doit être déposée à la mairie du lieu du projet.
Vous devrez produire :
- un exemplaire supplémentaire, si votre projet se situe en périmètre protégé au titre des monuments historiques ;
- deux exemplaires supplémentaires, si votre projet se situe dans un cœur de parc national.

Si vous êtes un particulier : la loi n° 78-17 du 6 janvier 1978 relative à l'informatique, aux fichiers et aux libertés s'applique aux réponses contenues dans ce formulaire pour les personnes physiques. Elle garantit un droit d'accès aux données nominatives les concernant et la possibilité de rectification. Ces droits peuvent être exercés à la mairie. Les données recueillies seront transmises aux services compétents pour l'instruction de votre demande.
Si vous souhaitez vous opposer à ce que les informations nominatives comprises dans ce formulaire soient utilisées à des fins commerciales, cochez la case ci-contre : ❏

---

2 Indiquez la destination du ou des bâtiments projetés parmi les destinations suivantes : habitation, hébergement, bureaux, commerce, artisanat, industrie, exploitation agricole ou forestière, entrepôt, service public ou d'intérêt collectif.
3 La Surface Hors Œuvre Brute (SHOB) d'une construction est égale à la somme des surfaces de plancher de chaque niveau de la construction, calculée à partir du nu extérieur des murs de façade, y compris les combles et les sous-sols non aménageables, les balcons, les loggias, les toitures-terrasses accessibles. La Surface Hors Œuvre Nette (SHON) est obtenue après déduction de la surface des combles et sous-sols non aménageables, des surfaces non closes, des surfaces de stationnement, des surfaces des bâtiments agricoles, des serres de production (Article R. 112-2 du code de l'urbanisme).

MINISTÈRE DE L'ÉCOLOGIE,
DU DÉVELOPPEMENT
ET DE L'AMÉNAGEMENT
DURABLES

Comment constituer le dossier de demande de certificat d'urbanisme

N° 51191#01

Article L.410-1 et suivants ; R.410-1 et suivants du code de l'urbanisme

1. Qu'est-ce qu'un certificat d'urbanisme ?

• **Il existe deux types de certificat d'urbanisme**
a) Le premier est un **certificat d'urbanisme d'information**. Il permet de connaître le droit de l'urbanisme applicable au terrain et renseigne sur :
- les dispositions d'urbanisme (par exemple les règles d'un plan local d'urbanisme),
- les limitations administratives au droit de propriété (par exemple une zone de protection de monuments historiques),
- la liste des taxes et des participations d'urbanisme.

b) Le second est un **certificat d'urbanisme opérationnel**. Il indique, en plus des informations données par le certificat d'urbanisme d'information, si le terrain peut être utilisé pour la réalisation d'un projet et l'état des équipements publics (voies et réseaux) existants ou prévus qui desservent ou desserviront ce terrain.

• **Combien de temps le certificat d'urbanisme est-il valide ?**
La durée de validité d'un certificat d'urbanisme (qu'il s'agisse d'un « certificat d'urbanisme d'information » ou d'un « certificat d'urbanisme opérationnel ») est de 18 mois à compter de sa délivrance.

• **La validité du certificat d'urbanisme peut-elle être prolongée ?**
Le certificat d'urbanisme peut être prorogé par périodes d'une année aussi longtemps que les prescriptions d'urbanisme, les servitudes d'utilité publique, le régime des taxes et des participations d'urbanisme applicables au terrain n'ont pas changé.
Vous devez faire votre demande par lettre sur papier libre en double exemplaire, accompagnée du certificat à proroger, et l'adresser au maire de la commune où se situe le terrain. Vous devez présenter votre demande au moins 2 mois avant l'expiration du délai de validité du certificat d'urbanisme à proroger.

• **Quelle garantie apporte-t-il ?**
Lorsqu'une demande de permis ou une déclaration préalable est déposée dans le délai de validité d'un certificat d'urbanisme, les dispositions d'urbanisme, la liste des taxes et participations d'urbanisme et les limitations administratives au droit de propriété existant à la date du certificat seront applicables au projet de permis de construire ou d'aménager ou à la déclaration préalable, sauf si les modifications sont plus favorables au demandeur.
Toutefois, les dispositions relatives à la préservation de la sécurité ou de la salubrité publique seront applicables, même si elles sont intervenues après la date du certificat d'urbanisme.

2. Modalités pratiques

• **Comment constituer le dossier de demande ?**
Pour que votre dossier soit complet, joignez les pièces dont la liste vous est fournie dans le tableau ci-après. S'il manque des informations ou des pièces justificatives, cela retardera l'instruction de votre dossier.

• **Combien d'exemplaires faut-il fournir ?**
Vous devez fournir deux exemplaires pour les demandes de certificat d'urbanisme de simple information et quatre exemplaires pour les demandes de certificat d'urbanisme opérationnel.

• **Où déposer la demande de certificat d'urbanisme ?**
La demande doit être adressée à la mairie de la commune où se situe le terrain. L'envoi en recommandé avec avis de réception est conseillé afin de disposer d'une date précise de dépôt. Vous pouvez également déposer directement votre demande à la mairie.

• **Quand sera donnée la réponse ?**
Le délai d'instruction est de :
- 1 mois pour les demandes de certificat d'urbanisme d'information ;
- 2 mois pour les demandes de certificat d'urbanisme opérationnel.
Si aucune réponse ne vous est notifiée dans ce délai, vous serez titulaire d'un certificat d'urbanisme tacite.
Attention : ce certificat d'urbanisme ne porte pas sur la réalisation d'un projet mais uniquement sur les garanties du certificat d'urbanisme d'information (liste des taxes et participations d'urbanisme et limitations administratives au droit de propriété).

3. Pièces à joindre à votre demande

Si vous souhaitez obtenir un certificat d'urbanisme d'information, vous devez fournir la pièce CU1.
Si vous souhaitez obtenir un certificat d'urbanisme opérationnel, vous devez fournir les pièces CU1 et CU2. La pièce CU3 ne doit être jointe que s'il existe des constructions sur le terrain.

Cocher les cases correspondant aux pièces jointes à votre demande

Pièces à joindre	A quoi ça sert ?	Conseils
☐ CU1. Un plan de situation	Il permet de voir la situation du terrain à l'intérieur de la commune et de connaître les règles d'urbanisme qui s'appliquent dans la zone où il se trouve. Il permet également de voir s'il existe des servitudes et si le terrain est desservi par des voies et des réseaux.	Pour une meilleure lisibilité du plan de situation, vous pouvez : - Rappeler l'adresse du terrain- Représenter les voies d'accès au terrain ; - Représenter des points de repère. L'échelle et le niveau de précision du plan de situation dépendent de la localisation du projet. Ainsi, une échelle de 1/25000 (ce qui correspond par exemple à une carte de randonnée) peut être retenue pour un terrain situé en zone rurale ; Une échelle comprise entre 1/2000 et 1/5000 (ce qui correspond par exemple au plan local d'urbanisme ou à un plan cadastral) peut être adaptée pour un terrain situé en ville.
Pièces à joindre pour une demande de certificat d'urbanisme opérationnel		
☐ CU2. Une note descriptive succincte	Elle permet d'apprécier la nature et l'importance de l'opération. Elle peut comprendre des plans, des croquis, des photos.	Elle précise selon les cas : - la description sommaire de l'opération projetée (construction, lotissement, camping, golf, aires de sport ...), - la destination et la localisation approximative des bâtiments projetés dans l'unité foncière, s'il y a lieu ; - la destination des bâtiments à conserver ou à démolir, s'il en existe.
S'il existe des constructions sur le terrain :		
☐ CU3. Un plan du terrain, s'il existe des constructions.	il est nécessaire lorsque des constructions existent déjà sur le terrain. Il permet de donner une vue d'ensemble.	Il doit seulement indiquer l'emplacement des bâtiments existants.

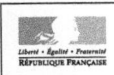

Note descriptive succincte du projet

Vous pouvez vous aider de cette feuille pour rédiger la note descriptive succincte de votre projet lorsque la demande porte sur un certificat d'urbanisme indiquant, en application de l'article L. 410-1 b), si le terrain peut être utilisé pour la réalisation de l'opération projetée.

Description sommaire de l'opération projetée (construction, lotissement, camping, golf, aires de sport ...)

Si votre projet concerne un ou plusieurs bâtiments

- Indiquez la destination et la localisation approximative des bâtiments projetés dans l'unité foncière :

- Indiquez la destination des bâtiments à conserver ou à démolir.

Vous pouvez compléter cette note par des feuilles supplémentaires, des plans, des croquis, des photos. Dans ce cas, précisez ci-dessous la nature et le nombre des pièces fournies.

5.4 La décision de l'autorité compétente

Le Certificat d'urbanisme est délivré par la mairie, le préfet ou le président de l'Établissement public de coopération intercommunale (EPCI). Il est possible de demander une notification par messagerie électronique.

La décision peut être tacite ou expresse :

- lorsqu'un Certificat d'urbanisme a été notifié au demandeur dans le délai imparti (un mois pour la simple demande d'information et deux mois pour le certificat préopérationnel), il s'agit d'une décision expresse ;
- lorsqu'aucun certificat n'a été notifié dans le délai imparti, le silence de l'administration vaut accord tacite.

5.5 La durée de validité et prorogation

Les dispositions d'urbanisme mentionnées dans le certificat sont valables dix-huit mois quel que soit le type de certificat.

Ce délai peut être prorogé par périodes d'une année sur demande présentée deux mois au moins avant l'expiration du délai de validité, si les prescriptions d'urbanisme, les servitudes administratives de tous ordres et le régime des taxes et participations d'urbanisme applicables au terrain n'ont pas changé.

La demande de prorogation doit être formulée en deux exemplaires par lettre accompagnée du certificat à proroger. Elle doit se faire auprès du maire de la commune dans laquelle le terrain est situé.

5.6 Le contenu de Certificat d'urbanisme

Le certificat d'urbanisme indique la collectivité au nom de laquelle il est délivré. Il fait référence à la demande de certificat et précise notamment si cette demande porte sur un certificat de droit commun ou préopérationnel. Il stipule les nom et adresse du demandeur, le numéro d'enregistrement et l'adresse du terrain. Le CU indique les textes législatifs et règlementaires dont il est fait application, et vise, s'il y lieu, les avis recueillis en cours d'instruction et leur sens. Il contient en caractères lisibles le prénom, le nom et la qualité de son signataire.

Le cadre réglementaire

Le CU précise les informations suivantes :
- les dispositions d'urbanisme et les servitudes d'utilité publique applicable au terrain ;
- si le terrain est situé ou non à l'intérieur du périmètre d'un des droits de préemption prévus par le Code de l'urbanisme ;
- la liste des taxes d'urbanisme exigibles ;
- la liste des participations d'urbanisme qui peuvent être prescrites ;
- si un sursis à statuer serait opposable à une demande d'autorisation ;
- si le projet est soumis à accord ou avis d'un service de l'État.

En outre, lorsque la demande porte sur un certificat préopérationnel, celui-ci indique :
- si le terrain peut être ou non utilisé pour la réalisation de l'opération précisée dans la demande (s'il indique que le terrain ne peut être utilisé pour la réalisation de l'opération, il précise les circonstances de droit et de fait qui motivent la décision ainsi que les voies et délais de recours) ;
- l'état des équipements publics existants ou prévus.

Chapitre 2
Le calcul des surfaces

On mesure la surface de plancher des constructions pour vérifier qu'un projet respecte la densité de construction ou les droits de construire autorisés sur le terrain d'implantation (par exemple respect du coefficient d'occupation des sols, de la surface de plancher attribuée à un lot dans un lotissement ou autorisée dans un îlot d'une zone d'aménagement concerté) ou pour déterminer les droits de construire ou la densité résiduels sur un terrain bâti ou ayant fait l'objet d'une division. La Surface hors œuvre nette (SHON) est ainsi d'usage permanent en matière de permis de construire ou de certificat d'urbanisme.

Cette surface est également utilisée aux fins de liquider les taxes d'urbanisme (taxe locale d'équipement, taxes départementale pour le financement des conseils d'architecture, d'urbanisme et de l'environnement, taxe départementale des espaces naturels sensibles, etc.).

Le calcul de la Surface hors œuvre nette (SHON) s'effectue en deux temps : on évalue tout d'abord la Surface hors œuvre brute des constructions (SHOB), puis on déduit de la SHOB divers éléments de surface afin d'obtenir la SHON. Les définitions de la SHOB et de la SHON sont fixées par les articles L 112-7 et R 112-2 du Code de l'urbanisme. Les mêmes définitions sont applicables aux bâtiments existants, à modifier ou à laisser en l'état, et aux projets de construction neuve [1].

---

1. Les schémas suivants sont inspirés de ceux publiés par Libel SA sur le site www.libel.fr.

Réussir sa demande de permis de construire

1 La Surface hors œuvre brute

L'article R 112-2 du Code de l'urbanisme précise que la surface de plancher hors œuvre brute d'une construction est égale à la somme des surfaces de plancher de chaque niveau de la construction. Sa définition est fondamentale puisque les superficies ainsi qualifiables seront seules susceptibles de constituer de la SHON.

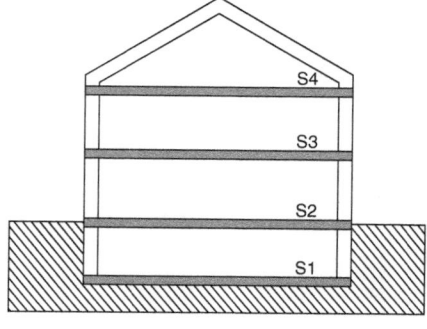

$SHOB = S1 + S2 + S3 + S4$

1.1 Les éléments constitutifs de la SHOB

La surface de plancher d'un niveau se calcule hors œuvre, c'est-à-dire au nu extérieur des murs de pourtour.

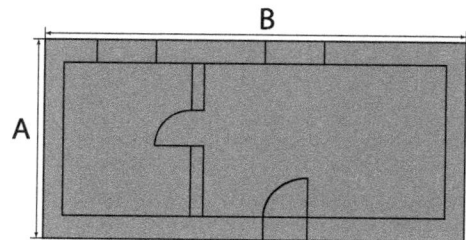

$SHOB = A \times B$

Elle doit donc être mesurée de manière à prendre en compte, d'une part, l'épaisseur de tous les murs (extérieurs et intérieurs, porteurs ou constituant de simples cloisonnements) et, d'autre part, tous les prolongements extérieurs d'un niveau tels que les balcons, loggias ou coursives.

Le calcul des surfaces

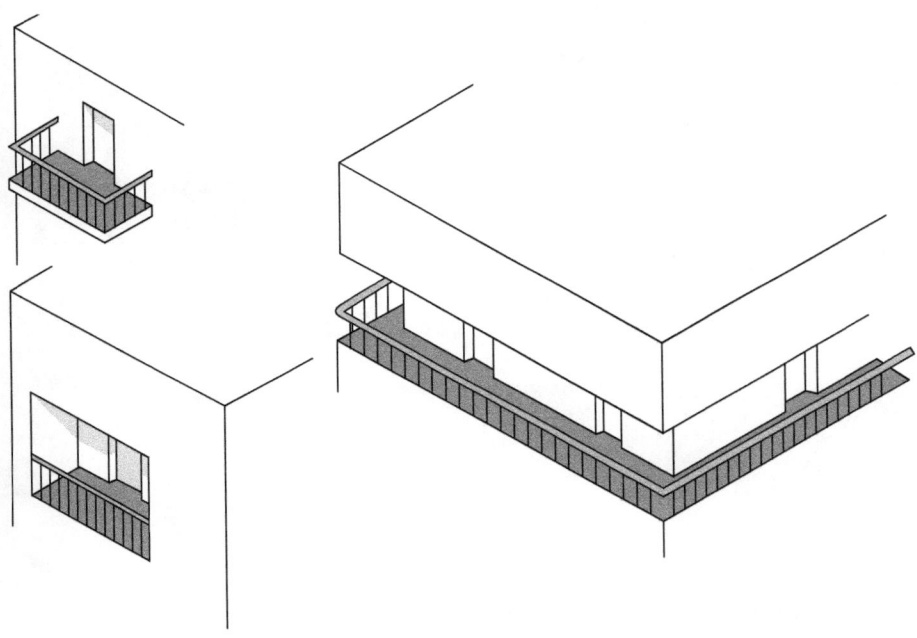

La SHOB est constitué des surfaces suivantes :
– les rez-de-chaussée et tous les étages ;
– tous les niveaux intermédiaires tels que mezzanines et galeries ;
– les combles et les sous-sols, aménageables ou non ;
– les toitures-terrasses, accessibles ou non ;
– la partie du niveau inférieur servant d'emprise à un escalier, à une rampe d'accès, ou la partie du niveau inférieur auquel s'arrête la trémie d'un ascenseur.

Réussir sa demande de permis de construire

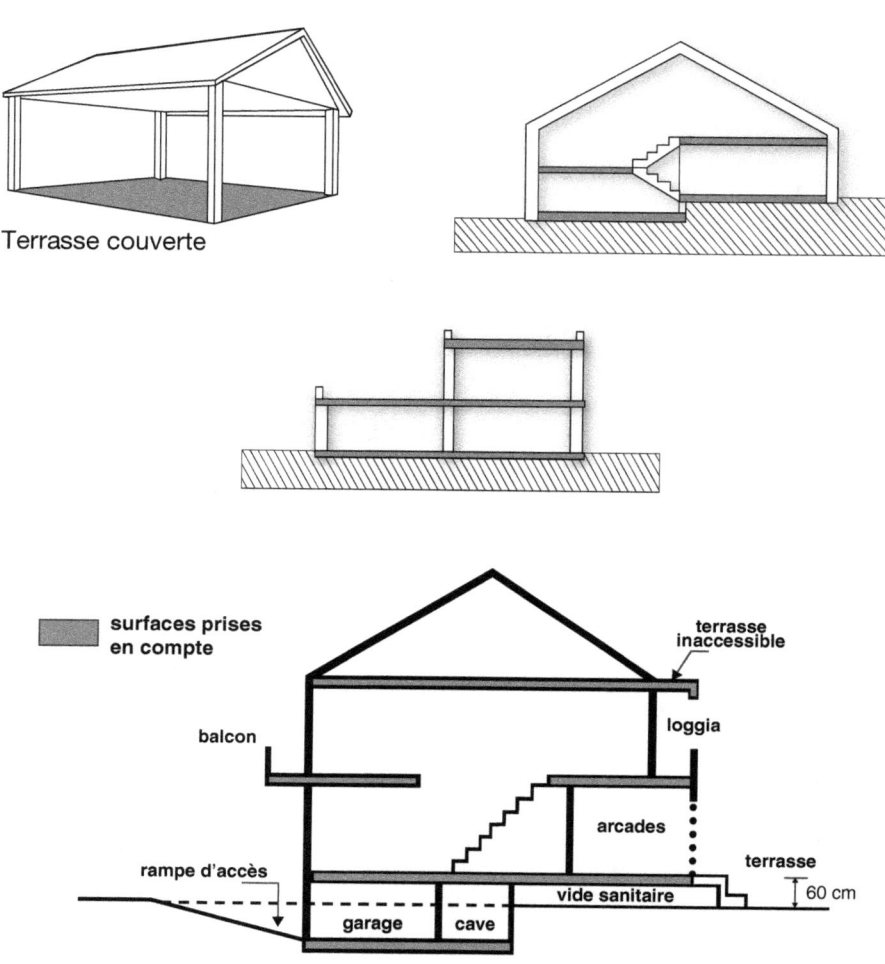

Terrasse couverte

Surface hors œuvre brute (SHOB)

Le calcul des surfaces

1.2 Les éléments non constitutifs de la SHOB

Les surfaces suivantes sont à exclure de la SHOB :

– les constructions ne formant pas de plancher tels que les pylônes, canalisations et certains ouvrages de stockage (citernes, silos), de même que les auvents constituant seulement des avancées de toiture devant une baie ou une façade ;

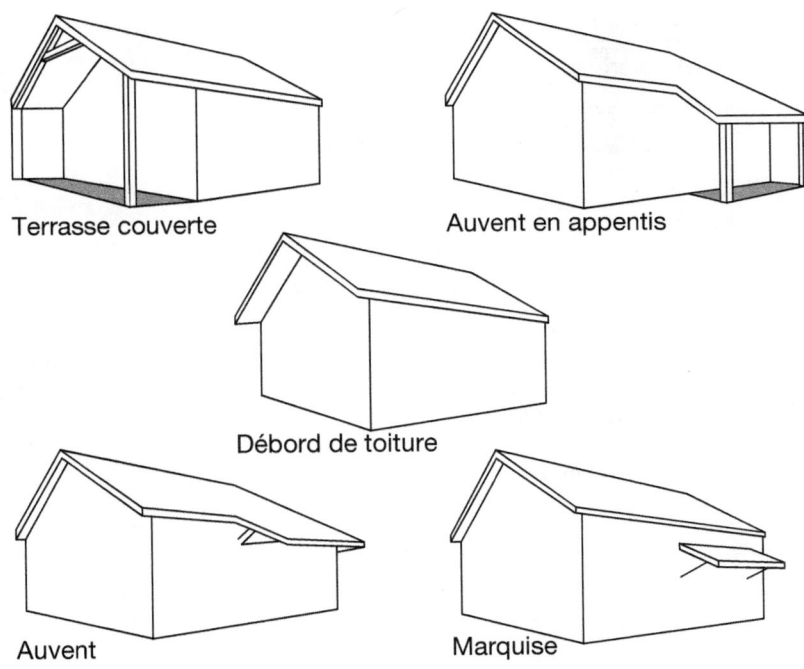

– les terrasses non couvertes, de plain-pied avec le rez-de-chaussée ;

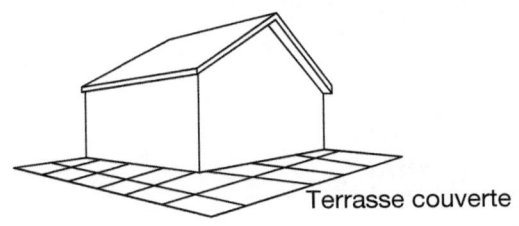

- les éléments de modénature tels qu'acrotères, bandeaux, corniches ou marquises ;

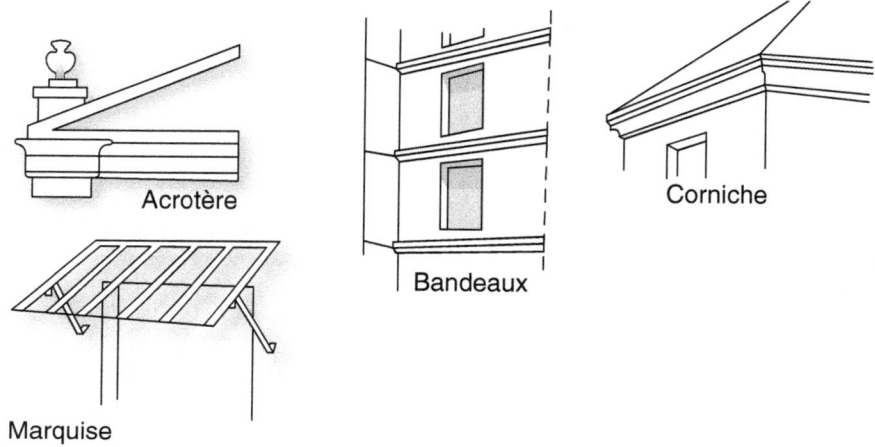

- tous les vides, qui par définition ne constituent pas de surface de plancher, et notamment ceux occasionnés par les trémies d'escaliers, d'ascenseurs, ou de monte-charge ;

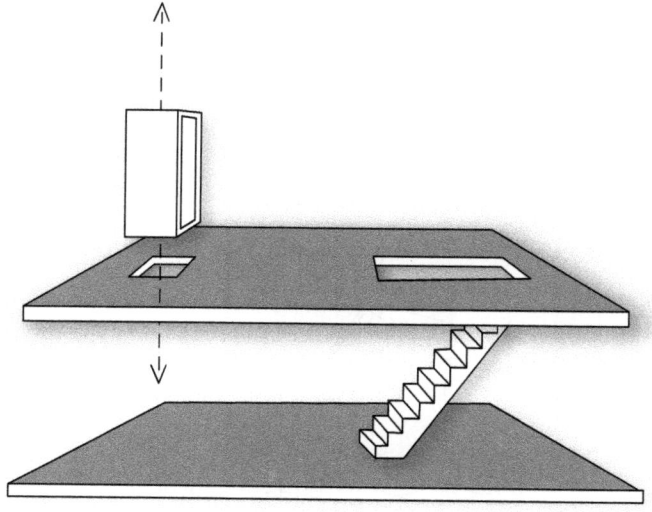

— les marches d'escalier, les cabines d'ascenseur, et les rampes d'accès.

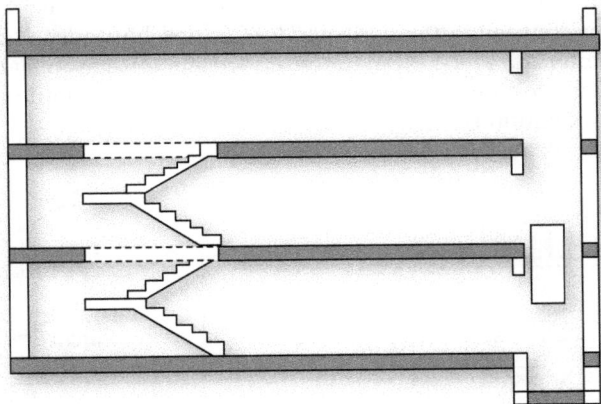

Escalier et ascenseur

2 La Surface hors œuvre nette

Aux termes des deuxième et troisième alinéas de l'article R 112-2 du Code de l'urbanisme, la SHON s'obtient en déduisant de la SHOB un certain nombre d'éléments de surface qu'il convient d'analyser en détail.

2.1 Les déductions relatives aux sous-sols et aux combles des constructions

> « Sont déduites les surfaces de plancher hors œuvre des combles et des sous-sols non aménageables pour l'habitation ou pour des activités à caractère professionnel, artisanal, industriel ou commercial. »

Pour établir si une surface située en comble ou en sous-sol est aménageable pour l'habitation ou pour des activités à caractère professionnel, artisanal, industriel ou commercial, il convient d'apprécier différents critères.

▶ Critère lié à la hauteur des locaux

Sont considérées comme non aménageables et donc non comprises dans la SHON, les surfaces de plancher des locaux ou parties de locaux situées en combles ou en sous-sols qui correspondent à des hauteurs sous toiture ou sous plafond inférieures à 1,80 m (la hauteur sous toiture ou sous plafond est calculée à partir de la face interne de la toiture ou du plafond, et non pas à partir d'un faux plafond).

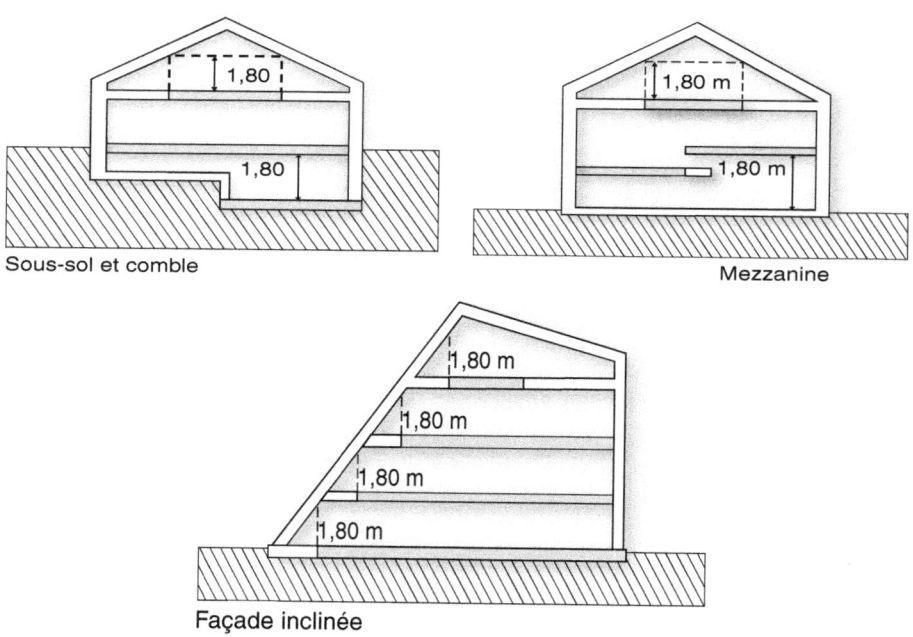

▶ Critère lié à l'affectation des locaux

On ne comptera pas non plus dans la SHON certains locaux en combles ou en sous-sols qui, par nature, ne sont pas aménageables pour l'habitation ou pour d'autres activités en raison de l'usage qui en est fait dans la construction.

Il s'agit :

- des locaux techniques, situés en combles ou en sous-sols, qui sont exclusivement affectés au fonctionnement technique de l'immeuble (chaufferies, systèmes d'air conditionné, machineries d'ascenseurs, installations téléphoniques entièrement automatisées, systèmes de filtrage de l'eau distribuée dans l'immeuble, locaux de recueil et de stockage des ordures ménagères, etc.). Toutefois, il convient de signaler que seules les surfaces effectivement prévues pour ces installations techniques doivent être déduites ;

— des caves individuelles en sous-sols des constructions collectives ou non à usage d'habitation, à la condition que ces locaux ne comportent pas d'autres ouvertures sur l'extérieur que les prises d'air strictement nécessaires à l'aération du local.

En revanche, est considéré comme étant aménageable et faisant donc partie intégrante de la SHON, tout local en comble ou en sous-sol où peut s'exercer une activité quelconque, tel que buanderie, cellier, atelier, resserre, local divers affecté par exemple au rangement de matériel de loisirs, de jeux ou d'équipements de sport, salle de jeux, séchoir, vestiaire, cantine, dépôt, réserve commerciale, restaurant, salle de réunion, salle de cinéma, salle d'ordinateurs, etc.

▶ Critère lié à la consistance des locaux

Peuvent enfin être considérées comme « non aménageables » et donc exclues de la SHON, les surfaces de certains locaux en combles ou en sous-sols même si leur hauteur excède 1,80 m.

Il en est ainsi lorsque la surface des combles apparaît manifestement comme non aménageable :

— soit en raison de son impossibilité à supporter des charges liées à des usages d'habitation ou d'activité ;

— soit en raison de l'encombrement de la charpente.

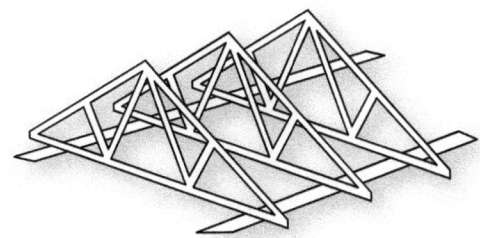

Combles non aménageables

Toutefois, il convient de n'accorder la déduction que si les caractéristiques techniques de résistance du plancher ou d'encombrement du comble apparaissent très nettement dans les plans annexés à la demande de permis de construire. En l'absence d'informations suffisantes, les surfaces concernées seront réputées aménageables sauf si les critères de hauteur ou d'affectation se révèlent être applicables.

2.2 Les déductions relatives aux toitures-terrasses, balcons, loggias et surfaces non closes des rez-de-chaussée

> « Sont déduites les surfaces de plancher hors œuvre des toitures-terrasses, des balcons, des loggias, ainsi que des surfaces non closes situées au rez-de-chaussée. »

D'une manière générale, cette déduction vise, dans une construction, un certain nombre de surfaces qui ne sont pas totalement couvertes ou closes, c'est-à-dire qui ne sont pas « hors d'eau » ou « hors d'air ».

Ainsi, ne sont pas comptés dans la surface hors œuvre nette d'une construction :

– les toitures-terrasses ;

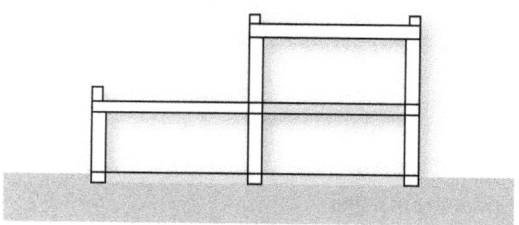

– les balcons qui constituent des surfaces non couvertes situées en saillie de la construction ainsi que les loggias dont la surface est située à l'intérieur du gros œuvre, mais qui, bien que couvertes, ne sont pas closes ou « hors d'air ». La déduction de ces surfaces est subordonnée à la condition qu'elles répondent exclusivement à ces définitions. Par contre la déduction ne peut être étendue à des coursives extérieures même non closes situées en étage, présentant des aspects de balcons et loggias, mais destinées avant tout à permettre d'accéder aux différentes parties de l'immeuble. La déduction ne peut pas non plus concerner des surfaces closes telles que les oriels ;

Le calcul des surfaces

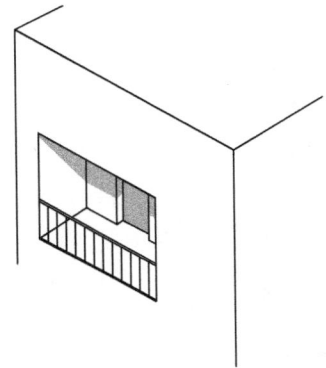

- les surfaces non closes situées au rez-de-chaussée. Il ne s'agit que des passages ouverts au rez-de-chaussée d'immeubles sur pilotis ou comportant des arcades. On ne doit cependant les exclure de la SHON que s'il s'agit d'espaces véritablement ouverts qui ne sont absolument pas susceptibles d'être fermés sans l'intervention de travaux supplémentaires.

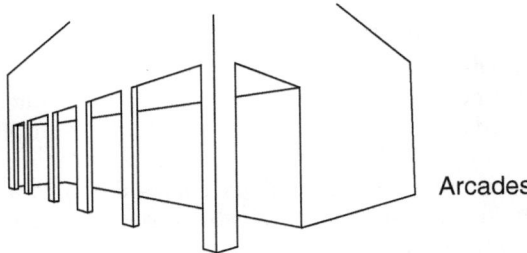

Arcades

En revanche, toutes les surfaces closes situées au rez-de-chaussée autres que celles relevant des aires de stationnement des véhicules et certains bâtiments des exploitations agricoles présentés ci-après sont normalement comprises dans la SHON de la construction. Il en est ainsi par exemple des vérandas.

Réussir sa demande de permis de construire

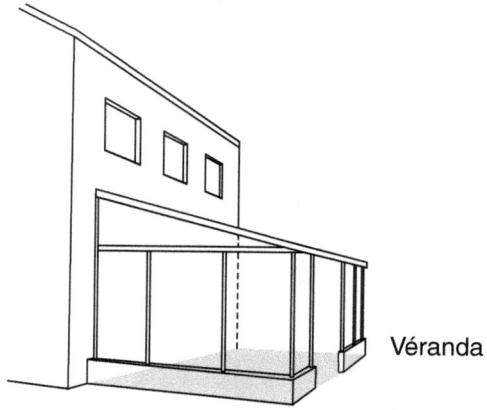

Véranda

2.3 Les déductions relatives aux aires de stationnement des véhicules

> « Sont déduites les surfaces de plancher hors œuvre des bâtiments ou des parties de bâtiments aménagés en vue du stationnement des véhicules. »

Les surfaces concernées sont celles effectivement destinées au stationnement des véhicules : véhicules automobiles, caravanes, remorques, bateaux, deux roues, voitures d'enfants ou de personnes à mobilité réduite. Outre les aires de stationnement proprement dites, on y comprendra les aires de manœuvre et les sas de sécurité (espaces entre deux portes destinés à établir une coupure entre le lieu de stationnement des véhicules et les espaces de circulation piétonne permettant notamment d'accéder aux escaliers et ascenseurs).

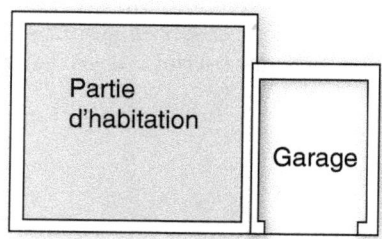

Le calcul des surfaces

Par ailleurs, les rampes d'accès ne constituant pas de SHOB ne constituent pas non plus de SHON.

Ces surfaces ne sont pas comprises dans la SHON, qu'elles soient ou non destinées à faire l'objet d'une gestion de caractère commercial, et quelle que soit leur situation par rapport à l'immeuble.

En revanche ne doivent pas être déduites de la SHOB les surfaces de stockage, de réserves, d'exposition ou de réparation destinées à entreposer des véhicules, neufs ou d'occasion, en attente de vente, de location, ou de livraison, ou des véhicules à réparer ou réparés en attente de leur réception par leur propriétaire.

2.4 Les déductions relatives à certains bâtiments des exploitations agricoles

« Sont déduites les surfaces de plancher hors œuvre des bâtiments affectés au logement des récoltes, des animaux ou du matériel agricole ainsi que les serres de production. »

Ainsi que le précise l'article L 112-7 du Code de l'urbanisme, cette déduction ne peut concerner que les surfaces annexes aux bâtiments d'exploitation agricole quelle que soit la forme juridique de l'exploitation : exploitation individuelle, exploitation agricole à responsabilité limitée, groupement agricole d'exploitation en commun, société de capitaux, etc.

Cette déduction vaut pour les locaux de même nature annexés aux coopératives agricoles.

Son champ d'application vise :
- les locaux affectés au stockage de la production agricole ou conchylicole tels que granges, chambres froides, caves viticoles ;
- les locaux affectés à l'hébergement des animaux ;
- les locaux affectés au dépôt du matériel agricole ;
- les locaux aménagés en serres de production. Il s'agit de locaux dans lesquels sont développés des processus de production végétale qui soit ne peut être obtenue à l'extérieur soit est améliorée parce que réalisée à l'intérieur desdits locaux.

En revanche, n'entrent pas dans cette catégorie, et sont donc compris dans la surface hors œuvre nette, les surfaces destinées au logement des exploitants ou de leur personnel et les autres locaux intéressant la production agricole. Il peut s'agir, par exemple, des ateliers de réparation, des locaux destinés à la transformation, à la préparation, au conditionnement ou à la vente des produits agricoles, des bureaux de l'exploitation ou ceux des coopératives agricoles, des gîtes ruraux, des locaux destinés à l'artisanat rural.

2.5 La déduction forfaitaire relative à l'isolation des locaux à usage d'habitation

> « Est déduite une surface égale à 5 % des surfaces hors œuvre affectées à l'habitation telles qu'elles résultent le cas échéant de l'application des déductions des paragraphes précédents. »

Cette déduction ne s'applique qu'aux surfaces de plancher affectées à l'habitation. Elle est réputée compenser la surface brute de plancher consommée par les matériaux d'isolation thermique ou acoustique. Elle est fixée forfaitairement à 5 % de ces surfaces préalablement réduites des surfaces mentionnées aux paragraphes précédents.

2.6 La déduction spécifique aux opérations de réfection d'immeubles à usage d'habitation

> « Sont également déduites de la surface hors œuvre dans le cas de la réfection d'un immeuble à usage d'habitation et dans la limite de cinq mètres carrés par logement les surfaces de plancher affectées à la réalisation de travaux tendant à l'amélioration de l'hygiène des locaux et celles résultant de la fermeture de balcons, loggias et surfaces non closes situées en rez-de-chaussée. »

Cette déduction ne s'applique qu'aux immeubles à usage d'habitation existants ayant déjà été habités.

Elle a pour objet de favoriser l'amélioration des logements insuffisamment équipés lorsque les règles de densité applicables pourraient y faire obstacle.

Les travaux concernés sont, notamment, ceux tendant à :
- la création de salles d'eau, de toilettes, l'amélioration de la ventilation ou du chauffage, ou l'agrandissement de la surface de la cuisine ;
- la fermeture de loggias, le remplacement de balcons par des oriels, la fermeture de surfaces non closes situées en rez-de-chaussée.

Le calcul des surfaces

La franchise de 5 m² par logement se comprend tous travaux confondus. Ainsi, si dans le cadre de la réfection d'un immeuble, il est procédé pour tout ou partie des logements à l'amélioration de l'hygiène (création d'un cabinet de toilette par exemple) et à la fermeture de parties communes non closes situées en rez-de-chaussée, il conviendra de considérer la surface hors œuvre de l'ensemble de ces travaux, pour procéder à la déduction dans la limite d'autant de fois 5 m² qu'il y a de logements dans l'immeuble. Le surplus éventuel constitue, bien évidemment, de la SHON.

La franchise de 5 m² ne peut être utilisée qu'une seule fois. Dès lors qu'un immeuble aura bénéficié en une ou plusieurs fois d'une déduction totale d'autant de fois 5 m² qu'il comporte de logements, aucune nouvelle déduction ne saurait être opérée au titre du dernier alinéa de l'article R 112-2.

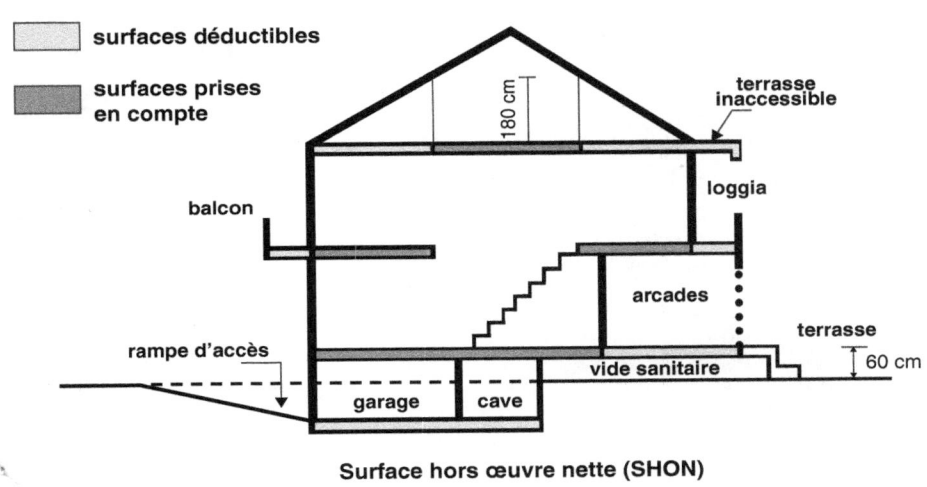

Surface hors œuvre nette (SHON)

3 Fiche d'aide pour le calcul des SHOB et SHON

MINISTÈRE DE L'ÉCOLOGIE,
DU DÉVELOPPEMENT
ET DE L'AMÉNAGEMENT
DURABLES

Fiche d'aide pour le calcul des surfaces hors œuvre BRUTES et NETTES des constructions

Cette fiche constitue une aide pour le calcul des surfaces.
Elle ne doit pas être jointe à votre demande.

	Surface existante	Surface démolie, transformée ou supprimée	Surface restante	Surface créée	Surface totale
I – Surface Hors Oeuvre Brute (SHOB) total :					
La SHOB des constructions est égale à la somme des surfaces de plancher de chaque niveau, des surfaces des toitures-terrasses, des balcons ou loggias et des surfaces non closes situées au rez-de-chaussée, auxquelles s'ajoutent l'épaisseur des murs et cloisons. ①					
II – Calcul de la Surface Hors Œuvre Nette (SHON) obtenue en déduisant de la SHOB les surfaces de plancher suivantes :					
A – Surfaces déductibles, quelle que soit la destination de la construction :					
a Sous-sol ou comble non aménageables :					
Les surfaces des combles et des sous-sols sont déductibles, à condition qu'elles ne soient pas aménageables pour l'habitation ou pour des activités à caractère professionnel, artisanat, industriel ou commercial.					
b Toitures-terrasses, balcons, loggias et surfaces non closes situées au rez-de-chaussée :					
c Bâtiments affectés au stationnement des véhicules :					
Les surfaces de plancher destinées au stationnement des véhicules de toute nature, avec ou sans moteur sont seules déductibles. Les surfaces destinées au stockage des véhicules en vue de leur vente, leur location ou en attente de leur réparation ne sont pas déductibles.					
d Bâtiments d'exploitation agricole :					
Toutes les surfaces des bâtiments agricoles sont déductibles, à l'exception des logements des exploitants et de leurs personnels et des locaux de gestion (bureaux, locaux de ventes...).					
Sous-total des surfaces déductibles (applicable à toutes les constructions)					
② = a + b + c + d ②					
Calcul intermédiaire :					
③ = ① - ② ③					
B – Surfaces déductibles pour les seules constructions à usage d'habitation :					
e Déduction forfaitaire pour isolation thermique et acoustique des logements :					
égale à ③x 0,05					
f Amélioration des logements :					
maximum 5 m² x nombre de logements					
Cette déduction n'est applicable qu'aux surfaces faisant l'objet de travaux d'amélioration de l'hygiène des locaux (création de cuisine, salle d'eau et toilettes) et de fermetures de balcon, loggias ou surfaces non closes au rez-de-chaussée. Elle est limitée à 5m² par logement.					
g Déduction pour l'accessibilité des personnes handicapées :					
maximum 5 m² x nombre de logements					
Cette déduction est applicable aux bâtiments d'habitation collectifs et maisons individuelles neufs ou existants faisant l'objet de travaux entraînant la création de surface hors œuvre nette par extension ou changement de destination.					
Sous-total des surfaces déductibles (constructions à usage d'habitation)					
④ = e + f + g ④					
Surface Hors Oeuvre Nette					
⑤ = ③ - ④ ⑤					

Le calcul des surfaces

4 Le Coefficient d'occupation des sols

4.1 Calcul de la SHON maximale

Le Coefficient d'occupation du sol (COS) détermine la densité de construction admise. C'est le rapport exprimant le nombre de mètres carrés de plancher hors œuvre nette par mètre carré de sol.

Pour le calcul de la SHON maximale, la superficie du ou des terrains faisant l'objet de la demande d'autorisation de construire ou de lotir comprend, le cas échéant, les terrains classés comme espaces boisés. La SHON des bâtiments existants conservés sur le ou les terrains faisant l'objet de la demande est déduite des possibilités de construction.

Le règlement (Plan d'occupation des sols ou Plan local d'urbanisme) peut fixer un coefficient d'occupation des sols dans les zones U et AU. Dans ces zones ou parties de zone, il peut fixer des coefficients différents suivant les catégories de destination des constructions. Il peut également prévoir la limitation des droits à construire en cas de division du terrain à bâtir.

Le COS fixe donc la densité maximale de construction autorisée sur un terrain. En multipliant ce coefficient par la surface du terrain, on obtient la SHON constructible, c'est-à-dire la surface de plancher constructible sur le terrain en question. Le COS est fixé par l'article 14 du Plan d'occupation des sols (POS) ou du Plan local d'urbanisme (PLU) de la commune.

> **Exemple**
> Votre terrain a une surface de 450 m². Le COS de la zone du POS où se trouve votre terrain est de 0,3. Vous avez le droit de construire 450 x 0,3 = 150 m² de SHON.

4.2 Dépassement du COS

Dans le but de favoriser la performance énergétique et les énergies renouvelables dans l'habitat, l'arrêté du 3 mai 2007 autorise un dépassement éventuel du coefficient d'occupation des sols. Ce dépassement est limité à 20 %.

Pour bénéficier du dépassement de ce coefficient, les constructions de bâtiments doivent respecter l'un des quatre ensembles de critères suivants :
- les critères correspondant au label « Très haute performance énergétique, énergies renouvelables et pompes à chaleur », THPE EnR 2005 ;
- les critères correspondant au label « Bâtiment basse consommation », BBC 2005 ;

- les critères des maisons individuelles contenant au plus deux logements ;
- les critères des bâtiments existants faisant l'objet d'une extension.

Ces critères sont définis par l'arrêté du 8 mai 2007 relatif aux conditions d'attribution du label « Haute performance énergétique » disponible sur le site Internet www.legifrance.gouv.fr. Néanmoins, les conditions sont résumées ci-après.

4.2.1 Le label « Très haute performance énergétique, énergies renouvelables et pompes à chaleur », THPE EnR 2005

Ce label correspond à une consommation conventionnelle d'énergie inférieure au moins de 30 % au coefficient de référence du bâtiment, et l'une des conditions suivantes doit être satisfaite :

- le bâtiment est équipé de panneaux solaires assurant au moins 50 % des consommations de l'eau chaude sanitaire, et la part de la consommation conventionnelle de chauffage par un générateur utilisant la biomasse est supérieure à 50 % ;
- le bâtiment est équipé de panneaux solaires assurant au moins 50 % des consommations de l'eau chaude sanitaire, et le système de chauffage est relié à un réseau de chaleur alimenté à plus de 60 % par des énergies renouvelables ;
- le bâtiment est équipé de panneaux solaires assurant au moins 50 % de l'ensemble des consommations de l'eau chaude sanitaire et du chauffage ;
- le bâtiment est équipé d'un système de production d'énergie électrique utilisant les énergies renouvelables assurant une production annuelle d'électricité de plus de 25 kWh/m^2 de SHON en énergie primaire ;
- le bâtiment est équipé d'une pompe à chaleur dont les caractéristiques minimales sont données en annexe 4 de l'arrêté ;
- pour les immeubles collectifs et pour les bâtiments tertiaires à usage d'hébergement, le bâtiment est équipé de panneaux solaires assurant au moins 50 % des consommations de l'eau chaude sanitaire.

Le calcul des surfaces

4.2.2 Le label « Bâtiment basse consommation énergétique », BBC 2005

Dans le cas des bâtiments à usage d'habitation, la consommation conventionnelle d'énergie primaire du bâtiment pour le chauffage, le refroidissement, la ventilation, la production d'eau chaude sanitaire et l'éclairage des locaux doit être inférieure ou égale à une valeur en $kWh/m^2/an$ d'énergie primaire qui s'exprime sous la forme : $50 \times (a + b)$.

La valeur du coefficient a est donnée dans le tableau ci-après en fonction des zones climatiques.

Zones climatiques	Coefficient « a »
H1-a, H1-b	1,3
H1-c	1,2
H2-a	1,1
H2-b	1
H2-c, H2-d	0,9
H3	0,8

La valeur du coefficient b est donnée dans le tableau ci-après en fonction de l'altitude du terrain d'assiette de la construction.

Altitude	Coefficient « b »
≤ 400 m	0
> 400 m et ≤ 800 m	0,1
> 800 m	0,2

Dans le cas des bâtiments à usages autres que d'habitation, la consommation conventionnelle d'énergie primaire du bâtiment pour le chauffage, le refroidissement, la ventilation, la production d'eau chaude sanitaire et l'éclairage des locaux doit être inférieure ou égale à 50 % de la consommation conventionnelle de référence.

4.2.3 Les maisons individuelles comportant au plus deux logements

Il s'agit uniquement des maisons individuelles contenant au plus deux logements et pour lesquelles le propriétaire a, directement ou par l'intermédiaire d'un professionnel de la construction, entrepris la construction pour son propre usage.

Ces constructions doivent répondre à des conditions spécifiques. La consommation conventionnelle d'énergie doit être inférieure au moins de 20 % à la consommation conventionnelle de référence, et inférieure au moins de 20 % au coefficient maximal Cep max défini dans la Réglementation Thermique RT2005, et l'une des quatre conditions suivantes doit être satisfaite :

- la part de la consommation conventionnelle de chauffage par un générateur utilisant la biomasse est égale ou supérieure à 50 % ;
- le bâtiment est équipé d'un système de production d'énergie électrique utilisant les énergies renouvelables et assurant une production annuelle d'électricité de plus de 25 kWh/m^2 de SHON en énergie primaire. Cette production est calculée selon la méthode Th-CE 2005 du CSTB. Cette condition est réputée satisfaite si le bâtiment est équipé de capteurs photovoltaïques d'une surface supérieure ou égale à un dixième de la SHON ;
- la fourniture d'eau chaude est assurée par l'énergie solaire pour une valeur égale ou supérieure à 50 %. Cette valeur est calculée selon la méthode Th-CE. Cette condition est réputée satisfaite si la construction est équipée de capteurs solaires pour la fourniture d'eau chaude, de surface d'entrée supérieure ou égale à 3 m^2 par logement ;
- le bâtiment est équipé d'une pompe à chaleur dont les caractéristiques minimales sont données en annexe 4 du décret.

4.2.4 Bâtiment existant faisant l'objet d'une extension

Pour profiter d'un dépassement de COS, un bâtiment existant faisant l'objet d'une extension doit être à usage d'habitation et répondre à certaines conditions.

Les planchers hauts sous combles perdus du bâtiment et de son extension doivent être isolés de telle sorte que la résistance thermique soit supérieure ou égale à 5 m^2.K/W.

Le bâtiment doit faire l'objet de travaux d'installation d'équipements d'énergie renouvelable ou de pompe à chaleur. L'ensemble des locaux, constitués par la partie existante et l'extension appartenant au même propriétaire, sont alors équipés d'une des façons suivantes :

- avec un générateur utilisant la biomasse et assurant au moins 50 % de la consommation de chauffage de l'ensemble des locaux ;

Le calcul des surfaces

- avec des capteurs photovoltaïques d'une surface supérieure ou égale à un dixième de la SHON, ou bien ces capteurs assurent une production annuelle d'électricité pour le bâtiment et son extension de plus de 25 kWh/m^2 de SHON en énergie primaire ;
- avec des capteurs solaires pour la fourniture d'eau chaude, de surface d'entrée supérieure ou égale à 3 m^2 par logement, ou bien la fourniture d'eau chaude est assurée par l'énergie solaire pour une valeur égale ou supérieure à 50 % pour le bâtiment et son extension ;
- avec une pompe à chaleur dont les caractéristiques minimales sont données en annexe 4 du décret.

4.2.5 La justification du respect des critères de performance

Pour justifier du respect des critères des labels THPE EnR 2005 ou BBC 2005, le demandeur du permis de construire devra fournir une attestation établie par un organisme habilité à délivrer les labels. Elle indique qu'au stade du permis de construire, le projet respecte les critères définis par un de ces labels et que le demandeur s'est engagé à obtenir le label correspondant.

Dans le cas des maisons individuelles comportant au plus deux logements, le demandeur devra fournir un engagement d'installer les équipements de production d'énergie renouvelable ou de pompe à chaleur et une attestation d'une personne habilitée à réaliser un diagnostic de performance énergétique. Cette attestation indique qu'au stade du permis de construire et au vu des éléments fournis par le demandeur, la maison individuelle et les équipements d'énergie renouvelable ou de pompe à chaleur respectent les critères définis. Ces attestations sont établies à partir d'une étude de la consommation conventionnelle d'énergie du bâtiment fournie par le demandeur.

Dans le cas du bâtiment existant, pour justifier du respect des critères de performance requis, le demandeur du permis de construire fournit un engagement d'installer les équipements de production d'énergie renouvelable ou de pompe à chaleur visés et d'isoler les planchers hauts sous combles perdus du bâtiment et de son extension. Il fournit également une attestation établie par une personne habilitée à réaliser un diagnostic de performance énergétique. Cette attestation indique qu'au stade du permis de construire la maison individuelle et les équipements d'énergie renouvelable ou de pompe à chaleur respectent les critères définis. Le maître d'ouvrage fournit à la personne chargée d'établir l'attestation les éléments nécessaires à cet établissement.

Chapitre 3
Nature des travaux exécutés

La réforme du nouveau permis de construire a classé les dispositions applicables suivant quatre catégories de travaux, au sein du chapitre I (champ d'application) du titre II (dispositions communes aux diverses autorisations et aux déclarations préalables) du livre 4 (règles relatives à l'acte de construire et à divers modes d'utilisation du sol) du Code de l'urbanisme. Ces dispositions sont donc définies par l'ensemble des articles R 421.

Les quatre catégories de travaux :
- les « constructions nouvelles » faisant l'objet de la section I ;
- les « travaux exécutés sur des constructions existantes » et les « changements de destination » de ces constructions, faisant l'objet de la section II ;
- les « travaux, installations et aménagements affectant l'utilisation du sol », faisant l'objet de la section III ;
- les « démolitions », faisant l'objet de la section IV.

L'article R 421-1 indique que les constructions nouvelles doivent être précédées de la délivrance d'un permis de construire, à l'exception de :
- celles mentionnées aux articles R 421-2 à R 421-8 qui sont dispensées de toute formalité ;
- celles mentionnées aux articles R 421-9 à R 421-12 qui doivent faire l'objet d'une déclaration préalable.

Réussir sa demande de permis de construire

L'article R 421-13 indique que les travaux exécutés sur des constructions existantes sont dispensés de toute formalité, à l'exception de :
- ceux mentionnés aux articles R 421-14 à R 421-16 qui sont soumis à permis de construire ;
- ceux mentionnés à l'article R 421-17 qui doivent faire l'objet d'une déclaration préalable.

L'article R 421-17 indique que les changements de destination de constructions existantes doivent faire l'objet d'une déclaration préalable, à l'exception de ceux mentionnés à l'article R 421-14 qui sont soumis à permis de construire.

L'article R 421-18 indique que les travaux, installations et aménagements sont dispensés de toute formalité, à l'exception de :
- ceux mentionnés aux articles R 421-19 à R 421-22 qui sont soumis à permis d'aménager ;
- ceux mentionnés à l'article R 421-23 à R 421-25 qui doivent faire l'objet d'une déclaration préalable.

L'article R 421-26 indique que les démolitions sont :
- soumises à un permis de démolir pour celles mentionnées aux articles R 421-27 à R 421-28 ;
- dispensées de toute formalité pour celles mentionnées aux articles R 421-27 à R 421-28.

1 Les constructions

Ces travaux font partie des « constructions nouvelles », dont les dispositions applicables sont décrites par les articles R 421-1 à R 421-12.

Est dite construction nouvelle toute élévation ou mise en œuvre d'éléments n'existant pas avant les travaux projetés, qu'il y est ou non fondations ou création de surface de plancher. Il peut s'agir d'une construction isolée ou de l'agrandissement d'un bâtiment existant. Ces travaux sont réglementés en fonction de la Surface hors œuvre brute créée, ainsi que, pour les constructions de faible importance, de leur hauteur. Dans ce dernier cas, la localisation joue également sur le type d'autorisation à demander.

Nature des travaux exécutés

1.1 La construction ou travaux ayant pour effet de créer une SHOB supérieure à 20 m² *(art. R 421-1 du CU)*.
1.2 La construction ou travaux ayant pour effet de créer une SHOB supérieure à 2 m² et inférieure ou égale à 20 m² *(art. R 421-9 a du CU)*.
1.3 La construction ou travaux ayant pour effet de créer une SHOB inférieure ou égale à 2 m² :
    1.3.1 et dont la hauteur au-dessus du sol est inférieure à 12 m *(art. R 421-2 a du CU)* ;
    1.3.2 et dont la hauteur au-dessus du sol est supérieure ou égale à 12 m *(art. R 421-9 c et Art. R 421-11 a du CU)*.

Travaux	Recours Architecte Obligatoire	Secteur non Spécifique	Secteur Sauvegardé 1.4.1	Site Inscrit 1.4.2	Site Classé 1.4.2	Champs de Visibilité 1.4.3	ZPPAUP 1.4.4	Réserve Naturelle 1.4.5	Parc National 1.4.5	Secteur Communal 1.4.6
Constructions										
1.1	Si SHON > 170 m²	PC	PC	PC	PC	PC	PC	PC	PC	PC
1.2		DP	DP	DP	DP	DP	DP	DP	DP	DP
1.3.1		Dispensé	DP	Dispensé	DP	Dispensé	Dispensé	DP	DP	Dispensé
1.3.2		DP	DP	DP	DP	DP	DP	DP	DP	DP

2 La création de surface de plancher dans une enveloppe existante

Ces travaux font partie des « travaux exécutés sur des constructions existantes » dont les dispositions applicables sont décrites par les articles R 421-13 à R 421-17. Ils correspondent à ceux ayant pour effet la création de Surface hors œuvre brute. Il peut s'agir de la mise en œuvre de plancher intermédiaire, de la création d'une mezzanine ou de la transformation intérieure de charpente industrialisée rendant aménageables des combles inaccessibles. Ces travaux sont réglementés en fonction de la surface ainsi créée.

2.1 La création de SHOB supérieure à 20 m² *(art. R 421-14 a du CU)*.
2.2 La création de SHOB supérieure à 2 m² et inférieure ou égale à 20 m² *(art. R 421-17 f du CU)*.
2.3 La création de SHOB inférieure ou égale à 2 m² *(art. R 421-13 du CU)*.

Travaux	Recours Architecte Obligatoire	Secteur non Spécifique	Secteur Sauvegardé 1.4.1	Site Inscrit 1.4.2	Site	Champs de Visibilité 1.4.3	ZPPAUP 1.4.4	Réserve Naturelle 1.4.5	Parc National 1.4.5	Secteur Communal 1.4.6
Création de surface de plancher dans une enveloppe existante										
2.1 SHOB (Exist + Création) < 170 m²	Si SHON (Exist + Création) > 170 m²	PC	PC	PC	PC	PC	PC	PC	PC	PC
2.2	Si SHON (Exist + Création) > 170 m²	DP	DP	DP	DP	DP	DP	DP	DP	DP
2.3		Dispensé	Dispensé	Dispensé	Dispensé	Dispensé	Dispensé	Dispensé	Dispensé	Dispensé

3 La modification de bâtiment

Ces travaux font partie des « travaux exécutés sur des constructions existantes » dont les dispositions applicables sont décrites par les articles R 421-13 à R 421-17. La modification de bâtiment correspond à la transformation d'une Surface hors œuvre brute en Surface hors œuvre nette. Il peut s'agir de la transformation d'un garage en chambre. Ces travaux sont réglementés en fonction de la surface transformée.

3.1 La transformation d'une surface inférieure ou égale à 10 m² de SHOB en SHON *(art. R 421-13 du CU)*.

3.2 La transformation de plus de 10 m² de SHOB en SHON *(art. R 421-17 g du CU)*.

Travaux	Recours Architecte Obligatoire	Secteur non Spécifique	Secteur Sauvegardé 1.4.1	Site Inscrit 1.4.2	Site Classé 1.4.2	Champs de Visibilité 1.4.3	ZPPAUP 1.4.4	Réserve Naturelle 1.4.5	Parc National 1.4.5	Secteur Communale 1.4.6
Modification de bâtiment										
3.1		Dispensé	Dispensé	Dispensé	Dispensé	Dispensé	Dispensé	Dispensé	Dispensé	Dispensé
3.2	Si SHON totale > 170 m²	DP	DP	DP	DP	DP	DP	DP	DP	DP

4 Le changement de destination d'une construction existante

Ces travaux font partie des travaux de « changement de destination » de constructions existantes dont les dispositions applicables sont décrites par les articles R 421-14 et R 421-17. Il y a changement de destination dès lors que l'affectation ou la destination d'une construction passe de l'une à l'autre des catégories suivantes : habitation, hébergement hôtelier, bureaux, commerce, artisanat, industrie, exploitation agricole ou forestière, entrepôt, construction ou installation nécessaire au service public ou d'intérêt collectif.

Tout changement de destination, accompagné de travaux ou non, est soumis à autorisation. Toutefois les locaux accessoires d'un bâtiment sont réputés avoir la même destination que le local principal. La transformation d'une ancienne grange agricole, annexe d'une habitation existante, ne constitue donc pas un changement de destination. Ces travaux sont réglementés en fonction du type de travaux réalisés.

4.1   Le changement de destination avec modification de la structure porteuse ou de la façade *(art. R 421-14 b du CU)*.

4.2   Le changement de destination sans modification de la structure porteuse ou de la façade *(art. R 421-17 b du CU)*.

Travaux	Recours Architecte Obligatoire	Secteur non Spécifique	Secteur Sauvegardé 1.4.1	Site Inscrit 1.4.2	Site Classé 1.4.2	Champs de Visibilité 1.4.3	ZPPAUP 1.4.4	Réserve Naturelle 1.4.5	Parc National 1.4.5	Secteur Communal 1.4.6
Changement de destination d'une construction existante										
4.1	X	PC	PC	PC	PC	PC	PC	PC	PC	PC
4.2	X	DP	DP	DP	DP	DP	DP	DP	DP	DP

5 Modification de l'aspect extérieur d'un bâtiment

Ces travaux font partie des « travaux exécutés sur des constructions existantes » dont les dispositions applicables sont décrites par les articles R 421-13 à R 421-17. La modification de l'aspect extérieur d'un bâtiment correspond à des travaux réalisés sur un bâtiment existant sans création de surface. Il peut s'agir de la pose d'une fenêtre de toit, de la mise en œuvre d'une lucarne ou du changement de couleur des menuiseries extérieures. Ces travaux sont réglementés en fonction de leur type.

5.1 La modification du volume du bâtiment et percement ou agrandissement d'une ouverture sur un mur extérieur *(art. R 421-14 c du CU)*.

5.2 Les travaux de ravalement ou travaux ayant pour effet de modifier l'aspect extérieur *(art. R 421-17 a du CU)*.

5.3 Les travaux d'entretien ou de réparations ordinaires, à l'identique de l'existant *(art. R 421-13 du CU)*.

Travaux	Recours Architecte Obligatoire	Secteur non Spécifique	Secteur Sauvegardé 1.4.1	Site Inscrit 1.4.2	Site Classé 1.4.2	Champs de Visibilité 1.4.3	ZPPAUP 1.4.4	Réserve Naturelle 1.4.5	Parc National 1.4.5	Secteur Communal 1.4.6
Modification de l'aspect extérieur										
5.1	Si SHON totale > 170 m²	PC	PC	PC	PC	PC	PC	PC	PC	PC
5.2	Si SHON totale > 170 m²	DP	DP	DP	DP	DP	DP	DP	DP	DP
5.3		Dispensé	Dispensé	Dispensé	Dispensé	Dispensé	Dispensé	Dispensé	Dispensé	Dispensé

6 Les travaux sur immeubles spécifiques

Ces travaux font partie des « travaux exécutés sur des constructions existantes » dont les dispositions applicables sont décrites par les articles R 421-13 à R 421-17. Ont été ici nommés immeubles spécifiques, les bâtiments constituant un secteur sauvegardé, ceux inscrits au titre des monuments historiques, ceux comportant un élément présentant un intérêt patrimonial ou paysager identifié dans un PLU ou par décision du conseil municipal. Ces travaux sont réglementés en fonction de leur nature et du type de spécificité du bâtiment concerné, ainsi que de sa localisation. Ils ne concernent cependant pas les travaux d'entretien ou de réparations ordinaires.

6.1 Les travaux sur tout ou partie d'immeuble inscrit au titre des monuments historiques *(art. R 421-16 du CU)*.

6.2 Les travaux exécutés sur un immeuble situé dans un secteur sauvegardé dont le PSMV est approuvé :

   6.2.1 et réalisés à l'intérieur, lorsqu'ils modifient la structure du bâtiment ou la répartition des volumes existants *(art. R 421-15 a du CU)* ;

   6.2.2 et qui portent sur un élément présentant un intérêt patrimonial ou paysager *(art. R 421-15 b du CU)*.

6.3 Les travaux intérieurs exécutés sur un immeuble situé dans un secteur sauvegardé dont le PSMV n'est pas approuvé ou en révision
(art. R 421-17 c du CU).

6.4 Les travaux ayant pour effet de modifier ou supprimer un élément présentant un intérêt patrimonial ou paysager *(art. R 421-17 d et e du CU)*.

Travaux	Recours Architecte Obligatoire	Secteur non Spécifique 1.4.1	Secteur Sauvegardé 1.4.1	Site Inscrit 1.4.2	Site Classé 1.4.2	Champs de Visibilité 1.4.3	ZPPAUP 1.4.4	Réserve Naturelle 1.4.5	Parc National 1.4.5	Secteur Communal 1.4.6
Travaux sur immeubles spécifiques										
6.1	X		PC	PC	PC	PC	PC	PC	PC	PC
6.2.1	X		PC							
6.2.2	X		PC							
6.3	X		DP							
6.4	X									DP

7 La modification de l'aménagement des abords d'un bâtiment

Ces travaux font partie des « travaux, installations et aménagements affectant l'utilisation du sol » dont les dispositions applicables sont décrites par les articles R 421-18 à R 421-25.

La modification de l'aménagement des abords d'un bâtiment correspond à des travaux réalisés à l'extérieur d'un bâtiment existant. Il peut s'agir de la modification des accès extérieurs, de coupe ou de plantation d'arbres. Les éléments présentant un intérêt patrimonial ou paysager sont ceux identifiés dans un PLU ou par décision du conseil municipal. Ces travaux sont réglementés en fonction de leur type et de leur localisation.

7.1 La coupe ou abattage d'arbres *(art. R 421-23 g du CU)*.

7.2 Les travaux ayant pour effet de modifier ou supprimer un élément présentant un intérêt patrimonial ou paysager *(art. R 421-23 h et i du CU)*.

7.3 Les travaux ayant pour effet de modifier l'aménagement des abords d'un bâtiment existant *(art. R 421-24 du CU)*.

7.4 Les travaux d'entretien ou de réparations ordinaires, à l'identique de l'existant *(art. R 421-18 du CU)*.

Travaux	Recours Architecte Obligatoire	Secteur non Spécifique	Secteur Sauvegardé 1.4.1	Site Inscrit 1.4.2	Site Classé 1.4.2	Champs de Visibilité 1.4.3	ZPPAUP 1.4.4	Réserve Naturelle 1.4.5	Parc National 1.4.5	Secteur Communal 1.4.6
Modification de l'aménagement des abords										
7.1		Dispensé	DP	Dispensé	Dispensé	Dispensé	Dispensé	Dispensé	Dispensé	DP
7.2			DP							DP
7.3			DP							
7.4		Dispensé	Dispensé	Dispensé	Dispensé	Dispensé	Dispensé	Dispensé	Dispensé	Dispensé

8 Les murs

Ces travaux font partie des « constructions nouvelles », dont les dispositions applicables sont décrites par les articles R 421-1 à R 421-12. Une distinction est à faire entre l'édification de murs et celle de clôtures qui font l'objet d'une réglementation spéciale. Il peut s'agir de l'élévation de mur coupe-vent, de mur séparant deux endroits distincts au sein de la même propriété, ou bien de mur de soutènement. Ces travaux sont réglementés, suivant leur nature, en fonction de la hauteur du mur créé et/ou de sa localisation.

8.1 L'élévation d'un mur dont la hauteur est inférieure à 2 m *(art. R 421-2 f et R 421-11 b du CU)*.

8.2 L'élévation d'un mur dont la hauteur est supérieure ou égale à 2 m *(art. R 421-9 e du CU)*.

8.3 La réalisation d'un mur de soutènement *(art. R 421-3 et R 421-10 du CU)*

Travaux	Recours Architecte Obligatoire	Secteur non Spécifique 1.4.1	Secteur Sauvegardé 1.4.1	Site Inscrit 1.4.2	Site Classé 1.4.2	Champs de Visibilité 1.4.3	ZPPAUP 1.4.4	Réserve Naturelle 1.4.5	Parc National 1.4.5	Secteur Communal 1.4.6
Murs										
8.1		Dispensé	DP	Dispensé	DP	Dispensé	Dispensé	DP	DP	Dispensé
8.2		DP	DP	DP	DP	DP	DP	DP	DP	DP
8.3		Dispensé	DP	Dispensé	Dispensé	Dispensé	Dispensé	Dispensé	Dispensé	Dispensé

9 Les clôtures

Ces travaux font partie des « constructions nouvelles », dont les dispositions applicables sont décrites par les articles R 421-1 à R 421-12. Les clôtures sont les éléments, généralement maçonnés, qui délimitent une propriété. Il en existe donc qui donnent sur le domaine public et d'autres qui constituent la limite séparative entre deux parcelles. Ces travaux, non liés à une activité particulière, sont soumis à déclaration préalable dans l'ensemble des secteurs spécifiques et en particulier lorsque la commune a décidé de l'instituer sur tout ou partie de son territoire, ce qui est très souvent le cas. Ces travaux sont réglementés en fonction de la destination de la future clôture.

9.1 L'élévation d'une clôture classique *(art. R 421-12 du CU)*.

9.2 L'élévation d'une clôture nécessaire à l'activité agricole ou forestière *(art. R 421-2 g du CU)*.

Travaux	Recours Architecte Obligatoire	Secteur non Spécifique	Secteur Sauvegardé 1.4.1	Site Inscrit 1.4.2	Site Classé 1.4.2	Champs de Visibilité 1.4.3	ZPPAUP 1.4.4	Réserve Naturelle 1.4.5	Parc National 1.4.5	Secteur Communal 1.4.6
Clôtures										
9.1			Dispensé	DP	DP	DP	DP	DP	Dispensé	Dispensé	DP
9.2			Dispensé	Dispensé	Dispensé	Dispensé	Dispensé	Dispensé	Dispensé	Dispensé	Dispensé

10 Les piscines

Ces travaux font partie des « constructions nouvelles », dont les dispositions applicables sont décrites par les articles R 421-1 à R 421-12. Ils sont réglementés en fonction de deux critères : la présence ou non d'une couverture, fixe ou mobile, et la superficie du bassin. Leur localisation joue également sur le type d'autorisation à demander.

10.1 La réalisation d'une piscine non couverte ou avec une couverture inférieure à 1,80 m :

    10.1.1 et dont le bassin est inférieur ou égal à 10 m^2 *(art. R 421-2 d du CU)* ;

    10.1.2 et dont le bassin est supérieur à 10 m^2 et inférieur ou égal à 100 m^2 *(art. R 421-9 f du CU)* ;

    10.1.3 et dont le bassin est supérieur à 100 m^2 *(art. R 421-1 du CU)*.

10.2 La réalisation d'une piscine avec une couverture supérieure à 1,80 m, quelle que soit la surface du bassin *(art. R 421-1 du CU)*.

Nature des travaux exécutés

Travaux	Recours Architecte Obligatoire	Secteur non Spécifique	Secteur Sauvegardé 1.4.1	Site Inscrit 1.4.2	Site Classé 1.4.2	Champs de Visibilité 1.4.3	ZPPAUP 1.4.4	Réserve Naturelle 1.4.5	Parc National 1.4.5	Secteur Communal 1.4.6
Piscine										
10.1.1		Dispensé	DP	Dispensé	DP	Dispensé	Dispensé	Dispensé	Dispensé	Dispensé
10.1.2		DP	DP	DP	DP	DP	DP	DP	DP	DP
10.1.3		PC	PC	PC	PC	PC	PC	PC	PC	PC
10.2.1	Si SHON totale > 170 m²	PC	PC	PC	PC	PC	PC	PC	PC	PC

11 Les châssis et serres

Ces travaux font partie des « constructions nouvelles », dont les dispositions applicables sont décrites par les articles R 421-1 à R 421-12. Ils sont réglementés en fonction de deux critères : la hauteur et la superficie de la construction. Leur localisation joue également sur le type d'autorisation à demander.

11.1 La réalisation de châssis ou serres dont la hauteur est inférieure ou égale à 1,80 m *(art. R 421-2 e du CU)*.

11.2 La réalisation de châssis ou serres dont la hauteur est supérieure à 1,80 m et inférieure à 4 m :

    11.2.1 et dont la surface est inférieure ou égale à 2 000 m² sur une même unité foncière *(art. R 421-9 g du CU)* ;

    11.2.2 et dont la surface est supérieure à 2 000 m² *(art. R 421-1 du CU)*.

11.3 La réalisation de châssis ou serres dont la hauteur est supérieure ou égale à 4 m *(art. R 421-1 du CU)*.

Travaux	Recours Architecte Obligatoire	Secteur non Spécifique	Secteur Sauvegardé 1.4.1	Site Inscrit 1.4.2	Site Classé 1.4.2	Champs de Visibilité 1.4.3	ZPPAUP 1.4.4	Réserve Naturelle 1.4.5	Parc National 1.4.5	Secteur Communal 1.4.6
Châssis et serres										
11.1			Dispensé	DP	Dispensé	DP	Dispensé	Dispensé	Dispensé	Dispensé
11.2.1			DP	DP	DP	DP	DP	DP	DP	DP
11.2.2	X		PC	PC	PC	PC	PC	PC	PC	PC
11.3	X		PC	PC	PC	PC	PC	PC	PC	PC

12 Les éoliennes

Ces travaux font partie des « constructions nouvelles », dont les dispositions applicables sont décrites par les articles R 421-1 à R 421-12.

Ils sont réglementés en fonction de la hauteur de la construction.

12.1 L'élévation d'une éolienne dont la hauteur du mât et de la nacelle au-dessus du sol est inférieure à 12 m *(art. R 421-2 c du CU)*.

12.2 L'élévation d'une éolienne dont la hauteur du mât et de la nacelle au-dessus du sol est supérieure ou égale à 12 m *(art. R 421-1 du CU)*.

Travaux	Recours Architecte Obligatoire	Secteur non Spécifique	Secteur Sauvegardé 1.4.1	Site Inscrit 1.4.2	Site Classé 1.4.2	Champs de Visibilité 1.4.3	ZPPAUP 1.4.4	Réserve Naturelle 1.4.5	Parc National 1.4.5	Secteur Communal 1.4.6
Éoliennes										
12.1			Dispensé	DP	Dispensé	DP	Dispensé	Dispensé	Dispensé	Dispensé
12.2	X		PC	PC	PC	PC	PC	PC	PC	PC

13 La démolition

Ces travaux font partie des « démolitions », dont les dispositions applicables sont décrites par les articles R 421-27 à R 421-29. Ils consistent à détruire ou à rendre inutilisable tout ou partie d'une construction. Ces travaux sont soumis à permis de démolir dans l'ensemble des secteurs spécifiques et en particulier lorsque la commune a décidé de l'instituer sur tout ou partie de son territoire, ce qui est très souvent le cas. Sont dispensées d'autorisation les démolitions couvertes par le secret de la défense nationale, d'un bâtiment déclaré menaçant ruine ou insalubre, effectuées en application d'une décision de justice devenue définitive, d'un bâtiment frappé d'alignement, ou bien de lignes électriques et de canalisations. Ces travaux sont réglementés en fonction de la qualité du bâtiment concerné ainsi que de sa localisation.

13.1 La démolition de constructions classiques *(art. R 421-27 et 28 du CU)*.

13.2 La démolition de constructions inscrites au titre des monuments historiques ou adossées à un immeuble classé *(art. R 421-28 b du CU)*.

13.3 La démolition de constructions particulières *(art. R 421-29 du CU)*.

Travaux	Recours Architecte Obligatoire	Secteur non Spécifique	Secteur Sauvegardé 1.4.1	Site Inscrit 1.4.2	Site Classé 1.4.2	Champs de Visibilité 1.4.3	ZPPAUP 1.4.4	Réserve Naturelle 1.4.5	Parc National 1.4.5	Secteur Communal 1.4.6
Travaux de démolition										
13.1		Dispensé	PD	PD	PD	PD	PD	Dispensé	Dispensé	PD
13.2		PD	PD	PD	PD	PD	PD	PD	PD	PD
13.3		Dispensé	Dispensé	Dispensé	Dispensé	Dispensé	Dispensé	Dispensé	Dispensé	Dispensé

14 Les lotissements

Ces travaux font partie des « travaux, installations et aménagements affectant l'utilisation du sol » dont les dispositions applicables sont décrites par les articles R 421-18 à R 421-25.

Ils ont pour but la division de propriété foncière en lots, accompagnée ou non de viabilisation et/ou de constructions. Ils sont réglementés en fonction de leur durée, du nombre de lots prévus, ainsi que de leur localisation.

14.1 La réalisation de lotissements qui ont pour effet, sur une période de moins de dix ans, de créer plus de deux lots à construire :

    14.1.1 et qui prévoient la réalisation de voies ou espaces communs *(art. R 421-19 a du CU)* ;

    14.1.2 et qui ne prévoient pas la réalisation de voies ou espaces communs *(art. R 421-19 a du CU)*.

14.2 La réalisation d'autres lotissements *(art. R 421-23 du CU)*.

Travaux	Recours Architecte Obligatoire	Secteur non Spécifique	Secteur Sauvegardé 1.4.1	Site Inscrit 1.4.2	Site Classé 1.4.2	Champs de Visibilité 1.4.3	ZPPAUP 1.4.4	Réserve Naturelle 1.4.5	Parc National 1.4.5	Secteur Communal 1.4.6
Lotissement										
14.1.1			PA	PA	PA	PA	PA	PA	PA	PA
14.1.2			DP	PA	DP	PA	DP	DP	DP	DP
14.2			DP	DP	DP	DP	DP	DP	DP	DP

15 Les aires de stationnement

Ces travaux font partie des « travaux, installations et aménagements affectant l'utilisation du sol » dont les dispositions applicables sont décrites par les articles R 421-18 à R 421-25. Ils concernent les aires de stationnement ouvertes au public, mais également les aires destinées aux dépôts de véhicules et les garages collectifs de caravanes ou de résidences mobiles de loisirs. Ces aménagements sont réglementés en fonction du nombre de véhicules qu'ils peuvent accueillir, ainsi que de leur localisation.

15.1 L'aménagement d'une aire susceptible d'accueillir moins de dix véhicules *(art. R 421-18 du CU)*.

15.2 L'aménagement d'une aire susceptible d'accueillir de dix à quarante-neuf véhicules hormis les résidences mobiles de loisirs *(art. R 421-23 e du CU)*.

15.3 L'aménagement d'une aire susceptible d'accueillir au moins cinquante véhicules *(art. R 421-19 j du CU)*.

Travaux	Recours Architecte Obligatoire	Secteur non Spécifique	Secteur Sauvegardé 1.4.1	Site Inscrit 1.4.2	Site Classé 1.4.2	Champs de Visibilité 1.4.3	ZPPAUP 1.4.4	Réserve Naturelle 1.4.5	Parc National 1.4.5	Secteur Communal 1.4.6
Aires de stationnement										
15.1			Dispensé	PA	Dispensé	PA	Dispensé	Dispensé	PA	Dispensé	Dispensé
15.2			DP	PA	DP	PA	DP	DP	PA	DP	DP
15.3			PA	PA	PA	PA	PA	PA	PA	PA	PA

16 Les affouillements et exhaussements

Ces travaux font partie des « travaux, installations et aménagements affectant l'utilisation du sol » dont les dispositions applicables sont décrites par les articles R 421-18 à R 421-25. Ils concernent les travaux de terrassement qui ont pour effet d'amener le niveau du terrain après travaux à une hauteur en cas d'exhaussement, ou à une profondeur en cas d'affouillement, supérieure à 2 m par rapport à son niveau initial. Si ces travaux sont nécessaires à la réalisation d'un permis de construire, et donc traités dans ce cadre, la demande d'autorisation n'est pas exigée. Ces aménagements sont réglementés en fonction de la superficie de terrain concerné, ainsi que de sa localisation.

16.1 La réalisation d'affouillement ou d'exhaussement dont la superficie est à inférieure à 100 m² *(art. R 421-18 du CU)*.

16.2 La réalisation d'affouillement ou d'exhaussement dont la superficie est supérieure ou égale à 100 m² et inférieure à 2 ha *(art. R 421-23 f du CU)*.

16.3 La réalisation d'affouillement ou d'exhaussement dont la superficie est supérieure ou égale à 2 ha *(art. R 421-19 k du CU)*.

Travaux	Recours Architecte Obligatoire	Secteur non Spécifique	Secteur Sauvegardé 1.4.1	Site Inscrit 1.4.2	Site Classé 1.4.2	Champs de Visibilité 1.4.3	ZPPAUP 1.4.4	Réserve Naturelle 1.4.5	Parc National 1.4.5	Secteur Communal 1.4.6
Affouillements et exhaussements										
16.1			Dispensé	Dispensé	Dispensé	Dispensé	Dispensé	Dispensé	Dispensé	Dispensé
16.2			DP	PA	DP	PA	DP	DP	PA	DP	DP
16.3			PA	PA	PA	PA	PA	PA	PA	PA

17 Les autres travaux dispensés d'autorisations

- Les caveaux et monuments funéraires situés dans l'enceinte d'un cimetière.
- Les canalisations, lignes ou câbles, lorsqu'ils sont souterrains.
- Les constructions implantées pour une durée n'excédant pas trois mois.

    Toutefois, cette durée est portée à :

    a) un an en ce qui concerne les constructions nécessaires au relogement d'urgence des personnes victimes d'un sinistre ou d'une catastrophe naturelle ou technologique ;

    b) une année scolaire en ce qui concerne les classes démontables installées dans les établissements scolaires ou universitaires pour pallier les insuffisances temporaires de capacités d'accueil ;

    c) la durée du chantier en ce qui concerne les constructions temporaires directement nécessaires à la conduite des travaux ainsi que les installations liées à la commercialisation d'un bâtiment en cours de construction, et une durée d'un an en ce qui concerne les constructions nécessaires au maintien des activités économiques ou des équipements existants, lorsqu'elles sont implantées à moins de 300 m du chantier ;

    d) la durée d'une manifestation culturelle, commerciale, touristique ou sportive, dans la limite d'un an, en ce qui concerne les constructions ou installations temporaires directement liées à cette manifestation.

À l'issue de cette durée, le constructeur est tenu de remettre les lieux dans leur état initial.

Dans les secteurs sauvegardés dont le périmètre a été délimité et dans les sites classés, la durée d'un an mentionné au D ci-dessus est limitée à trois mois.

Dans les sites classés, les secteurs sauvegardés dont le périmètre a été délimité et dans des périmètres justifiant une protection particulière et délimités par une délibération motivée du conseil municipal ou de l'organe délibérant de l'Établissement public de coopération intercommunale compétent en matière de Plan local d'urbanisme, la durée de trois mois est limitée à quinze jours et la durée d'un an mentionnée au C ci-dessus est limitée à trois mois.

— Les constructions couvertes par le secret de la défense nationale.
— Les constructions situées à l'intérieur des arsenaux de la marine, des aérodromes militaires et des grands camps figurant sur une liste fixée par arrêté conjoint du ministre chargé de l'urbanisme et du ministre de la défense.
— Les dispositifs techniques nécessaires aux systèmes de radiocommunication numérique de la police et de la gendarmerie nationales.

18 Les cas particuliers des habitations légères de loisirs et terrains de camping

Sont dispensées de toute formalité les habitations légères de loisirs implantées dans un terrain de camping ou un parc résidentiel de loisirs, et dont la surface hors œuvre nette est inférieure ou égale à 35 m². Doivent faire l'objet d'une déclaration préalable :

— les habitations légères de loisirs implantées dans un terrain de camping, un parc résidentiel de loisirs, un village de vacances ou dans les dépendances des maisons familiales de vacances, dont la surface hors œuvre nette est supérieure à 35 m² ;
— l'aménagement ou la mise à disposition des campeurs, de façon habituelle, de terrains ne nécessitant pas de permis d'aménager ;
— l'installation, en dehors des terrains de camping et parcs résidentiels de loisirs, d'une caravane lorsque la durée de cette installation est supé-

rieure à trois mois par an. Sont prises en compte, pour le calcul de cette durée, toutes les périodes de stationnement, consécutives ou non ;
- l'installation d'une résidence mobile, constituant l'habitat permanent des gens du voyage, lorsque cette installation dure plus de trois mois consécutifs.

Sont soumis à permis d'aménager :
- la création ou l'agrandissement d'un terrain de camping permettant l'accueil de plus de vingt personnes ou de plus de six tentes, caravanes ou résidences mobiles de loisirs ;
- la création ou l'agrandissement d'un parc résidentiel de loisirs ou d'un village de vacances classé en hébergement léger ;
- le réaménagement d'un terrain de camping ou d'un parc résidentiel de loisirs existant, lorsque ce réaménagement a pour objet ou pour effet d'augmenter de plus de 10 % le nombre des emplacements ;
- les travaux qui ont pour effet, dans un terrain de camping ou un parc résidentiel de loisirs, de modifier substantiellement la végétation qui limite l'impact visuel des installations.

19 Les cas particuliers des Établissements recevant du public

Suite à la réforme des autorisations d'urbanisme, le décret 2007-1327 du 11 septembre 2007 précise les adaptations du Code de la construction et de l'habitation (CCH) et définit les conditions dans lesquelles les travaux relatifs aux Établissements recevant du public (ERP) doivent être autorisés. L'article L 111-8 du CCH indique que les travaux qui conduisent à la création, l'aménagement ou la modification d'un établissement recevant du public ne peuvent être exécutés qu'après autorisation délivrée par l'autorité administrative qui vérifie leur conformité aux règles prévues au même code. Lorsque ces travaux sont soumis à permis de construire, celui-ci tient lieu de cette autorisation dès lors que sa délivrance a fait l'objet d'un accord de cette même autorité administrative compétente.

19.1 L'autorité administrative compétente

L'autorisation de construire, modifier ou aménager un ERP est délivrée par le préfet lorsqu'il est compétent pour délivrer le permis de construire. Dans tous les autres cas, c'est le maire qui est compétent pour délivrer cette autorisation. Elle ne peut être délivrée que si les travaux objets du projet sont conformes aux règles d'accessibilité aux personnes handicapés prévues pour la construction ou la création d'un ERP ainsi qu'aux articles du Code de la construction et de l'habitation y afférant. Dans le cas d'un dépôt de permis de construire, dès lors que les travaux projetés ont fait l'objet d'un accord de l'autorité compétente en ce qui concerne les règles d'accessibilité, l'obtention du permis de construire équivaut à autorisation.

19.2 Le dépôt et contenu de la demande

La Demande d'autorisation des travaux (DAT) est présentée par le ou les propriétaires, leur mandataire ou toute personne autorisée par eux à exécuter les travaux. Elle est adressée par courrier recommandé avec accusé de réception ou déposée contre décharge à la mairie du lieu des travaux.

Il n'existe pas de formulaire CERFA.

La demande, qui doit être établie en quatre exemplaires, indique : l'identité et l'adresse du demandeur ; si elle est différente de celle du demandeur, l'identité du futur exploitant ; les éléments de détermination de l'effectif du public ; le type de l'établissement ; la catégorie de l'établissement.

Les pièces à joindre à la demande, en trois exemplaires, constituent deux dossiers distincts.

– Un dossier permet de vérifier la conformité du projet aux règles d'accessibilité aux personnes handicapées.

  Il comprend les pièces suivantes :
  - un plan coté en trois dimensions précisant les cheminements extérieurs, les conditions de raccordements de la voirie avec les espaces extérieurs de l'établissement, ainsi que le cheminement entre l'intérieur et l'extérieur du ou des bâtiments constituant l'établissement ;
  - un plan coté en trois dimensions précisant les circulations intérieures horizontales et verticales, les aires de stationnement, et, s'il y a lieu, les sanitaires publics ;
  - une notice expliquant comment le projet prend en compte l'accessibilité aux personnes handicapées en ce qui concerne : les dimensions des locaux ; les caractéristiques des équipements techniques ; les dispositifs de commande utilisables par le public ; la nature et les couleurs

des matériaux et revêtements de sols, murs et plafonds ; le traitement acoustique des espaces ; le dispositif d'éclairage des parties communes.

En complément, et selon le type d'établissement ou installation destiné à recevoir du public, cette notice indique :

- les emplacements accessibles au public handicapé, lorsque l'établissement accueille du public assis,
- les nombres et caractéristiques des chambres, salles d'eau et cabinets d'aisance accessibles aux personnes handicapés, lorsqu'il s'agit d'un établissement destiné à l'hébergement du public,
- le nombre et les caractéristiques des cabines et douches accessibles aux personnes handicapées, dans un établissement comportant des cabines d'habillage, essayage, déshabillage ou douches,
- le nombre de caisses aménagées pour être accessibles aux personnes handicapées dans les établissements comportant des caisses de paiement disposées en batterie.

– Un second dossier permet de vérifier la conformité du projet avec les règles de sécurité.

Il comprend les pièces suivantes :

- une notice descriptive précisant les matériaux utilisés tant pour le gros œuvre que pour la décoration et les aménagements intérieurs ;
- un ou plusieurs plans indiquant les largeurs des passages affectés à la circulation du public, tels que dégagements, escaliers, sorties. Ce ou ces plans doivent comporter des tracés schématiques concernant :
    1. les organes généraux de production et de distribution d'électricité haute et basse tension,
    2. l'emplacement du ou des compteurs de gaz ainsi que le cheminement des canalisations générales d'alimentation,
    3. l'emplacement de la ou des chaufferies, leurs dimensions, leurs caractéristiques principales compte tenu de l'encombrement des chaudières ; l'emplacement des conduits d'évacuation des produits de combustion, de l'amenée d'air frais et d'évacuation des gaz viciés ; l'emplacement et les dimensions des locaux destinés au stockage du combustible ainsi que le cheminement du combustible depuis la voie publique,
    4. les moyens particuliers de défense et de secours contre l'incendie.

19.3 L'instruction de la demande

L'autorité compétente transmet un exemplaire du dossier :

- à la commission compétente au regard de l'accessibilité des personnes handicapées ;
- à la commission compétente au regard des règles de sécurité.

Lorsque le dossier comporte une demande de dérogation, la commission compétente doit se prononcer dans un délai de deux mois à compter de la demande. La mairie adresse au préfet un exemplaire du dossier accompagné de l'avis de la commission compétente. Si la commission compétente ne s'est pas prononcée dans le délai de deux mois, son avis est réputé favorable.

La demande de dérogation est ensuite accordée par décision motivée du préfet. À défaut de réponse de celui-ci, la demande est réputée refusée.

19.4 Le délai d'instruction

Le délai d'instruction est de cinq mois à compter du dépôt du dossier. Dans le cas où le dossier joint à la demande est incomplet, l'autorité compétente, dans le délai d'un mois à compter de la réception ou du dépôt de la demande en mairie, adresse au demandeur un courrier avec demande d'accusé de réception ou un courrier électronique, indiquant de façon exhaustive les pièces manquantes. Le délai de cinq mois commence alors à courir à compter de la réception de ces pièces par la mairie.

À défaut de notification d'une décision expresse dans le délai de cinq mois, l'autorisation est réputée accordée. Toutefois, cette autorisation est réputée refusée lorsque le préfet a refusé une demande de dérogation.

19.5 L'achèvement des travaux

À l'issue des travaux, une déclaration d'achèvement des travaux doit être établie selon le modèle CERFA 13408*01 (présentée au chapitre Déclaration d'achèvement des travaux et récolement, page 173). Ce document doit être accompagné d'une attestation établie par le contrôleur technique conformément à l'article L 111-7-4 du CCH.

19.6 L'autorisation d'ouverture d'un établissement recevant du public

L'autorisation est délivrée au nom de l'État par l'autorité compétente :
- au vu de la DAT accompagnée de son attestation dans le cas où les travaux ont fait l'objet d'un permis de construire ;
- après avis de la commission compétente lorsque l'établissement n'a pas fait l'objet de travaux ou a fait l'objet de travaux non soumis à permis de construire. La commission se prononce après visite des lieux pour les établissements des quatre premières catégories. (La catégorie est déterminée par l'Arrêté du 25 juin 1980).
- L'autorisation d'ouverture au public est notifiée à l'exploitant par lettre recommandée avec demande d'accusé de réception.

20 Le cas particulier des Immeubles de grande hauteur

Suite à la réforme des autorisations d'urbanisme, le décret 2007-1327 du 11 septembre 2007 précise les adaptations du Code de la construction et de l'habitation et définit les conditions dans lesquelles les travaux relatifs aux Immeubles de grande hauteur (IGH) doivent être autorisés.

20.1 L'autorité administrative compétente

L'autorisation de construire, modifier ou aménager un IGH est délivrée par le préfet. Cette autorisation ne peut être délivrée que si les travaux objets du projet sont conformes aux règles d'accessibilité et de sécurité définies par le Code de la construction et de l'habitation. Dans le cas d'un dépôt de permis de construire, dès lors que les travaux projetés ont fait l'objet d'un accord du préfet, l'obtention du permis de construire équivaut à autorisation.

20.2 Le dépôt et contenu de la demande

La demande d'autorisation est présentée par le ou les propriétaires, leur mandataire ou toute personne autorisée par eux à exécuter les travaux. Elle est adressée par courrier recommandé avec accusé de réception ou déposée

contre décharge à la préfecture du département dans lequel les travaux sont envisagés. La demande, qui doit être établie en trois exemplaires, comporte :
- une notice technique indiquant avec précision les dispositions prises pour satisfaire aux mesures prévues par le règlement de sécurité ;
- des plans accompagnés d'états descriptifs précisant : le degré de résistance au feu des éléments de construction ; les largeurs des dégagements communs et privés horizontaux et verticaux ; la production d'électricité haute, moyenne et basse tension ; l'équipement hydraulique ; le conditionnement d'air ; la ventilation ; le chauffage ; l'aménagement des locaux techniques ; les moyens de secours ;
- le cas échéant, une demande de dérogation tendant à atténuer les contraintes en matière de sécurité accompagnée des justifications de la demande et d'un état des mesures de compensation de nature à assurer un niveau de sécurité équivalent ;

Lorsque l'immeuble contient un ou plusieurs établissements recevant du public, le demandeur doit joindre le dossier définit au chapitre 19 en 3 exemplaires.

20.3 L'instruction de la demande

Le préfet transmet un exemplaire du dossier à la commission consultative départementale au regard des règles de sécurité et d'accessibilité ou à la commission départementale de sécurité lorsqu'elle existe.

Si cette commission ne s'est pas prononcée dans le délai de deux mois, son avis est réputé favorable.

Lorsque l'immeuble a une hauteur supérieure à 100 m et doit faire l'objet de prescriptions spéciales ou exceptionnelles, le préfet transmet un exemplaire du dossier à la commission centrale de sécurité qui se prononce dans un délai de trois mois. À défaut, cet avis est réputé favorable.

20.4 Le délai d'instruction

Le délai d'instruction est de cinq mois à compter du dépôt du dossier. Dans le cas où le dossier joint à la demande est incomplet, l'autorité compétente, dans le délai d'un mois à compter de la réception ou du dépôt du dossier en préfecture, adresse au demandeur un courrier avec demande d'accusé de réception ou un courrier électronique, indiquant de façon exhaustive les pièces manquantes. Le délai de cinq mois commence alors à courir à compter de la réception de ces pièces par la mairie.

À défaut de notification d'une décision expresse dans le délai de cinq mois, l'autorisation est réputée accordée.

21 Tableau récapitulatif

Travaux	Recours Architecte Obligatoire	Secteur non Spécifique	Secteur Sauvegardé 1.4.1	Site Inscrit 1.4.2	Site Classé 1.4.2	Champs de Visibilité 1.4.3	ZPPAUP 1.4.4	Réserve Naturelle 1.4.5	Parc National 1.4.5	Secteur Communal 1.4.6
Constructions										
1.1	Si SHON > 170 m²	PC	PC	PC	PC	PC	PC	PC	PC	PC
1.2		DP	DP	DP	DP	DP	DP	DP	DP	DP
1.3.1		Dispensé	DP	Dispensé	DP	Dispensé	Dispensé	DP	DP	Dispensé
1.3.2		DP	DP	DP	DP	DP	DP	DP	DP	DP
Création de surface de plancher dans une enveloppe existante										
2.1 SHOB (Exist + Création) < 170 m²	Si SHON (Exist + Création) > 170 m²	PC	PC	PC	PC	PC	PC	PC	PC	PC
2.2	Si SHON (Exist + Création) > 170 m²	DP	DP	DP	DP	DP	DP	DP	DP	DP
2.3		Dispensé	Dispensé	Dispensé	Dispensé	Dispensé	Dispensé	Dispensé	Dispensé	Dispensé
Modification de bâtiment										
3.1		Dispensé	Dispensé	Dispensé	Dispensé	Dispensé	Dispensé	Dispensé	Dispensé	Dispensé
3.2	Si SHON totale > 170 m²	DP	DP	DP	DP	DP	DP	DP	DP	DP
Changement de destination d'une construction existante										
4.1	X	PC	PC	PC	PC	PC	PC	PC	PC	PC
4.2	X	DP	DP	DP	DP	DP	DP	DP	DP	DP
Modification de l'aspect extérieur										
5.1	Si SHON totale > 170 m²	PC	PC	PC	PC	PC	PC	FC	PC	PC

Nature des travaux exécutés

Travaux	Recours Architecte Obligatoire	Secteur non Spécifique	Secteur Sauvegardé 1.4.1	Site Inscrit 1.4.2	Site Classé 1.4.2	Champs de Visibilité 1.4.3	ZPPAUP 1.4.4	Réserve Naturelle 1.4.5	Parc National 1.4.5	Secteur Communal 1.4.6
5.2	Si SHON totale > 170 m²	DP	DP	DP	DP	DP	DP	DP	DP	DP
5.3		Dispensé	Dispensé	Dispensé	Dispensé	Dispensé	Dispensé	Dispensé	Dispensé	Dispensé
Travaux sur immeubles spécifiques										
6.1	X	PC	PC	PC	PC	PC	PC	PC	PC	PC
6.2.1	X		PC							
6.2.2	X		PC							
6.3	X		DP							
6.4	X									DP
Modification de l'aménagement des abords										
7.1		Dispensé	DP	Dispensé	Dispensé	Dispensé	Dispensé	Dispensé	Dispensé	DP
7.2			DP							DP
7.3			DP							
7.4		Dispensé	Dispensé	Dispensé	Dispensé	Dispensé	Dispensé	Dispensé	Dispensé	Dispensé
Murs										
8.1		Dispensé	DP	Dispensé	DP	Dispensé	Dispensé	DP	DP	Dispensé
8.2		DP	DP	DP	DP	DP	DP	DP	DP	DP
8.3		Dispensé	DP	Dispensé	Dispensé	Dispensé	Dispensé	Dispensé	Dispensé	Dispensé
Clôtures										
9.1		Dispensé	DP	DP	DP	DP	DP	Dispensé	Dispensé	DP
9.2		Dispensé	Dispensé	Dispensé	Dispensé	Dispensé	Dispensé	Dispensé	Dispensé	Dispensé
Piscine										
10.1.1		Dispensé	DP	Dispensé	DP	Dispensé	Dispensé	Dispensé	Dispensé	Dispensé
10.1.2		DP	DP	DP	DP	DP	DP	DP	DP	DP
10.1.3		PC	PC	PC	PC	PC	PC	PC	PC	PC
10.2.1	Si SHON totale > 170 m²	PC	PC	PC	PC	PC	PC	PC	PC	PC

Réussir sa demande de permis de construire

Travaux	Recours Architecte Obligatoire	Secteur non Spécifique	Secteur Sauvegardé 1.4.1	Site Inscrit 1.4.2	Site Classé 1.4.2	Champs de Visibilité 1.4.3	ZPPAUP 1.4.4	Réserve Naturelle 1.4.5	Parc National 1.4.5	Secteur Communal 1.4.6
Châssis et serres										
11.1		Dispensé	DP	Dispensé	DP	Dispensé	Dispensé	Dispensé	Dispensé	Dispensé
11.2.1		DP	DP	DP	DP	DP	DP	DP	DP	DP
11.2.2	X	PC	PC	PC	PC	PC	PC	PC	PC	PC
11.3	X	PC	PC	PC	PC	PC	PC	PC	PC	PC
Éoliennes										
12.1		Dispensé	DP	Dispensé	DP	Dispensé	Dispensé	Dispensé	Dispensé	Dispensé
12.2	X	PC	PC	PC	PC	PC	PC	PC	PC	PC
Travaux de démolition										
13.1		Dispensé	PD	PD	PD	PD	PD	Dispensé	Dispensé	PD
13.2		PD	PD	PD	PD	PD	PD	PD	PD	PD
13.3		Dispensé	Dispensé	Dispensé	Dispensé	Dispensé	Dispensé	Dispensé	Dispensé	Dispensé
Lotissement										
14.1.1		PA	PA	PA	PA	PA	PA	PA	PA	PA
14.1.2		DP	PA	DP	PA	DP	DP	DP	DP	DP
14.2		DP	DP	DP	DP	DP	DP	DP	DP	DP
Aires de stationnement										
15.1		Dispensé	PA	Dispensé	PA	Dispensé	Dispensé	PA	Dispensé	Dispensé
15.2		DP	PA	DP	PA	DP	DP	PA	DP	DP
15.3		PA	PA	PA	PA	PA	PA	PA	PA	PA
Affouillements et exhaussements										
16.1		Dispensé	Dispensé	Dispensé	Dispensé	Dispensé	Dispensé	Dispensé	Dispensé	Dispensé
16.2		DP	PA	DP	PA	DP	DP	PA	DP	DP
16.3		PA	PA	PA	PA	PA	PA	PA	PA	PA

Chapitre 4
Réalisation du dossier

1 La déclaration préalable

1.1 Le formulaire

La déclaration préalable doit être établie selon le document CERFA 13404*01 ci-après.

MINISTÈRE DE L'ÉCOLOGIE,
DU DÉVELOPPEMENT
ET DE L'AMÉNAGEMENT
DURABLES

Déclaration préalable
Constructions, travaux, installations et aménagements non soumis à permis comprenant ou non des démolitions

N° 13404*01

* Informations nécessaires à l'instruction de la déclaration
* Informations nécessaires au calcul des impositions
♦ Informations nécessaires en application de l'article R. 431-34 du code de l'urbanisme

Vous pouvez utiliser ce formulaire si :

- Vous réalisez un aménagement (lotissement, camping, aire de stationnement, aire d'accueil de gens du voyage, ...) de faible importance soumis à simple déclaration.
- Vous réalisez des travaux (construction, transformation de construction existante...) ou un changement de destination soumis à simple déclaration.
- Votre projet comprend des démolitions.

Pour savoir précisément à quelle formalité sont soumis vos travaux et aménagements, vous pouvez vous reporter à la notice explicative ou vous renseigner auprès de la mairie du lieu de votre projet.

Cadre réservé à la mairie du lieu du projet

D P ___ ___ ___ ___ ___
        Dpt   Commune   Année   N° de dossier

La présente demande a été reçue à la mairie

le _____

Cachet de la mairie et signature du receveur

Dossier transmis : ☐ à l'Architecte des Bâtiments de France
                    ☐ au Directeur du Parc National

*1 - Identité du déclarant
Le déclarant indiqué dans le cadre ci-dessous pourra réaliser les travaux ou les aménagements en l'absence d'opposition. Il sera le cas échéant redevable des taxes d'urbanisme

Vous êtes un particulier   Madame ☐   Monsieur ☐
Nom : _____ Prénom : _____

Vous êtes une personne morale
Dénomination : _____ Raison sociale : _____
N° SIRET : ⌊_⌋⌊_⌋⌊_⌋⌊_⌋⌊_⌋⌊_⌋⌊_⌋⌊_⌋⌊_⌋ Catégorie juridique : ⌊_⌋⌊_⌋⌊_⌋⌊_⌋
Représentant de la personne morale : Madame ☐   Monsieur ☐
Nom : _____ Prénom : _____

2 - Coordonnées du déclarant

*Adresse : Numéro : _____ Voie : _____
Lieu-dit : _____ Localité : _____
Code postal : ⌊_⌋⌊_⌋⌊_⌋⌊_⌋⌊_⌋ BP : ⌊_⌋⌊_⌋⌊_⌋⌊_⌋ Cedex : ⌊_⌋⌊_⌋
Si le déclarant habite à l'étranger : Pays : _____ Division territoriale : _____

Si vous souhaitez que les courriers de l'administration (autres que les décisions) soient adressés à une autre personne, veuillez préciser son nom et ses coordonnées : Madame ☐   Monsieur ☐   Personne morale ☐
Nom : _____ Prénom : _____
OU raison sociale : _____
Adresse : Numéro : _____ Voie : _____
Lieu-dit : _____ Localité : _____
Code postal : ⌊_⌋⌊_⌋⌊_⌋⌊_⌋⌊_⌋ BP : ⌊_⌋⌊_⌋⌊_⌋⌊_⌋ Cedex : ⌊_⌋⌊_⌋
Si le déclarant habite à l'étranger : Pays : _____ Division territoriale : _____
Téléphone : ⌊_⌋⌊_⌋⌊_⌋⌊_⌋⌊_⌋⌊_⌋⌊_⌋⌊_⌋⌊_⌋⌊_⌋ indiquez l'indicatif pour le pays étranger : ⌊_⌋⌊_⌋⌊_⌋⌊_⌋

☐ J'accepte de recevoir par courrier électronique les documents transmis en cours d'instruction par l'administration à l'adresse suivante : _____@_____
J'ai pris bonne note que, dans un tel cas, la date de notification sera celle de la consultation du courrier électronique ou, au plus tard, celle de l'envoi de ce courrier électronique augmentée de huit jours.

3 - Le terrain

*3.1 - localisation du (ou des) terrain(s)
Les informations et plans (voir liste des pièces à joindre) que vous fournissez doivent permettre à l'administration de localiser précisément le (ou les) terrain(s) concerné(s) par votre projet
- *Le terrain est constitué de l'ensemble des parcelles cadastrales d'un seul tenant appartenant à un même propriétaire*

Adresse du (ou des) terrain(s)

Numéro : _____ Voie : _____

Lieu-dit : _____ Localité : _____

Code postal : ⎕⎕⎕⎕⎕ BP : ⎕⎕⎕⎕ Cedex : ⎕⎕⎕

Références cadastrales : section et numéro[1] (si votre projet porte sur plusieurs parcelles cadastrales, veuillez indiquer les premières ci-dessous et les suivantes sur une feuille séparée) : _____

_____

Superficie du (ou des) terrain(s) (en m²) : _____

3.2 - Situation juridique du terrain *(ces données, qui sont facultatives, peuvent toutefois vous permettre de faire valoir des droits à construire ou de bénéficier d'impositions plus favorables)*

Êtes-vous titulaire d'un certificat d'urbanisme pour ce terrain ?	Oui ❑	Non ❑	Je ne sais pas ❑
Le terrain est-il situé dans un lotissement ?	Oui ❑	Non ❑	Je ne sais pas ❑
Le terrain est-il situé dans une Zone d'Aménagement Concertée (Z.A.C.) ?	Oui ❑	Non ❑	Je ne sais pas ❑
Le terrain fait-il partie d'un remembrement urbain (Association Foncière Urbain) ?	Oui ❑	Non ❑	Je ne sais pas ❑

Si votre terrain est concerné par l'un des cas ci-dessus, veuillez préciser, si vous les connaissez, les dates de décision ou d'autorisation, les numéros et les dénominations :

3.3 - Terrain issu d'une division de propriété
Si votre terrain est issu de la division d'une propriété bâtie effectuée il y a moins de 10 ans, demandez à la mairie si le plan local d'urbanisme comporte une règle limitant vos droits à construire, instituée antérieurement à la date de la division. Si cette règle existe, le vendeur doit vous avoir remis une attestation indiquant la surface des constructions déjà établies sur l'autre partie du terrain.

Indiquez cette surface (en m²) : _____ et la superficie du terrain avant division (en m²) : _____
ou joignez à votre demande une copie de l'attestation

4 - À remplir pour une demande concernant un projet d'aménagement
Si votre projet ne comporte pas d'aménagements, reportez-vous directement au cadre 5 (projet de construction)

*4.1 - Nature des travaux, installations ou aménagements envisagés (cochez la ou les cases correspondantes)

Quel que soit le secteur de la commune
- ❑ Lotissement
- ❑ Autre division foncière
- ❑ Terrain de camping
- ❑ Installation d'une caravane en dehors d'un terrain de camping ou d'un parc résidentiel de loisirs
    - Durée annuelle d'installation (en mois) : _____
- ❑ Aires de stationnement ouvertes au public, dépôts de véhicules et garages collectifs de caravanes
    - Contenance (nombre d'unités) : _____
- ❑ Travaux d'affouillements ou d'exhaussements du sol :
    - Superficie (en m²) : _____
    - Profondeur (pour les affouillements) : _____
    - Hauteur (pour les exhaussements) : _____
- ❑ Coupe et abattage d'arbres
- ❑ Modification ou suppression d'un élément protégé par un plan local d'urbanisme ou document d'urbanisme en tenant lieu (plan d'occupation des sols, plan de sauvegarde et de mise en valeur, plan d'aménagement de zone)[2]
- ❑ Modification ou suppression d'un élément protégé par une délibération du conseil municipal
- ❑ Installation d'une résidence mobile constituant l'habitat permanent des gens du voyage pendant plus de trois mois consécutifs
- ❑ Aire d'accueil des gens du voyage
- ❑ Travaux ayant pour effet de modifier l'aménagement des abords d'un bâtiment situé dans un secteur sauvegardé

Dans un secteur sauvegardé, site classé ou réserve naturelle :
- ❑ Installation de mobilier urbain, d'œuvre d'art
- ❑ Modification de voie ou espace publics
- ❑ Plantations effectuées sur les voies ou espaces publics

---
1 En cas de besoin, vous pouvez vous renseigner auprès de la mairie
2 Élément identifié et protégé en application de l'article L.123-1 du code de l'urbanisme. En cas de doute, veuillez vérifier auprès de la mairie.

Courte description de votre projet ou de vos travaux :

*Superficie du (ou des) terrain(s) à aménager (en m²) : _____

Si les travaux sont réalisés par tranches, veuillez en préciser le nombre :

4.2 - À remplir pour la déclaration d'un lotissement ou autres divisions foncières
*Nombre maximum de lots projetés : _____
*Surface hors œuvre nette (SHON) maximale envisagée (en m²) : _____
*Si votre projet de lotissement se situe dans une commune non dotée de plan local d'urbanisme (PLU) ou d'un document en tenant lieu (plan d'occupation des sols, plan de sauvegarde et de mise en valeur, plan d'aménagement de zone),
indiquez la surface hors œuvre brute (SHOB) maximale envisagée (en m²) _____
*Comment la constructibilité globale sera-t-elle répartie ?
  ❏ Par application du coefficient d'occupation du sol (COS) à chaque lot
  ❏ Conformément aux plans ou tableaux joints à la présente demande
  ❏ La constructibilité sera déterminée à la vente de chaque lot. Dans ce cas, le lotisseur devra fournir un certificat aux constructeurs.

4.3 - À remplir pour la déclaration d'un camping, d'un parc résidentiel de loisirs ou d'un terrain mis a disposition de campeurs
*Agrandissement ou réaménagement d'une structure existante ?   Oui ❏   Non ❏
Si oui,
- Veuillez préciser la date et/ou le numéro de l'autorisation : _____
- Veuillez préciser le nombre d'emplacements :
  ▪ avant agrandissement ou réaménagement : _____
  ▪ après agrandissement ou réaménagement : _____
Veuillez préciser le nombre maximum d'emplacements réservés aux :
❏ tentes : _____   ❏ caravanes : _____   ❏ résidences mobiles de loisirs : _____
et précisez le nombre maximal de personnes accueillies : _____
Implantation d'habitations légères de loisirs (HLL)
Nombre d'emplacements réservés aux HLL : _____
Surface hors œuvre nette (SHON) prévue, réservée aux HLL : _____

4.4 - À remplir pour la déclaration de coupe et/ou abattage d'arbres
Courte description du lieu concerné :
❏ bois ou forêt   ❏ parc   ❏ alignement (espaces verts urbains)

Nature du boisement :
Essences : _____
Age : _____ Densité : _____ Qualité : _____
Traitement : _____ Autres : _____

5 - À remplir pour une demande comprenant un projet de construction

*5.1 - Nature des travaux envisagés
- ❏ Nouvelle construction
- ❏ Travaux sur construction existante
- ❏ Travaux de ravalement ou ayant pour effet de modifier l'aspect extérieur d'un bâtiment
- ❏ Travaux ayant pour effet de modifier les structures porteuses d'un bâtiment
- ❏ Edification d'une clôture
- ❏ Ouvrage et accessoires de lignes de distribution électrique
  - Tension (en volts) : _____

Dans un secteur sauvegardé :
  - ❏ Ouvrage d'infrastructure (voie, pont, infrastructure portuaire ou aéroportuaire, ...)
  - ❏ Travaux effectués à l'intérieur d'un immeuble

*Courte description de votre projet ou de vos travaux :

5.2 - Informations complémentaires
- ◆ Type d'annexes : Piscine ❏   Garage ❏   Véranda ❏   Abri de jardin ❏   Autres annexes à l'habitation ❏
- • Nombre total de logements créés : ⎵⎵⎵   dont individuels : ⎵⎵⎵ dont collectifs : ⎵⎵⎵
- • Répartition du nombre total de logement créés par type de financement :
Logement Locatif Social ⎵⎵⎵   Accession Sociale (hors prêt à taux zéro) ⎵⎵⎵   Prêt à taux zéro ⎵⎵⎵
Autres financements : _____
- ◆ Mode d'utilisation principale des logements :
Occupation personnelle (particulier) ou en compte propre (personne morale) ❏   Vente ❏   Location ❏
- ◆ S'il s'agit d'une occupation personnelle, veuillez préciser :   Résidence principale ❏   Résidence secondaire ❏
- • Si le projet est un foyer ou une résidence, à quel titre :
Résidence pour personnes âgées ❏   Résidence pour étudiants ❏   Résidence de tourisme ❏
Résidence hôtelière à vocation sociale ❏   Résidence sociale ❏   Résidence pour personnes handicapées ❏
  - ❏ Autres, précisez : _____
- • Nombre de chambres créées en foyer ou dans un hébergement d'un autre type : _____
- ◆ Répartition du nombre de logements créés selon le nombre de pièces :
1 pièce ⎵⎵⎵   2 pièces ⎵⎵⎵   3 pièces ⎵⎵⎵   4 pièces ⎵⎵⎵   5 pièces ⎵⎵⎵   6 pièces et plus ⎵⎵⎵
- ◆ Nombre de niveaux du bâtiment le plus élevé : ⎵⎵⎵
- • Indiquez si vos travaux comprennent notamment :
Extension ❏   Surélévation ❏   Création de niveaux supplémentaires ❏

*5.3 - Destination des constructions et tableau des surfaces

surfaces hors œuvre nettes [3] (SHON) en m²

Destinations	SHON existantes avant travaux (A)	SHON construites (B)	SHON créées par transformation de SHOB en SHON[4] (C)	SHON créées par changement de destination [5] (D)	SHON démolies ou transformée en SHOB[6] (E)	SHON supprimées par changement de destination [5] (F)	SHON totales = A+B+C+D-E-F
5.31 - Habitation							
5.32 - Hébergement hôtelier							
5.33 - Bureaux							
5.34 - Commerce							
5.35 - Artisanat [7]							
5.36 - Industrie							
5.37 - Exploitation agricole ou forestière							
5.38 - Entrepôt							
5.39 - Service public ou d'intérêt collectif							
5.310 - SHON Totales (m²)							

◆ 5.4 - Destination des constructions futures en cas de réalisation au bénéfice d'un service public ou d'intérêt collectif :

Transport ❑   Enseignement et recherche ❑   Action sociale ❑

Ouvrage spécial ❑   Santé ❑   Culture et loisir ❑

*5.5 - Stationnement

Places de stationnement	Avant réalisation du projet	Après réalisation du projet
Nombre de places de stationnement		
Surface hors œuvre brute des aires bâties de stationnement en m²		
Surface de l'emprise au sol des aires non bâties de stationnement en m²		

Places de stationnement affectées au projet, aménagées ou réservées en dehors du terrain sur lequel est situé le projet

Adresse(s) des aires de stationnement : _____

_____

_____

Nombre de places : _____

Surface totale affectée au stationnement : _____ m², dont surface bâtie (SHOB) : _____ m²

---

3 Vous pouvez vous aider de la fiche d'aide pour le calcul des surfaces.
La Surface Hors Œuvre Brute (SHOB) d'une construction est égale à la somme des surfaces de plancher de chaque niveau de la construction, calculée à partir du nu extérieur des murs de façade, y compris les combles et les sous-sols non aménageables, les balcons, les loggias, les toitures-terrasses accessibles. La Surface Hors Œuvre Nette (SHON) est obtenue après déduction de la surface des combles et sous-sols non aménageables, des surfaces non closes, des surfaces de stationnement, des surfaces des bâtiments agricoles, des serres de production (Article R.112-2 du Code de l'urbanisme).
4 Par exemple la transformation d'un garage (qui constitue uniquement de la SHOB) en pièce habitable (qui constitue de la SHON).
5 Le changement de destination consiste à transformer une surface existante de l'une des neuf destinations mentionnées dans le tableau vers une autre de ces destinations. Par exemple : la transformation de surfaces de bureaux (5.33) en hôtel (5.32) ou la transformation d'une habitation (5.31) en commerce (5.34).
6 Par exemple la transformation d'une pièce habitable (qui constitue de la SHON) en garage (qui constitue uniquement de la SHOB).
7 L'activité d'artisan est définie par la loi n° 96 603 du 5 juillet 1996 dans ses articles 19 et suivants, « activités professionnelles indépendantes de production, de transformation, de réparation, ou prestation de service relevant de l'artisanat et figurant sur une liste annexée au décret N° 98-247 du 2 avril 1998 ».

6- À remplir lorsque le projet nécessite des démolitions

Tous les travaux de démolition ne sont pas soumis à permis. Il vous appartient de vous renseigner auprès de la mairie afin de savoir si votre projet de démolition nécessite une autorisation. Vous pouvez également demander un permis de démolir distinct de la présente déclaration préalable.

Date(s) approximative(s) à laquelle le ou les bâtiments dont la démolition est envisagée ont été construits : _____

☐ Démolition totale
☐ Démolition partielle

En cas de démolition partielle, veuillez décrire les travaux qui seront, le cas échéant, effectués sur les constructions restantes :

_____
_____
_____
_____
_____

◆ Nombre de logement démolis : |__|__|__|

• 7 - Fiscalité de l'urbanisme

7.1 - Tableau des affectations *(Informations complémentaires pouvant vous permettre de bénéficier d'impositions plus favorables)[8]*

	Surfaces hors œuvre nettes (SHON en m²)		
	Surface changeant de destination (création de SHON) (A)	Surface nouvelle hors œuvre nette construite (B)	Totale après travaux = A+B
7.1.1 - Habitation : - Locaux des exploitations agricoles à usage d'habitation des exploitants et du personnel			
- Locaux à usage de résidence principale			
- Locaux à usage de résidence secondaire			
7.1.2 - Locaux à usage des particuliers non utilisables pour l'habitation, ni pour aucune activité économique[9]			
7.1.3 - Locaux des exploitations ou des coopératives agricoles constitutifs de SHON intéressant la production agricole ou une activité annexe à cette production[10]			
7.1.4 - Hôtellerie : - Chambres et dégagements menant aux chambres			
- Autres locaux hôteliers non-affectés à l'hébergement (restaurants, etc...)			
- Habitations légères de loisir			
- Locaux des villages de vacances et des campings			
7.1.5 - Constructions affectées à un service public ou d'utilité publique			

7.2 - Foires et salons

Si votre projet consiste dans la réalisation de sites de foire ou de salons professionnels ou de palais des congrès, veuillez indiquer la surface hors œuvre nette (SHON) :

- des locaux d'exposition : _____ m² - des locaux servant à la tenue de réunions : _____ m²
- des autres locaux (restaurants, bureaux,...) : _____ m²

7.3 - Plafond légal de densité (PLD)

Demandez à la mairie si un plafond légal de densité des constructions est institué dans la commune et si les constructions prévues sur votre terrain dépassent ce plafond. Si oui, indiquez ici la valeur du m² de terrain nu et libre : _____ €
Pour bénéficier le cas échéant de droits acquis, précisez si des constructions existant sur votre terrain avant le 1er avril 1976 ont été démolies : Oui ☐   Non ☐   si oui, indiquez ici la Surface Hors Oeuvre Nette (SHON) démolie (en m²) : _____

---

[8] En cas d'imprécision, vos locaux seront classés dans la catégorie « autres locaux » soit la 9ème catégorie de l'article 1585 D I du code général des impôts
[9] Il s'agit de locaux n'entrant pas dans la catégorie « usage principal d'habitation » (cellier en rez-de-chaussée, appentis, remise, bûcher, atelier familial, abri de jardin, abri et local technique de piscine,...) et de locaux non agricoles, non annexés à l'habitation mais de même nature (accueils d'animaux hors élevage, box à chevaux, remise...)
[10] Exemple tel que local de vente des produits de l'exploitation situé dans les bâtiments de l'exploitation.

7.4 - Participation pour voirie et réseaux

Si votre projet se situe sur un terrain soumis à la participation pour voirie et réseaux (PVR), indiquez les coordonnées du propriétaire ou celles du bénéficiaire de la promesse de vente, s'il est différent du déclarant

Madame ☐   Monsieur ☐   Personne morale ☐

Nom : _____ Prénom : _____

OU raison sociale : _____

Adresse : Numéro : _____ Voie : _____

Lieu-dit : _____ Localité : _____

Code postal : ⎵⎵⎵⎵⎵ BP : ⎵⎵⎵ Cedex : ⎵⎵

Si le déclarant habite à l'étranger : Pays : _____ Division territoriale : _____

*8 - Engagement du déclarant

J'atteste avoir qualité pour faire la présente déclaration préalable.[11]

Je soussigné(e), auteur de la déclaration préalable, certifie exacts les renseignements fournis.

J'ai pris connaissance des règles générales de construction prévues par le chapitre premier du titre premier du livre premier du code de la construction et de l'habitation et notamment, lorsque la construction y est soumise, les règles d'accessibilité fixées en application de l'article L. 111-7 de ce code.

Je suis informé(e) que les renseignements figurant dans cette déclaration préalable serviront au calcul des impositions prévues par le code de l'urbanisme.

À _____

Le : _____

Signature du déclarant

Votre déclaration doit être établie en deux exemplaires et doit être déposée à la mairie du lieu du projet.
Vous devrez produire :
- un exemplaire supplémentaire, si votre projet se situe en périmètre protégé au titre des monuments historiques ;
- un exemplaire supplémentaire, si votre projet se situe dans un site classé, un site inscrit ou une réserve naturelle ;
- deux exemplaires supplémentaires, si votre projet se situe dans un cœur de parc national.

Si vous êtes un particulier : la loi n° 78-17 du 6 janvier 1978 relative à l'informatique, aux fichiers et aux libertés s'applique aux réponses contenues dans ce formulaire pour les personnes physiques. Elle garantit un droit d'accès aux données nominatives les concernant et la possibilité de rectification. Ces droits peuvent être exercés à la mairie. Les données recueillies seront transmises aux services compétents pour l'instruction de votre demande.
Si vous souhaitez vous opposer à ce que les informations nominatives comprises dans ce formulaire soient utilisées à des fins commerciales, cochez la case ci-contre : ☐

---

11 Vous pouvez déposer une déclaration si vous êtes dans un des quatre cas suivants :
- vous êtes propriétaire du terrain ou mandataire du ou des propriétaires ;
- vous avez l'autorisation du ou des propriétaires ;
- vous êtes co-indivisaire du terrain en indivision ou son mandataire ;
- vous avez qualité pour bénéficier de l'expropriation du terrain pour cause d'utilité publique.

1.2 Les pièces à joindre à la déclaration préalable

Le déclarant doit annexer à sa demande le bordereau de dépôt des pièces jointes, identifiant les pièces qui sont jointes à la demande.

1/2

MINISTÈRE DE L'ÉCOLOGIE,
DU DÉVELOPPEMENT
ET DE L'AMÉNAGEMENT
DURABLES

Bordereau de dépôt des pièces jointes à une déclaration préalable

Cocher les cases correspondant aux pièces jointes à votre déclaration et reporter le numéro correspondant sur la pièce jointe

Pour toute précision sur le contenu exact des pièces à joindre à votre demande de permis de construire, vous pouvez vous référer à la liste détaillée qui vous a été fournie avec le formulaire de demande et demander conseil à la mairie ou à la direction départementale de l'équipement.

Cette liste est exhaustive et aucune autre pièce ne peut vous être demandée.

Vous devez fournir 2 dossiers (Art. R. 423-2 a) du code de l'urbanisme). Vous devez fournir en outre 5 exemplaires supplémentaires des pièces 1 ; 2 ; 3 ; 10, destinés à la consultation des services techniques compétents.

1) Pièces obligatoires pour tous les dossiers :

Pièce	Nombre d'exemplaires à fournir
☐ DP1. Un plan de situation du terrain [Art. R. 431-36 a du code de l'urbanisme]	1 exemplaire par dossier + 5 exemplaires supplémentaires

2) Pièces à joindre si votre projet porte sur des constructions :

Pièce	Nombre d'exemplaires à fournir
☐ DP2. Un plan de masse des constructions à édifier ou à modifier [Art. R. 431-36 b) du code de l'urbanisme]	1 exemplaire par dossier + 5 exemplaires supplémentaires
☐ DP3. Un plan en coupe du terrain et de la construction [Art. R. 431-10 b) du code de l'urbanisme]	1 exemplaire par dossier + 5 exemplaires supplémentaires
☐ DP4. Les plans des façades et des toitures si votre projet les modifie [Art. R. 431-36 du code de l'urbanisme]	1 exemplaire par dossier
☐ DP5. Une représentation de l'aspect extérieur de la construction [Art. R. 431-36 c) du code de l'urbanisme]	1 exemplaire par dossier
☐ DP6. Un document graphique permettant d'apprécier l'insertion du projet de construction dans son environnement [Art. R. 431-10 c du code de l'urbanisme]*	1 exemplaire par dossier
☐ DP7. Une photographie permettant de situer le terrain dans l'environnement proche [Art. R. 431-10 d) du code de l'urbanisme]*	1 exemplaire par dossier
☐ DP8. Une photographie permettant de situer le terrain dans le paysage lointain [Art. R. 431-10 d) du code de l'urbanisme]*	1 exemplaire par dossier

* (cette pièce n'est pas exigée si votre projet se situe dans un périmètre ayant fait l'objet d'un permis d'aménager)

3) Pièces à joindre si votre projet porte sur des travaux, installations et aménagements :

Pièce	Nombre d'exemplaires à fournir
☐ DP9. Un plan sommaire des lieux [Art. R 441-10 b) du code de l'urbanisme]	1 exemplaire par dossier
☐ DP10. Un croquis et un plan coté dans les trois dimensions [Art. R 441-10 b) du code de l'urbanisme]	1 exemplaire par dossier + 5 exemplaires supplémentaires

4) Pièces à joindre selon la situation du projet :

Pièce	Nombre d'exemplaires à fournir
Si votre projet porte sur des travaux dans un monument historique inscrit, dans un immeuble adossé à un monument historique classé, dans un immeuble situé en secteur sauvegardé, en abords de monument historique ou en zone de protection du patrimoine architectural, urbain ou paysager :	
☐ DP11. Une notice faisant apparaître les matériaux utilisés et les modalités d'exécution des travaux [Art. R. 431-14 du code de l'urbanisme]	1 exemplaire par dossier
Si votre projet se situe en commune littorale dans un espace remarquable ou dans un milieu à préserver :	
☐ DP12. Une notice précisant l'activité économique qui doit être exercée dans le bâtiment [Art. R. 431-16 e du code de l'urbanisme]	1 exemplaire par dossier
Si votre projet nécessite un permis de démolir :	
☐ DP13. Une justification du dépôt de la demande de permis de démolir [Art. R. 431-21 du code de l'urbanisme] OU, si la déclaration préalable vaut demande de permis de démolir : ☐ DP14. Les pièces à joindre à une demande de permis de démolir, selon l'Annexe ci-jointe [Art. R. 431-36 du code de l'urbanisme]	1 exemplaire par dossier
Si votre projet est subordonné à une servitude dite « de cours communes » :	
☐ DP15. Une copie du contrat ou de la décision judiciaire relatif à l'institution de ces servitudes [Art. R. 431-32 du code de l'urbanisme]	1 exemplaire par dossier
Si votre projet est subordonné à un transfert des possibilités de construction :	
☐ DP16. Une copie du contrat ayant procédé au transfert des possibilités de construction résultant du coefficient d'occupation des sols [Art. R. 431-33 du code de l'urbanisme]	1 exemplaire par dossier
Si votre projet porte sur des travaux exécutés à l'intérieur d'un bâtiment situé dans un secteur sauvegardé dont le plan de sauvegarde et de mise en valeur n'est pas approuvé ou dont le plan de sauvegarde et de mise en valeur a été mis en révision :	
☐ DP17. Un document graphique faisant apparaître l'état initial et l'état futur de chacune des parties du bâtiment faisant l'objet des travaux [Art. R. 431-37 du code de l'urbanisme]	1 exemplaire par dossier
Si votre projet se situe dans une commune ayant instauré un plafond légal de densité et si votre projet dépasse ce plafond, **Si vous pensez bénéficier d'une exonération prévue à l'article L. 112-2 du code de l'urbanisme :**	
☐ DP18. Un extrait de la matrice cadastrale (Art. R.333-3 du code de l'urbanisme)	1 exemplaire par dossier
☐ DP19. Un extrait du plan cadastral [Art. R.333-3 du code de l'urbanisme]	1 exemplaire par dossier
☐ DP20. Les justificatifs qui indiquent que votre projet peut bénéficier d'une exonération prévue à l'article L. 112-2 [Art. R.333-3 du code de l'urbanisme]	1 exemplaire par dossier
Si votre projet est soumis à la redevance bureaux :	
☐ DP21. Le formulaire de déclaration de la redevance bureaux [Art. A. 520-1 du code de l'urbanisme]	1 exemplaire par dossier

1.3 Le récépissé de dépôt d'une déclaration préalable

MINISTÈRE DE L'ÉCOLOGIE,
DU DÉVELOPPEMENT
ET DE L'AMÉNAGEMENT
DURABLES

Récépissé de depôt d'une déclaration préalable

Madame, Monsieur,
Vous avez déposé une déclaration préalable à des travaux ou aménagements non soumis à permis. **Le délai d'instruction de votre dossier est de UN MOIS** et, si vous ne recevez pas de courrier de l'administration dans ce délai, vous bénéficierez d'une décision de non-opposition à ces travaux ou aménagements.

- **Toutefois, dans le mois qui suit le dépôt de votre dossier, l'administration peut vous écrire :**
  - soit pour vous avertir qu'un autre délai est applicable, lorsque le code de l'urbanisme l'a prévu pour permettre les consultations nécessaires (si votre projet nécessite la consultation d'autres services...) ;
  - soit pour vous indiquer qu'il manque une ou plusieurs pièces à votre dossier ;

- **Si vous recevez une telle lettre avant la fin du mois qui suit le dépôt de votre déclaration, celle-ci remplacera le présent récépissé.**

- **Si vous n'avez rien reçu à la fin du mois suivant le dépôt de votre déclaration, vous pourrez commencer les travaux[1] après avoir :**
  - affiché sur le terrain ce récépissé sur lequel la mairie a mis son cachet pour attester la date de dépôt ;
  - installé sur le terrain, pendant toute la durée du chantier, un panneau visible de la voie publique décrivant le projet. Vous trouverez le modèle de panneau à la mairie, sur le site internet urbanisme du gouvernement, ainsi que dans la plupart des magasins de matériaux.

- **Attention : la décision de non-opposition n'est définitive qu'en l'absence de recours.** En effet, dans le délai de deux mois à compter de son affichage sur le terrain, sa légalité peut être contestée par un tiers devant le tribunal administratif. Dans ce cas, l'auteur du recours est tenu de vous en informer au plus tard quinze jours après le dépôt du recours.

[1] Certains travaux ne peuvent pas être commencés dès que la décision de non-opposition vous est acquise et doivent être différés : c'est le cas des travaux de coupe et abattage d'arbres, des transformations de logements en un autre usage dans les communes de plus de 200 000 habitants et dans les départements de Paris, des Hauts-de-Seine, de la Seine-Saint-Denis et du Val-de-Marne, ou des installations classées pour la protection de l'environnement. Vous pouvez vérifier auprès de la mairie que votre projet n'entre pas dans ces cas.

(à remplir par la mairie)

Le projet ayant fait l'objet d'une déclaration n°_____,

déposée à la mairie le : ⎵⎵ ⎵⎵ ⎵⎵⎵⎵ ,

est autorisé à défaut de réponse de l'administration un mois après cette date[2]. Les travaux ou aménagements pourront alors être exécutés après affichage sur le terrain du présent récépissé et d'un panneau décrivant le projet conforme au modèle réglementaire.

[2] Le maire ou le préfet en délivre certificat sur simple demande.

Cachet de la mairie :

Délais et voies de recours : La décision de non-opposition peut faire l'objet d'un recours gracieux ou d'un recours contentieux dans un délai de deux mois à compter du premier jour d'une période continue de deux mois d'affichage sur le terrain d'un panneau décrivant le projet et visible de la voie publique (article R. 600-2 du code de l'urbanisme).

L'auteur du recours est tenu, à peine d'irrecevabilité, de notifier copie de celui-ci à l'auteur de la décision et au bénéficiaire de la non-opposition (article R. 600-1 du code de l'urbanisme).

La décision de non-opposition est délivrée sous réserve du droit des tiers : Elle vérifie la conformité du projet aux règles et servitudes d'urbanisme. Elle ne vérifie pas si le projet respecte les autres réglementations et les règles de droit privé. Toute personne s'estimant lésée par la méconnaissance du droit de propriété ou d'autres dispositions de droit privé peut donc faire valoir ses droits en saisissant les tribunaux civils, même si la déclaration préalable respecte les règles d'urbanisme.

2 Le permis de construire une maison individuelle et/ou ses annexes

2.1 Le formulaire

Demande de
Permis de construire
pour une maison individuelle et / ou ses annexes
comprenant ou non des démolitions

1/5

N° 13406*01

* Informations nécessaires à l'instruction du permis
* Informations nécessaires au calcul des impositions
* Informations nécessaires en application de l'article R. 431-34 du code de l'urbanisme

Vous pouvez utiliser ce formulaire si :

- Vous construisez une maison individuelle ou ses annexes.
- Vous agrandissez une maison individuelle ou ses annexes.
- Vous aménagez pour l'habitation tout ou partie d'une construction existante.
- Votre projet comprend des démolitions

Pour savoir précisément à quelle formalité sont soumis vos travaux, vous pouvez vous reporter à la notice explicative ou vous renseigner auprès de la mairie du lieu de votre projet.

Cadre réservé à la mairie du lieu du projet

P C __ __ __ __ __ __ __ __ __ __ __
     Dpt   Commune   Année   N° de dossier

La présente demande a été reçue à la mairie

le _____ *Cachet de la mairie et signature du receveur*

Dossier transmis : ☐ à l'Architecte des Bâtiments de France
☐ au Directeur du Parc National

* 1 - Identité du ou des demandeurs

Le demandeur indiqué dans le cadre ci-dessous sera le titulaire de la future autorisation et le redevable des taxes d'urbanisme
Si la demande est présentée par plusieurs personnes, indiquez leurs coordonnées sur la fiche complémentaire.
Les décisions prises par l'administration seront notifiées au demandeur indiqué ci-dessous. Une copie sera adressée aux autres demandeurs, qui seront co-titulaires de l'autorisation et solidairement responsables du paiement des taxes.

Vous êtes un particulier   Madame ☐   Monsieur ☐
Nom : _____   Prénom : _____

Vous êtes une personne morale
Dénomination : _____   Raison sociale : _____
N° SIRET : ⎵⎵⎵ ⎵⎵⎵ ⎵⎵⎵ ⎵⎵⎵⎵⎵   Catégorie juridique : ⎵⎵⎵⎵
Représentant de la personne morale : Madame ☐   Monsieur ☐
Nom : _____   Prénom : _____

2 - Coordonnées du demandeur

* Adresse : Numéro : _____ Voie : _____
Lieu-dit : _____   Localité : _____
Code postal : ⎵⎵⎵⎵⎵ BP : ⎵⎵⎵⎵ Cedex : ⎵⎵
Si le demandeur habite à l'étranger : Pays : _____ Division territoriale : _____

Si vous souhaitez que les courriers de l'administration (autres que les décisions) soient adressés à une autre personne, veuillez préciser son nom et ses coordonnées :   Madame ☐   Monsieur ☐   Personne morale ☐
Nom : _____   Prénom : _____
OU raison sociale : _____
Adresse : Numéro : _____ Voie : _____
Lieu-dit : _____   Localité : _____
Code postal : ⎵⎵⎵⎵⎵ BP : ⎵⎵⎵⎵ Cedex : ⎵⎵
Si le demandeur habite à l'étranger : Pays : _____ Division territoriale : _____
Téléphone : ⎵⎵⎵⎵⎵⎵⎵⎵⎵⎵   indiquez l'indicatif pour le pays étranger : ⎵⎵⎵

☐ J'accepte de recevoir par courrier électronique les documents transmis en cours d'instruction par l'administration à l'adresse suivante : _____@_____

J'ai pris bonne note que, dans un tel cas, la date de notification sera celle de la consultation du courrier électronique ou, au plus tard, celle de l'envoi de ce courrier électronique augmentée de huit jours.

3 - Le terrain

* 3.1 - localisation du (ou des) terrain(s)
Les informations et plans (voir liste des pièces à joindre) que vous fournissez doivent permettre à l'administration de localiser précisément le (ou les) terrain(s) concerné(s) par votre projet.
Le terrain est constitué de l'ensemble des parcelles cadastrales d'un seul tenant appartenant à un même propriétaire

Adresse du (ou des) terrain(s)
Numéro : _____ Voie : _____

Lieu-dit : _____ Localité : _____

Code postal : |_|_|_|_|_| BP : |_|_|_| Cedex : |_|_|

Références cadastrales : section et numéro[1] (si votre projet porte sur plusieurs parcelles cadastrales, veuillez indiquer les premières ci-dessous et les suivantes sur une feuille séparée) : _____

_____

*Superficie du (ou des) terrain(s) (en m²) : _____

3.2 - Situation juridique du terrain *(ces données, qui sont facultatives, peuvent toutefois vous permettre de faire valoir des droits à construire ou de bénéficier d'impositions plus favorables)*

Êtes-vous titulaire d'un certificat d'urbanisme pour ce terrain ?	Oui ❏	Non ❏	Je ne sais pas ❏
Le terrain est-il situé dans un lotissement ?	Oui ❏	Non ❏	Je ne sais pas ❏
Le terrain est-il situé dans une Zone d'Aménagement Concertée (Z.A.C.) ?	Oui ❏	Non ❏	Je ne sais pas ❏
Le terrain fait-il partie d'un remembrement urbain (Association Foncière Urbain) ?	Oui ❏	Non ❏	Je ne sais pas ❏

Si votre terrain est concerné par l'un des cas ci-dessus, veuillez préciser, si vous les connaissez, les dates de décision ou d'autorisation, les numéros et les dénominations : _____

_____

_____

3.3 - Terrain issu d'une division de propriété
Si votre terrain est issu de la division d'une propriété bâtie effectuée il y a moins de 10 ans, demandez à la mairie si le plan local d'urbanisme comporte une règle limitant vos droits à construire, instituée antérieurement à la date de la division. Si cette règle existe, le vendeur doit vous avoir remis une attestation indiquant la surface des constructions déjà établies sur l'autre partie du terrain.
Indiquez cette surface (en m²) : _____ et la superficie du terrain avant division (en m²) : _____
ou joignez à votre demande une copie de l'attestation

4 - Caractéristiques du projet

4.1 - Architecte
*Vous avez eu recours à un architecte : Oui ❏   Non ❏
Si oui, vous devez lui faire compléter les rubriques ci-dessous et lui faire apposer son cachet

Nom de l'architecte : _____ Prénom : _____

Numéro : _____ Voie : _____

Lieu-dit : _____ Localité : _____

Code postal : |_|_|_|_|_| BP : |_|_|_| Cedex : |_|_|

N° d'inscription sur le tableau de l'ordre : _____

Conseil Régional de : _____

Téléphone : |_|_|_|_|_|_|_|_|_|_| ou Télécopie : |_|_|_|_|_|_|_|_|_|_| ou

Adresse électronique : _____ @ _____

En application de l'article R. 431-2 du code de l'urbanisme, j'ai pris connaissance des règles générales de construction prévues par le chapitre premier du titre premier du livre premier du code de la construction et de l'habitation et notamment, lorsque la construction y est soumise, les règles d'accessibilité fixées en application de l'article L. 111-7 de ce code.

Signature de l'architecte :	Cachet de l'architecte :

Si vous n'avez pas eu recours à un architecte (ou un agréé en architecture), veuillez cocher la case ci-dessous[2] :
❏ Je déclare sur l'honneur que mon projet entre dans l'une des situations pour lesquelles le recours à l'architecte n'est pas obligatoire.

---

1 En cas de besoin, vous pouvez vous renseigner auprès de la mairie
2 Vous pouvez vous dispenser du recours à un architecte (ou un agréé en architecture) si vous êtes un particulier ou une exploitation agricole à responsabilité limitée à associé unique et que vous déclarez vouloir édifier ou modifier pour vous-même :
- Une construction à usage autre qu'agricole dont la surface de plancher hors œuvre nette n'excède pas 170 m² ;
- Une construction à usage agricole dont la surface de plancher hors œuvre brute n'excède pas 800 m² ;
- Des serres de production dont le pied-droit a une hauteur inférieure à 4 m et dont la surface de plancher hors œuvre brute n'excède pas 2000 m².

*4.2 - Nature des travaux envisagés
☐ Nouvelle construction
☐ Travaux sur construction existante

*Courte description de votre projet ou de vos travaux :

4.3 - Surface hors œuvre brute (SHOB)
Si votre projet de construction se situe dans une commune non dotée de plan local d'urbanisme (PLU) ou d'un document en tenant lieu (plan d'occupation des sols, plan de sauvegarde et de mise en valeur, plan d'aménagement de zone), indiquez la surface hors œuvre brute (SHOB) totale du projet
SHOB des travaux de construction (en m²) : _____

4.4 - Informations complémentaires
◆ Type d'annexes : Piscine ☐   Garage ☐   Véranda ☐   Abri de jardin ☐   Autres annexes à l'habitation ☐
◆ Nombre de logements créés : _____   Nombre de pièces de la maison : _____   Nombre de niveaux de la maison : _____
◆ Mode d'utilisation principale des logements :
Résidence principale ☐   Résidence secondaire ☐   Vente ☐   Location ☐
◆ Mode de financement du projet :
Logement Locatif Social ☐   Accession Sociale (hors prêt à taux zéro) ☐   Prêt à taux zéro ☐
☐ Autres financements : _____
◆ Avez-vous souscrit un contrat de construction de maison individuelle ?   Oui ☐   Non ☐
◆ Répartition du nombre de logements créés selon le nombre de pièces :
1 pièce ⊡   2 pièces ⊡   3 pièces ⊡   4 pièces ⊡   5 pièces ⊡   6 pièces et plus ⊡
• Indiquez si vos travaux comprennent notamment :
Extension ☐   Surélévation ☐   Création de niveaux supplémentaires ☐

*4.5 - Destination des constructions et tableau des surfaces
surfaces hors œuvre nettes [3] (SHON) en m²

Destinations	SHON existantes avant travaux (A)	SHON construites (B)	SHON créées par transformation de SHOB en SHON [4] (C)	SHON créées par changement de destination [5] (D)	SHON démolies ou transformée en SHOB [6] (E)	SHON supprimées par changement de destination [5] (F)	SHON totales = A+B+C+D-E-F
4.5.1 - Habitation							
4.5.2 - Hébergement hôtelier							
4.5.3 - Bureaux							
4.5.4 - Commerce							
4.5.5 - Artisanat [7]							
4.5.6 - Industrie							
4.5.7 - Exploitation agricole ou forestière							
4.5.8 - Entrepôt							
4.5.9 - Service public ou d'intérêt collectif							
4.5.10 - SHON Totales (m²)							

[3] Vous pouvez vous aider de la fiche d'aide pour le calcul des surfaces.
La Surface Hors Œuvre Brute (SHOB) d'une construction est égale à la somme des surfaces de plancher de chaque niveau de la construction, calculée à partir du nu extérieur des murs de façade, y compris les combles et les sous-sols non aménageables, les balcons, les loggias, les toitures-terrasses accessibles. La Surface Hors Œuvre Nette (SHON) est obtenue après déduction de la surface des combles et sous-sols non aménageables, des surfaces non closes, des surfaces de stationnement, des surfaces des bâtiments agricoles, des serres de production (Article R.112-2 du Code de l'urbanisme).
[4] Par exemple la transformation d'un garage (qui constitue uniquement de la SHOB) en pièce habitable (qui constitue de la SHON).
[5] Le changement de destination consiste à transformer une surface existante de l'une des neuf destinations mentionnées dans le tableau vers une autre de ces destinations. Par exemple : la transformation de surfaces de bureaux (4.5.3) en habitation (4.5.1).
[6] Par exemple la transformation d'une pièce habitable (qui constitue de la SHON) en garage (qui constitue uniquement de la SHOB).
[7] L'activité d'artisan est définie par la loi n° 96 603 du 5 juillet 1996 dans ses articles 19 et suivants, « activités professionnelles indépendantes de production, de transformation, de réparation, ou prestation de service relevant de l'artisanat et figurant sur une liste annexée au décret N° 98-247 du 2 avril 1998 ».

5 - À remplir lorsque le projet nécessite des démolitions

Tous les travaux de démolition ne sont pas soumis à permis. Il vous appartient de vous renseigner auprès de la mairie afin de savoir si votre projet de démolition nécessite une autorisation. Vous pouvez également demander un permis de démolir distinct de la présente demande.

Date(s) approximative(s) à laquelle le ou les bâtiments dont la démolition est envisagée ont été construits : _____

❑ Démolition totale
❑ Démolition partielle

En cas de démolition partielle, veuillez décrire les travaux qui seront, le cas échéant, effectués sur les constructions restantes :

◆ Nombre de logement démolis : ___ ___

• 6 - Fiscalité de l'urbanisme

6.1 - Tableau des affectations *(Informations complémentaires pouvant vous permettre de bénéficier d'impositions plus favorables)*[8]

	Surfaces hors œuvre nettes (SHON en m²)		
	Surface changeant de destination (création de SHON) (A)	Surface nouvelle hors œuvre nette construite (B)	Totale après travaux = A+B
6.1.1.- Locaux des exploitations agricoles à usage d'habitation			
6.1.2- Locaux à usage d'habitation principale			
6.1.3- Locaux à usage d'habitation secondaire			
6.1.4- Locaux à usage des particuliers non utilisable pour l'habitation, ni pour aucune activité économique[9]			
6.1.5 – Locaux de bureaux			
6.1.6 – locaux commerciaux et bureaux y attenants			
6.1.7 Locaux artisanaux et bureaux y attenants			
6.1.8 Constructions affectées à un service public ou d'utilité publique			

6.2 - Plafond légal de densité (PLD)

Demandez à la mairie si un plafond légal de densité des constructions est institué dans la commune et si les constructions prévues sur votre terrain dépassent ce plafond. Si oui, indiquez ici la valeur du m² de terrain nu et libre : _____ €
Pour bénéficier le cas échéant de droits acquis, précisez si des constructions existant sur votre terrain avant le 1er avril 1976 ont été démolies : Oui ❑   Non ❑   si oui, indiquez ici la Surface Hors Oeuvre Nette (SHON) démolie (en m²) : _____

6.3 - Participation pour voirie et réseaux

Si votre projet se situe sur un terrain soumis à la participation pour voirie et réseaux (PVR), indiquez les coordonnées du propriétaire ou celles du bénéficiaire de la promesse de vente, s'il est différent du demandeur

Madame ❑   Monsieur ❑   Personne morale ❑

Nom : _____   Prénom : _____

OU raison sociale : _____

Adresse : Numéro : _____   Voie : _____

Lieu-dit : _____   Localité : _____

Code postal : ⎵⎵⎵⎵⎵ BP : ⎵⎵⎵⎵ Cedex : ⎵⎵

Si le demandeur habite à l'étranger : Pays : _____   Division territoriale : _____

---

[8] En cas d'imprécision, vos locaux seront classés dans la catégorie « autres locaux » soit la 9ème catégorie de l'article 1585 D I du code général des impôts
[9] Il s'agit de locaux n'entrant pas dans la catégorie « usage principal d'habitation » (cellier en rez-de-chaussée, appentis, remise, bûcher, atelier familial, abri de jardin, abri et local technique de piscine,...) et de locaux non agricoles, non annexés à l'habitation mais de même nature (accueils d'animaux hors élevage, box à chevaux, remise...)

*7 - Engagement du (ou des) demandeurs

J'atteste avoir qualité pour demander la présente autorisation.[10]
Je soussigné(e), auteur de la demande, certifie exacts les renseignements fournis.
J'ai pris connaissance des règles générales de construction prévues par le chapitre premier du titre premier du livre premier du code de la construction et de l'habitation et notamment, lorsque la construction y est soumise, les règles d'accessibilité fixées en application de l'article L. 111-7 de ce code.
Je suis informé(e) que les renseignements figurant dans cette demande serviront au calcul des impositions prévues par le Code de l'urbanisme.

À _____
Le : _____

Signature du (des) demandeur(s)

Votre demande doit être établie en quatre exemplaires et doit être déposée à la mairie du lieu de construction. Vous devrez produire :
- un exemplaire supplémentaire, si votre projet se situe en périmètre protégé au titre des monuments historiques ;
- un exemplaire supplémentaire, si votre projet se situe dans un site classé, un site inscrit ou une réserve naturelle ;
- deux exemplaires supplémentaires, si votre projet se situe dans un cœur de parc national.

Si vous êtes un particulier : la loi n° 78-17 du 6 janvier 1978 relative à l'informatique, aux fichiers et aux libertés s'applique aux réponses contenues dans ce formulaire pour les personnes physiques. Elle garantit un droit d'accès aux données nominatives les concernant et la possibilité de rectification. Ces droits peuvent être exercés à la mairie. Les données recueillies seront transmises aux services compétents pour l'instruction de votre demande.
Si vous souhaitez vous opposer à ce que les informations nominatives comprises dans ce formulaire soient utilisées à des fins commerciales, cochez la case ci-contre : ❏

---

10 Vous pouvez déposer une demande si vous êtes dans un des quatre cas suivants :
- vous êtes propriétaire du terrain ou mandataire du ou des propriétaires ;
- vous avez l'autorisation du ou des propriétaires ;
- vous êtes co-indivisaire du terrain en indivision ou son mandataire ;
- vous avez qualité pour bénéficier de l'expropriation du terrain pour cause d'utilité publique.

2.2 Les pièces à joindre à la demande

1/2

MINISTÈRE DE L'ÉCOLOGIE,
DU DÉVELOPPEMENT
ET DE L'AMÉNAGEMENT
DURABLES

Bordereau de dépôt des pièces jointes à une demande de permis de construire une maison individuelle et / ou ses annexes

Cocher les cases correspondant aux pièces jointes à votre demande et reporter le numéro correspondant sur la pièce jointe

Pour toute précision sur le contenu exact des pièces à joindre à votre demande de permis de construire, vous pouvez vous référer à la liste détaillée qui vous a été fournie avec le formulaire de demande et demander conseil à la mairie ou à la direction départementale de l'équipement.

Cette liste est exhaustive et aucune autre pièce ne peut vous être demandée.

Vous devez fournir, selon les cas, 4 ou 5 dossiers (se renseigner à la mairie). Vous devez fournir en outre 5 exemplaires supplémentaires des pièces 1 à 3, destinés à la consultation des services techniques compétents.

1) Pièces obligatoires pour tous les dossiers :

	Pièce	Nombre d'exemplaires à fournir
☐	PCMI1. Un plan de situation du terrain [Art. R. 431-7 a) du code de l'urbanisme]	1 exemplaire par dossier + 5 exemplaires supplémentaires
☐	PCMI2. Un plan de masse des constructions à édifier ou à modifier [Art. R. 431-9 du code de l'urbanisme]	1 exemplaire par dossier + 5 exemplaires supplémentaires
☐	PCMI3. Un plan en coupe du terrain et de la construction [Article R. 431-10 b) du code de l'urbanisme]	1 exemplaire par dossier + 5 exemplaires supplémentaires
☐	PCMI4. Une notice décrivant le terrain et présentant le projet [Art. R. 431-8 du code de l'urbanisme]	1 exemplaire par dossier
☐	PCMI5. Un plan des façades et des toitures [Art. R. 431-10 a) du code de l'urbanisme]	1 exemplaire par dossier
☐	PCMI6. Un document graphique permettant d'apprécier l'insertion du projet de construction dans son environnement [Art. R. 431-10 c) du code de l'urbanisme]*	1 exemplaire par dossier
☐	PCMI7. Une photographie permettant de situer le terrain dans l'environnement proche [Art. R. 431-10 d) du code de l'urbanisme]*	1 exemplaire par dossier
☐	PCMI8. Une photographie permettant de situer le terrain dans le paysage lointain [Art. R. 431-10 d) du code de l'urbanisme]*	1 exemplaire par dossier

* (cette pièce n'est pas exigée si votre projet se situe dans un périmètre ayant fait l'objet d'un permis d'aménager)

2) Pièces à joindre selon la nature ou la situation du projet :

	Pièce	Nombre d'exemplaires à fournir
Si votre projet se situe dans un lotissement :		
☐	PCMI9. Le certificat indiquant la surface constructible attribuée à votre lot [Art. R. 431-22 a) du code de l'urbanisme]	1 exemplaire par dossier
☐	PCMI10. Le certificat attestant l'achèvement des équipements desservant le lot [Art. R. 431-22 b) du code de l'urbanisme]	1 exemplaire par dossier
Si votre projet se situe dans une zone d'aménagement concertée (ZAC) :		
☐	PCMI11. Une copie des dispositions du cahier des charges de cession de terrain qui indiquent le nombre de m² constructibles sur la parcelle et, si elles existent, des dispositions du cahier des charges, qui fixent les prescriptions techniques, urbanistiques et architecturales imposées pour la durée de réalisation de la zone [Art. R. 431-23 du code de l'urbanisme]	1 exemplaire par dossier
☐	PCMI12. La convention entre la commune ou l'établissement public et vous qui fixe votre participation au coût des équipements de la zone [Art. R. 431-23 b) du code de l'urbanisme]	1 exemplaire par dossier
Si votre projet est tenu de respecter les règles parasismiques et paracycloniques :		
☐	PCMI13. L'attestation d'un contrôleur technique [Art. R. 431-16 b) du code de l'urbanisme]	1 exemplaire par dossier

Si votre projet se situe dans une zone où un plan de prévention des risques impose la réalisation d'une étude :

☐ PCMI14. L'attestation de l'architecte ou de l'expert agréé certifiant que l'étude a été réalisée et que le projet la prend en compte [Art. R. 431-16 c) du code de l'urbanisme]	1 exemplaire par dossier

Si vous demandez un dépassement de COS (coefficient d'occupation des sols) en justifiant que vous remplissez certains critères de performance énergétique :

☐ PCMI15. Un document attestant que le projet respecte les critères de performance énergétique [Art. R. 431-18 du code de l'urbanisme]	1 exemplaire par dossier
☐ PCMI16. Un engagement d'installer les équipements de production d'énergie renouvelable ou de pompe à chaleur [Art. R. 431-18 du code de l'urbanisme]	1 exemplaire par dossier

Si votre projet nécessite un défrichement :

☐ PCMI17. La copie de la lettre du préfet qui vous fait savoir que votre demande d'autorisation de défrichement est complète [Art. R. 431-19 du code de l'urbanisme]	1 exemplaire par dossier

Si votre projet nécessite un permis de démolir :

☐ PCMI18. La justification du dépôt de la demande de permis de démolir [Art. R. 431-21 du code de l'urbanisme]	1 exemplaire par dossier
OU, si la demande de permis de construire vaut demande de permis de démolir :	
☐ PCMI19. Les pièces à joindre à une demande de permis de démolir, selon l'Annexe ci-jointe.	

Si votre projet se situe sur le domaine public ou en surplomb du domaine public :

☐ PCMI20. L'accord du gestionnaire du domaine pour engager la procédure d'autorisation d'occupation temporaire du domaine public [Art. R. 431-13 du code de l'urbanisme]	1 exemplaire par dossier

Si votre projet porte sur des travaux dans un monument historique inscrit, dans un immeuble adossé à un monument historique classé, dans un immeuble situé en secteur sauvegardé, en abords de monument historique ou en zone de protection du patrimoine architectural, urbain ou paysager :

☐ PCMI21. Une notice faisant apparaître les matériaux utilisés et les modalités d'exécution des travaux [Art. R. 431-14 du code de l'urbanisme]	1 exemplaire par dossier

Si le terrain ne peut comporter les emplacements de stationnement imposés par le document d'urbanisme :

☐ PCMI22. Le plan de situation du terrain sur lequel seront réalisées les aires de stationnement et le plan des constructions et des aménagements correspondants [Art. R. 431-26 a) du code de l'urbanisme]	1 exemplaire par dossier
OU	
☐ PCMI23. La promesse synallagmatique de concession ou d'acquisition [Art. R. 431-26 b) du code de l'urbanisme]	

Si votre projet est subordonné à une servitude dite « de cours communes » :

☐ PCMI24. Une copie du contrat ou de la décision judiciaire relatifs à l'institution de ces servitudes [Art. R. 431-32 du code de l'urbanisme]	1 exemplaire par dossier

Si votre projet est subordonné à un transfert des possibilités de construction :

☐ PCMI25. Une copie du contrat ayant procédé au transfert des possibilités de construction résultant du COS [Art. R. 431-33 du code de l'urbanisme]	1 exemplaire par dossier

Si votre projet se situe dans une commune ayant instauré un plafond légal de densité et si votre projet dépasse ce plafond, Si vous pensez bénéficier d'une exonération prévue à l'article L. 112-2 du code de l'urbanisme :

☐ PCMI26. Un extrait de la matrice cadastrale [Art. R.333-3 du code de l'urbanisme]	1 exemplaire par dossier
☐ PCMI27. Un extrait du plan cadastral [Art. R.333-3 du code de l'urbanisme]	1 exemplaire par dossier
☐ PCMI28. Les justificatifs qui indiquent que votre projet peut bénéficier d'une exonération prévue à l'article L. 112-2 du code de l'urbanisme [Art. R.333-3 du code de l'urbanisme]	1 exemplaire par dossier

2.3 Le récépissé de dépôt

MINISTÈRE DE L'ÉCOLOGIE,
DU DÉVELOPPEMENT
ET DE L'AMÉNAGEMENT
DURABLES

Récépissé de depôt d'une demande de permis de construire une maison individuelle ou ses annexes

Madame, Monsieur,
Vous avez déposé une demande de permis de construire. **Le délai d'instruction de votre dossier est de DEUX MOIS** et, si vous ne recevez pas de courrier de l'administration dans ce délai, vous bénéficierez d'un permis tacite.

- **Toutefois, dans le mois qui suit le dépôt de votre dossier, l'administration peut vous écrire :**
  - soit pour vous avertir qu'un autre délai est applicable, lorsque le code de l'urbanisme l'a prévu pour permettre les consultations nécessaires (si votre projet nécessite la consultation d'autres services...) ;
  - soit pour vous indiquer qu'il manque une ou plusieurs pièces à votre dossier ;
  - soit pour vous informer que votre projet correspond à un des cas où un permis tacite n'est pas possible.
- **Si vous recevez une telle lettre avant la fin du premier mois, celle-ci remplacera le présent récépissé.**
- **Si vous n'avez rien reçu à la fin du premier mois suivant le dépôt, le délai de deux mois ne pourra plus être modifié. Si aucun courrier de l'administration ne vous est parvenu à l'issue de ce délai de deux mois, vous pourrez commencer les travaux[1] après avoir :**
  - adressé au maire, en trois exemplaires, une déclaration d'ouverture de chantier (vous trouverez un modèle de déclaration CERFA n° 13407*01 à la mairie ou sur le site internet urbanisme du gouvernement) ;
  - affiché sur le terrain ce récépissé sur lequel la mairie a mis son cachet pour attester la date de dépôt ;
  - installé sur le terrain, pendant toute la durée du chantier, un panneau visible de la voie publique décrivant le projet. Vous trouverez le modèle de panneau à la mairie, sur le site internet urbanisme du gouvernement, ainsi que dans la plupart des magasins de matériaux).
- **Attention : le permis n'est définitif qu'en l'absence de recours ou de retrait :**
  - dans le délai de deux mois à compter de son affichage sur le terrain, sa légalité peut être contestée par un tiers. Dans ce cas, l'auteur du recours est tenu de vous en informer au plus tard quinze jours après le dépôt du recours.
  - dans le délai de trois mois après la date du permis, l'autorité compétente peut le retirer, si elle l'estime illégal. Elle est tenue de vous en informer préalablement et de vous permettre de répondre à ses observations.

1) Certains travaux ne peuvent pas être commencés dès la délivrance du permis et doivent être différés : c'est le cas des travaux situés dans un site classé. Vous pouvez vérifier auprès de la mairie que votre projet n'entre pas dans ces cas.

(à remplir par la mairie)

Le projet ayant fait l'objet d'une demande de permis n° _____

déposée à la mairie le : ⌊_⌋⌊_⌋ ⌊_⌋⌊_⌋ ⌊_⌋⌊_⌋⌊_⌋⌊_⌋,

fera l'objet d'un permis tacite[2] à défaut de réponse de l'administration deux mois après cette date. Les travaux pourront alors être exécutés après affichage sur le terrain du présent récépissé et d'un panneau décrivant le projet conforme au modèle réglementaire.

2) Le maire ou le préfet en délivre certificat sur simple demande.

Cachet de la mairie :

Délais et voies de recours : Le permis peut faire l'objet d'un recours gracieux ou d'un recours contentieux dans un délai de deux mois à compter du premier jour d'une période continue de deux mois d'affichage sur le terrain d'un panneau décrivant le projet et visible de la voie publique (article R. 600-2 du code de l'urbanisme).

L'auteur du recours est tenu, à peine d'irrecevabilité, de notifier copie de celui-ci à l'auteur de la décision et au titulaire de l'autorisation (article R. 600-1 du code de l'urbanisme).

Le permis est délivré sous réserve du droit des tiers : Il vérifie la conformité du projet aux règles et servitudes d'urbanisme. Il ne vérifie pas si le projet respecte les autres réglementations et les règles de droit privé. Toute personne s'estimant lésée par la méconnaissance du droit de propriété ou d'autres dispositions de droit privé peut donc faire valoir ses droits en saisissant les tribunaux civils, même si le permis de construire respecte les règles d'urbanisme.

3 Le permis de construire

3.1 Le formulaire

MINISTÈRE DE L'ÉCOLOGIE,
DU DÉVELOPPEMENT
ET DE L'AMÉNAGEMENT
DURABLES

Demande de
☐ **Permis d'aménager**
comprenant ou non des constructions et/ou des démolitions
☒ **Permis de construire**
comprenant ou non des démolitions

1/7

N° 13409*01

Pour les demandes de permis de construire de maisons individuelles et de leurs annexes, vous pouvez utiliser le formulaire spécifique cerfa n° 13406*01

* Informations nécessaires à l'instruction du permis
* Informations nécessaires au calcul des impositions
◆ Informations nécessaires en application de l'article R. 431-34 du code de l'urbanisme

- Vous réalisez un aménagement (lotissement, camping, aire de stationnement, parc d'attraction, terrain de sports ou loisirs,...)
- Vous réalisez une nouvelle construction
- Vous effectuez des travaux sur une construction existante
- Votre projet d'aménagement ou de construction comprend des démolitions

Pour savoir précisément à quelle formalité sont soumis vos travaux et aménagements, vous pouvez vous reporter à la notice explicative ou vous renseigner auprès de la mairie du lieu de votre projet.

| PC ou PA | Dpt | Commune | Année | N° de dossier |

La présente demande a été reçue à la mairie

le .... *Cachet de la mairie et signature du receveur*

Dossier transmis : ☐ à l'Architecte des Bâtiments de France
☐ au Directeur du Parc National

* 1 - Identité du ou des demandeurs

Le demandeur indiqué dans le cadre ci-dessous sera le titulaire de la future autorisation et le redevable des taxes d'urbanisme
Si la demande est présentée par plusieurs personnes, indiquez leurs coordonnées sur la fiche complémentaire.
Les décisions prises par l'administration seront notifiées au demandeur indiqué ci-dessous. Une copie sera adressée aux autres demandeurs, qui seront co-titulaires de l'autorisation et solidairement responsables du paiement des taxes.

Vous êtes un particulier Madame ☐ Monsieur ☐
Nom : _____ Prénom : _____

Vous êtes une personne morale
Dénomination : _____ Raison sociale : _____
N° SIRET : ⊔⊔⊔ ⊔⊔⊔ ⊔⊔⊔ ⊔⊔⊔⊔⊔ Catégorie juridique : ⊔⊔⊔⊔
Représentant de la personne morale : Madame ☐ Monsieur ☐
Nom : _____ Prénom : _____

2 - Coordonnées du demandeur

* **Adresse** : Numéro : _____ Voie : _____
Lieu-dit : _____ Localité : _____
Code postal : ⊔⊔⊔⊔⊔ BP : ⊔⊔⊔ Cedex : ⊔⊔
Si le demandeur habite à l'étranger : Pays : _____ Division territoriale : _____

Si vous souhaitez que les courriers de l'administration (autres que les décisions) soient adressés à une autre personne, veuillez préciser son nom et ses coordonnées : Madame ☐ Monsieur ☐ Personne morale ☐
Nom : _____ Prénom : _____
OU raison sociale : _____
Adresse : Numéro : _____ Voie : _____
Lieu-dit : _____ Localité : _____
Code postal : ⊔⊔⊔⊔⊔ BP : ⊔⊔⊔ Cedex : ⊔⊔
Si le demandeur habite à l'étranger : Pays : _____ Division territoriale : _____
Téléphone : ⊔⊔⊔⊔⊔⊔⊔⊔⊔⊔ indiquez l'indicatif pour le pays étranger : ⊔⊔⊔⊔

☐ J'accepte de recevoir par courrier électronique les documents transmis en cours d'instruction par l'administration à l'adresse suivante : _____ @ _____
J'ai pris bonne note que, dans un tel cas, la date de notification sera celle de la consultation du courrier électronique ou, au plus tard, celle de l'envoi de ce courrier électronique augmentée de huit jours.

3 - Le terrain

*3.1 - Localisation du (ou des) terrain(s)
Les informations et plans (voir liste des pièces à joindre) que vous fournissez doivent permettre à l'administration de localiser précisément le (ou les) terrain(s) concerné(s) par votre projet
Le terrain est constitué de l'ensemble des parcelles cadastrales d'un seul tenant appartenant à un même propriétaire

Adresse du (ou des) terrain(s)
Numéro : _____ Voie : _____

Lieu-dit : _____ Localité : _____

Code postal : |__|__|__|__|__| BP : |__|__|__| Cedex : |__|__|

Références cadastrales : section et numéro[1] (si votre projet porte sur plusieurs parcelles cadastrales, veuillez indiquer les premières ci-dessous et les suivantes sur une feuille séparée) : _____

_____

Superficie du (ou des) terrain(s) (en m²) : _____

3.2 - Situation juridique du terrain *(ces données, qui sont facultatives, peuvent toutefois vous permettre de faire valoir des droits à construire ou de bénéficier d'impositions plus favorables)*

Êtes-vous titulaire d'un certificat d'urbanisme pour ce terrain ?   Oui ❏   Non ❏   Je ne sais pas ❏

Le terrain est-il situé dans un lotissement ?   Oui ❏   Non ❏   Je ne sais pas ❏

Le terrain est-il situé dans une Zone d'Aménagement Concertée (Z.A.C.) ?   Oui ❏   Non ❏   Je ne sais pas ❏
Le terrain fait-il partie d'un remembrement urbain (Association Foncière Urbain) ?   Oui ❏   Non ❏   Je ne sais pas ❏

Si votre terrain est concerné par l'un des cas ci-dessus, veuillez préciser, si vous les connaissez, les dates de décision ou d'autorisation, les numéros et les dénominations : _____

_____

3.3 - Terrain issu d'une division de propriété
Si votre terrain est issu de la division d'une propriété bâtie effectuée il y a moins de 10 ans, demandez à la mairie si le plan local d'urbanisme comporte une règle limitant vos droits à construire, instituée antérieurement à la date de la division. Si cette règle existe, le vendeur doit vous avoir remis une attestation indiquant la surface des constructions déjà établies sur l'autre partie du terrain.

Indiquez cette surface (en m²) : _____ et la superficie du terrain avant division (en m²) : _____
ou joignez à votre demande une copie de l'attestation

4 - À remplir pour une demande concernant un projet d'aménagement
Si votre projet ne comporte pas d'aménagements, reportez-vous directement au cadre 5 (projet de construction)

*4.1 - Nature des travaux, installations ou aménagements envisagés (cochez la ou les cases correspondantes)

Quel que soit le secteur de la commune
- ❏ Lotissement
- ❏ Remembrement réalisé par une association foncière urbaine libre
- ❏ Terrain de camping
- ❏ Parc résidentiel de loisirs ou village de vacances
- ❏ Aménagement d'un terrain pour la pratique de sports ou de loisirs motorisés
- ❏ Aménagement d'un parc d'attraction ou d'une aire de jeux et de sports
- ❏ Aménagement d'un golf
- ❏ Aires de stationnement ouvertes au public, dépôts de véhicules et garages collectifs de caravanes ou de résidences mobiles de loisirs
  - ○ Contenance (nombre d'unités) : _____
- ❏ Travaux d'affouillements ou d'exhaussements du sol :
  - ○ Superficie (en m²) : _____
  - ○ Profondeur (pour les affouillements) : _____
  - ○ Hauteur (pour les exhaussements) : _____

Dans les secteurs protégés
Aménagement situé dans un espace remarquable ou milieu du littoral identifié dans un document d'urbanisme comme devant être protégé[1] :
- ❏ Chemin piétonnier ou objet mobilier destiné à l'accueil ou à l'information du public, lorsqu'ils sont nécessaires à la gestion ou à l'ouverture au public de ces espaces ou milieux
- ❏ Aménagement nécessaire à l'exercice des activités agricoles, de pêche et de culture marine ou lacustres, conchylicoles, pastorales et forestières

Aménagement situé dans un secteur sauvegardé[1] :
- ❏ Création d'une voie
- ❏ Travaux ayant pour effet de modifier les caractéristiques d'une voie existante
- ❏ Création d'un espace public

Aménagement situé dans un site classé ou une réserve naturelle[1] :
- ❏ Création d'un espace public

---
1 En cas de besoin, vous pouvez vous renseigner auprès de la mairie

Courte description de votre projet ou de vos travaux :

* Superficie du (ou des) terrain(s) à aménager (en m²) : _____

Si les travaux sont réalisés par tranches, veuillez en préciser le nombre et leur contenu :

4.2 - À remplir pour une demande concernant un lotissement
* Nombre maximum de lots projetés : _____
* Surface hors œuvre nette (SHON) maximale envisagée (en m²) : _____
* Si votre projet de lotissement se situe dans une commune non dotée de plan local d'urbanisme (PLU) ou d'un document en tenant lieu (plan d'occupation des sols, plan de sauvegarde et de mise en valeur, plan d'aménagement de zone), indiquez la surface hors œuvre brute (SHOB) maximale envisagée (en m²) _____
* Comment la constructibilité globale sera-t-elle répartie ?
  - ❑ Par application du coefficient d'occupation du sol (COS) à chaque lot
  - ❑ Conformément aux plans ou tableaux joints à la présente demande
  - ❑ La constructibilité sera déterminée à la vente de chaque lot. Dans ce cas, le lotisseur devra fournir un certificat aux constructeurs.

* Le projet fait-il l'objet d'une demande de travaux de finition différés ?   Oui ❑   Non ❑
si oui, quelle garantie sera utilisée ?
consignation en compte bloqué ❑   ou   garantie financière d'achèvement des travaux ❑
joindre la convention
* Le projet fait-il l'objet d'une demande de vente ou location de lots par anticipation ?   Oui ❑   Non ❑

4.3 - À remplir pour l'aménagement d'un camping ou d'un autre terrain aménagé en vue de l'hébergement touristique
* Nombre maximum d'emplacements réservés aux tentes, caravanes ou résidences mobiles de loisirs : _____
* Nombre maximal de personnes accueillies : _____

Implantation d'habitations légères de loisirs (HLL)
Nombre d'emplacements réservés aux HLL : _____
Surface hors œuvre nette (SHON) prévue, réservée aux HLL : _____

Lorsque le terrain est destiné à une exploitation saisonnière, veuillez préciser la (ou les) période(s) d'exploitation :

* Agrandissement ou réaménagement d'une structure existante ?   Oui ❑   Non ❑
Si oui, joindre un plan indiquant l'état actuel et les aménagements

5 - À remplir pour une demande comprenant un projet de construction

5.1 - Architecte

*Vous avez eu recours à un architecte : Oui ☐ Non ☐

Si oui, vous devez lui faire compléter les rubriques ci-dessous et lui faire apposer son cachet

Nom de l'architecte : _____ Prénom : _____

Numéro : _____ Voie : _____

Lieu-dit : _____ Localité : _____

Code postal : ☐☐☐☐☐ BP : ☐☐☐ Cedex : ☐☐

N° d'inscription sur le tableau de l'ordre : _____

Conseil Régional de : _____

Téléphone : ☐☐☐☐☐☐☐☐☐☐ ou Télécopie : ☐☐☐☐☐☐☐☐☐☐ ou

Adresse électronique : _____ @ _____

En application de l'article R. 431-2 du code de l'urbanisme, j'ai pris connaissance des règles générales de construction prévues par le chapitre premier du titre premier du livre premier du code de la construction et de l'habitation et notamment, lorsque la construction y est soumise, les règles d'accessibilité fixées en application de l'article L. 111-7 de ce code.

Signature de l'architecte :   Cachet de l'architecte :

Si vous n'avez pas eu recours à un architecte (ou un agréé en architecture), veuillez cocher la case ci-dessous[2] :
☐ Je déclare sur l'honneur que mon projet entre dans l'une des situations pour lesquelles le recours à l'architecte n'est pas obligatoire.

5.2 - Nature du projet envisagé

☐ Nouvelle construction
☐ Travaux sur construction existante

☐ Le terrain doit être divisé en propriété ou en jouissance avant l'achèvement de la (ou des) construction(s)

*Courte description de votre projet ou de vos travaux :

*5.3 - Surface hors œuvre brute (SHOB)

Si votre projet de construction se situe dans une commune non dotée de plan local d'urbanisme (PLU) ou d'un document en tenant lieu (plan d'occupation des sols, plan de sauvegarde et de mise en valeur, plan d'aménagement de zone), indiquez la surface hors œuvre brute (SHOB) totale du projet

SHOB des travaux de construction (en m²) : _____

---

[2] Vous pouvez vous dispenser du recours à un architecte (ou un agréé en architecture) si vous êtes un particulier ou une exploitation agricole à responsabilité limitée à associé unique et que vous déclarez vouloir édifier ou modifier pour vous-même :
- Une construction à usage autre qu'agricole dont la surface de plancher hors œuvre nette n'excède pas 170 m² ;
- Une extension de construction à usage autre qu'agricole dont la surface de plancher hors œuvre nette, cumulée à la surface existante, n'exède pas 170 m² ;
- Une construction à usage agricole dont la surface de plancher hors œuvre brute n'excède pas 800 m² ;
- Des serres de production dont le pied-droit a une hauteur inférieure à 4 m et dont la surface de plancher hors œuvre brute n'excède pas 2000 m².

5.4 - Informations complémentaires

- Nombre total de logements créés : |__|__|__| dont individuels : |__|__|__| dont collectifs : |__|__|__|
- Répartition du nombre total de logement créés par type de financement :

Logement Locatif Social |__|__|__| Accession Sociale (hors prêt à taux zéro) |__|__|__| Prêt à taux zéro |__|__|__|
☐ Autres financements : _____

♦ Mode d'utilisation principale des logements :

Occupation personnelle (particulier) ou en compte propre (personne morale) ☐   Vente ☐   Location ☐
S'il s'agit d'une occupation personnelle, veuillez préciser :   Résidence principale ☐   Résidence secondaire ☐
Si le projet porte sur une annexe à l'habitation, veuillez préciser :   Piscine ☐   Garage ☐   Véranda ☐   Abri de jardin ☐
☐ Autres annexes à l'habitation : _____

- Si le projet est un foyer ou une résidence, à quel titre :

Résidence pour personnes âgées ☐   Résidence pour étudiants ☐   Résidence de tourisme ☐
Résidence hôtelière à vocation sociale ☐   Résidence sociale ☐   Résidence pour personnes handicapées ☐
☐ Autres, précisez : _____

♦ Nombre de chambres créées en foyer ou dans un hébergement d'un autre type : _____
♦ Répartition du nombre de logements créés selon le nombre de pièces :

1 pièce |__|__| 2 pièces |__|__| 3 pièces |__|__| 4 pièces |__|__| 5 pièces |__|__| 6 pièces et plus |__|__|

♦ Nombre de niveaux du bâtiment le plus élevé : |__|__|__|
- Indiquez si vos travaux comprennent notamment :

Extension ☐   Surélévation ☐   Création de niveaux supplémentaires ☐

5.5 - Construction périodiquement démontée et ré-installée

Période(s) de l'année durant laquelle (lesquelles) la construction doit être démontée : _____

*5.6 - Destination des constructions et tableau des surfaces

surfaces hors œuvre nettes[3] (SHON) en m²

Destinations	SHON existantes avant travaux (A)	SHON construites (B)	SHON créées par transformation de SHOB en SHON[4] (C)	SHON créées par changement de destination[5] (D)	SHON démolies ou transformée en SHOB[6] (E)	SHON supprimées par changement de destination[5] (F)	SHON totales = A+B+C+D-E-F
5.6.1 - Habitation							
5.6.2 - Hébergement hôtelier							
5.6.3 - Bureaux							
5.6.4 - Commerce							
5.6.5 - Artisanat[7]							
5.6.6 - Industrie							
5.6.7 - Exploitation agricole ou forestière							
5.6.8 - Entrepôt							
5.6.9 - Service public ou d'intérêt collectif							
5.6.10 - SHON Totales (m²)							

♦ 5.7 - Information sur la destination des constructions futures en cas de réalisation au bénéfice d'un service public ou d'intérêt collectif :   Transport ☐   Enseignement et recherche ☐   Action sociale ☐

Ouvrage spécial ☐   Santé ☐   Culture et loisir ☐

---

[3] Vous pouvez vous aider de la fiche d'aide pour le calcul des surfaces.
La Surface Hors Œuvre Brute (SHOB) d'une construction est égale à la somme des surfaces de plancher de chaque niveau de la construction, calculée à partir du nu extérieur des murs de façade, y compris les combles et les sous-sols non aménageables, les balcons, les loggias, les toitures-terrasses accessibles. La Surface Hors Œuvre Nette (SHON) est obtenue après déduction de la surface des combles et sous-sols non aménageables, des surfaces non closes, des surfaces de stationnement, des surfaces des bâtiments agricoles, des serres de production (Article R.112-2 du Code de l'urbanisme).
[4] Par exemple la transformation d'un garage (qui constitue uniquement de la SHOB) en pièce habitable (qui constitue de la SHON).
[5] Le changement de destination consiste à transformer une surface existante de l'une des neuf destinations mentionnées dans le tableau vers une autre de ces destinations. Par exemple : la transformation de surfaces de bureaux (5.6.3) en hôtel (5.6.2) ou la transformation d'une habitation (5.6.1) en commerce (5.6.4).
[6] Par exemple la transformation d'une pièce habitable (qui constitue de la SHON) en garage (qui constitue uniquement de la SHOB).
[7] L'activité d'artisan est définie par la loi n° 96 603 du 5 juillet 1996 dans ses articles 19 et suivants, « activités professionnelles indépendantes de production, de transformation, de réparation, ou prestation de service relevant de l'artisanat et figurant sur une liste annexée au décret N° 98-247 du 2 avril 1998 ».

*5.8 - Stationnement

Places de stationnement	Avant réalisation du projet	Après réalisation du projet
Nombre de places de stationnement		
Surface hors œuvre brute des aires bâties de stationnement en m²		
Surface de l'emprise au sol des aires non bâties de stationnement en m²		

Places de stationnement affectées au projet, aménagées ou réservées en dehors du terrain sur lequel est situé le projet
Adresse(s) des aires de stationnement : _____

_____

Nombre de places : _____
Surface totale affectée au stationnement : _____ m², dont surface bâtie (SHOB) : _____ m²

6 - À remplir lorsque le projet nécessite des démolitions

Tous les travaux de démolition ne sont pas soumis à permis. Il vous appartient de vous renseigner auprès de la mairie afin de savoir si votre projet de démolition nécessite une autorisation. Vous pouvez également demander un permis de démolir distinct de la présente demande.

Date(s) approximative(s) à laquelle le ou les bâtiments dont la démolition est envisagée ont été construits : _____

_____

☐ Démolition totale
☐ Démolition partielle
En cas de démolition partielle, veuillez décrire les travaux qui seront, le cas échéant, effectués sur les constructions restantes :

◆ Nombre de logement démolis : ⎣_⎦⎣_⎦⎣_⎦

• 7 - Fiscalité de l'urbanisme

7.1 - Tableau des affectations *(Informations complémentaires pouvant vous permettre de bénéficier d'impositions plus favorables)*[8]

	Surfaces hors œuvre nettes (SHON en m²)		
	Surface changeant de destination (création de SHON) (A)	Surface nouvelle hors œuvre nette construite (B)	Totale après travaux = A+B
7.1.1 - Habitation : - Locaux des exploitations agricoles à usage d'habitation des exploitants et du personnel			
- Locaux à usage de résidence principale			
- Locaux à usage de résidence secondaire			
7.1.2 - Locaux à usage des particuliers non utilisables pour l'habitation, ni pour aucune activité économique[9]			
7.1.3 - Locaux des exploitations ou des coopératives agricoles constitutifs de SHON intéressant la production agricole ou une activité annexe à cette production[10]			
7.1.4 - Hôtellerie : - Chambres et dégagements menant aux chambres			
- Autres locaux hôteliers non-affectés à l'hébergement (restaurants, etc...)			
- Habitations légères de loisir			
- Locaux des villages de vacances et des campings			
7.1.5 - Constructions affectées à un service public ou d'utilité publique			

---

8 En cas d'imprécision, vos locaux seront classés dans la catégorie « autres locaux » soit la 9ᵉ catégorie de l'article 1585 D I du code général des impôts
9 Il s'agit de locaux n'entrant pas dans la catégorie « usage principal d'habitation » (cellier en rez-de-chaussée, appentis, remise, bûcher, atelier familial, abri de jardin, abri et local technique de piscine,...) et de locaux non agricoles, non annexés à l'habitation mais de même nature (accueils d'animaux hors élevage, box à chevaux, remise...)
10 Exemple tel que local de vente des produits de l'exploitation situé dans les bâtiments de l'exploitation.

7.2 - Foires et salons

Si votre projet consiste dans la réalisation de sites de foire ou de salons professionnels ou de palais des congrès, veuillez indiquer la surface hors œuvre nette (SHON) :
- des locaux d'exposition : _____ m² - des locaux servant à la tenue de réunions : _____ m²
- des autres locaux (restaurants, bureaux,...) : _____ m²

7.3 - Plafond légal de densité (PLD)

Demandez à la mairie si un plafond légal de densité des constructions est institué dans la commune et si les constructions prévues sur votre terrain dépassent ce plafond. Si oui, indiquez ici la valeur du m² de terrain nu et libre : _____ €

Pour bénéficier le cas échéant de droits acquis, précisez si des constructions existant sur votre terrain avant le 1er avril 1976 ont été démolies : Oui ☐   Non ☐   si oui, indiquez ici la Surface Hors Oeuvre Nette (SHON) démolie (en m²) : _____

7.4 - Participation pour voirie et réseaux

Si votre projet se situe sur un terrain soumis à la participation pour voirie et réseaux (PVR), indiquez les coordonnées du propriétaire ou celles du bénéficiaire de la promesse de vente, s'il est différent du demandeur

Madame ☐   Monsieur ☐   Personne morale ☐

Nom : _____ Prénom : _____

OU raison sociale : _____

Adresse : Numéro : _____ Voie : _____

Lieu-dit : _____ Localité : _____

Code postal : ⎵⎵⎵⎵⎵ BP : ⎵⎵⎵ Cedex : ⎵⎵⎵

Si le demandeur habite à l'étranger : Pays : _____ Division territoriale : _____

*8 - Engagement du (ou des) demandeurs

J'atteste avoir qualité pour demander la présente autorisation.[11]
Je soussigné(e), auteur de la demande, certifie exacts les renseignements fournis.
J'ai pris connaissance des règles générales de construction prévues par le chapitre premier du titre premier du livre premier du code de la construction et de l'habitation et notamment, lorsque la construction y est soumise, les règles d'accessibilité fixées en application de l'article L. 111-7 de ce code.
Je suis informé(e) que les renseignements figurant dans cette demande serviront au calcul des impositions prévues par le code de l'urbanisme.

À _____

Le : _____

Signature du (des) demandeur(s)

**Votre demande doit être établie en quatre exemplaires et doit être déposée à la mairie du lieu du projet.
Vous devrez produire :**
- un exemplaire supplémentaire, si votre projet se situe en périmètre protégé au titre des monuments historiques ;
- un exemplaire supplémentaire, si votre projet se situe dans un site classé, un site inscrit ou une réserve naturelle ;
- deux exemplaires supplémentaires, si votre projet se situe dans un cœur de parc national.

Si vous êtes un particulier : la loi n° 78-17 du 6 janvier 1978 relative à l'informatique, aux fichiers et aux libertés s'applique aux réponses contenues dans ce formulaire pour les personnes physiques. Elle garantit un droit d'accès aux données nominatives les concernant et la possibilité de rectification. Ces droits peuvent être exercés à la mairie. Les données recueillies seront transmises aux services compétents pour l'instruction de votre demande.
Si vous souhaitez vous opposer à ce que les informations nominatives comprises dans ce formulaire soient utilisées à des fins commerciales, cochez la case ci-contre : ☐

---

11 Vous pouvez déposer une demande si vous êtes dans un des quatre cas suivants :
- vous êtes propriétaire du terrain ou mandataire du ou des propriétaires ;
- vous avez l'autorisation du ou des propriétaires ;
- vous êtes co-indivisaire du terrain en indivision ou son mandataire ;
- vous avez qualité pour bénéficier de l'expropriation du terrain pour cause d'utilité publique.

3.2 Les pièces à joindre à la demande

MINISTÈRE DE L'ÉCOLOGIE, DU DÉVELOPPEMENT ET DE L'AMÉNAGEMENT DURABLES

Bordereau de dépôt des pièces jointes à une demande de permis de construire

Cocher les cases correspondant aux pièces jointes à votre demande et reporter le numéro correspondant sur la pièce jointe.

Pour toute précision sur le contenu exact des pièces à joindre à votre demande de permis de construire, vous pouvez vous référer à la liste détaillée qui vous a été fournie avec le formulaire de demande et demander conseil à la mairie ou à la direction départementale de l'équipement.

Cette liste est exhaustive et aucune autre pièce ne peut vous être demandée.

Vous devez fournir, selon les cas (se renseigner à la mairie) des dossiers supplémentaires [Art. R. 423-2 b) du code de l'urbanisme]. Vous devez fournir en outre 5 exemplaires supplémentaires des pièces 1 à 3, destinés à la consultation des services techniques compétents.

1) Pièces obligatoires pour tous les dossiers :

Pièce	Nombre d'exemplaires à fournir
☐ PC1. Un plan de situation du terrain [Art. R. 431-7 a) du code de l'urbanisme]	1 exemplaire par dossier + 5 exemplaires supplémentaires
☐ PC2. Un plan de masse des constructions à édifier ou à modifier [Art. R. 431-9 du code de l'urbanisme]	1 exemplaire par dossier + 5 exemplaires supplémentaires
☐ PC3. Un plan en coupe du terrain et de la construction [Article R. 431-10 b) du code de l'urbanisme]	1 exemplaire par dossier + 5 exemplaires supplémentaires
☐ PC4. Une notice décrivant le terrain et présentant le projet [Art. R. 431-8 du code de l'urbanisme]	1 exemplaire par dossier
☐ PC5. Un plan des façades et des toitures [Art. R. 431-10 a) du code de l'urbanisme]	1 exemplaire par dossier
☐ PC6. Un document graphique permettant d'apprécier l'insertion du projet de construction dans son environnement [Art. R. 431-10 c) du code de l'urbanisme]*	1 exemplaire par dossier
☐ PC7. Une photographie permettant de situer le terrain dans l'environnement proche (Art. R. 431-10 d) du code de l'urbanisme)*	1 exemplaire par dossier
☐ PC8. Une photographie permettant de situer le terrain dans le paysage lointain [Art. R. 431-10 d) du code de l'urbanisme]*	1 exemplaire par dossier

* (cette pièce n'est pas exigée si votre projet se situe dans un périmètre ayant fait l'objet d'un permis d'aménager)

2) Pièces à joindre selon la nature ou la situation du projet :

Pièce	Nombre d'exemplaires à fournir
Si votre projet porte sur des travaux nécessaires à la réalisation d'une opération de restauration immobilière ou sur des travaux exécutés à l'intérieur d'un bâtiment situé dans un secteur sauvegardé ou à l'intérieur d'un immeuble inscrit au titre des monuments historiques :	
☐ PC9. Un document graphique faisant apparaître l'état initial et l'état futur de chacune des parties du bâtiment faisant l'objet des travaux. [Art. R. 431-11 du code de l'urbanisme]	1 exemplaire par dossier
Si votre projet se situe sur le domaine public ou en surplomb du domaine public :	
☐ PC10. L'accord du gestionnaire du domaine pour engager la procédure d'autorisation d'occupation temporaire du domaine public [Art. R. 431-13 du code de l'urbanisme]	1 exemplaire par dossier
Si votre projet est soumis à l'obligation de réaliser une étude d'impact :	
☐ PC11. L'étude d'impact [Art. R. 431-16 a) du code de l'urbanisme]	1 exemplaire par dossier
Si votre projet est tenu de respecter les règles parasismiques et paracycloniques :	
☐ PC12. L'attestation d'un contrôleur technique [Art. R. 431-16 b) du code de l'urbanisme]	1 exemplaire par dossier
Si votre projet se situe dans une zone où un plan de prévention des risques impose la réalisation d'une étude :	
☐ PC13. L'attestation de l'architecte ou de l'expert agréé certifiant que l'étude a été réalisée et que le projet la prend en compte [Art. R. 431-16 c) du code de l'urbanisme]	1 exemplaire par dossier

Si votre projet nécessite un agrément :

☐ PC14. La copie de l'agrément [Art. R. 431-16 d) du code de l'urbanisme]	1 exemplaire par dossier

Si votre projet se situe en commune littorale dans un espace remarquable ou dans un milieu à préserver :

☐ PC15. Une notice précisant l'activité économique qui doit être exercée dans le bâtiment [Art. R. 431-16 e) du code de l'urbanisme]	1 exemplaire par dossier

Si votre projet nécessite une étude de sécurité publique :

☐ PC16. L'étude de sécurité [Art. R. 431-16 f) du code de l'urbanisme]	1 exemplaire par dossier

Si votre projet porte sur des constructions situées dans un emplacement réservé à la réalisation d'un programme de logements par le plan local d'urbanisme ou le document en tenant lieu [Art. L. 123-2 b) du code de l'urbanisme] ou dans un secteur délimité par le plan local d'urbanisme ou le document d'urbanisme en tenant lieu dans lesquels, en cas de réalisation d'un programme de logement, une partie de ce programme doit être affectée à des catégories de logements locatifs sociaux (Art. L. 123-2 d) du code de l'urbanisme] :

☐ PC17. Un tableau indiquant la surface de plancher hors oeuvre nette des logements créés correspondant aux catégories de logements dont la construction sur le terrain est imposée par le plan local d'urbanisme ou le document d'urbanisme en tenant lieu [Art. R. 431-16-1 du code de l'urbanisme)]	1 exemplaire par dossier

Si vous demandez un dépassement de COS (coefficient d'occupation des sols) justifié par la construction de logements sociaux :

☐ PC18. La délimitation de cette partie des constructions [Art. R. 431-17 a) du code de l'urbanisme]	1 exemplaire par dossier
☐ PC19. La mention de la surface de plancher hors œuvre nette correspondante [Art. R. 431-17 b) du code de l'urbanisme]	1 exemplaire par dossier
☐ PC20. L'estimation sommaire du coût foncier qui lui sera imputé [Art. R. 431-17 c) du code de l'urbanisme]	1 exemplaire par dossier
☐ PC21. Dans les communes de la métropole, l'engagement du demandeur de conclure la convention prévue au 3° de l'article L.351-2 du code de la construction et de l'habitation. [Art. R. 431-17 d) du code de l'urbanisme]	1 exemplaire par dossier

Si vous demandez un dépassement de COS (Coefficient d'occupation des sols) en justifiant que vous remplissez certains critères de performance énergétique :

☐ PC22. Un document attestant que le projet respecte les critères de performance énergétique [Art. R. 431-18 du code de l'urbanisme]	1 exemplaire par dossier
☐ PC23. Un engagement d'installer les équipements de production d'énergie renouvelable ou de pompe à chaleur [Art. R. 431-18 du code de l'urbanisme	1 exemplaire par dossier

Si votre projet nécessite un défrichement :

☐ PC24. La copie de la lettre du préfet qui vous fait savoir que votre demande d'autorisation de défrichement est complète [Art. R. 431-19 du code de l'urbanisme]	1 exemplaire par dossier

Si votre projet porte sur une installation classée pour la protection de l'environnement :

☐ PC25. Une justification du dépôt de la demande d'autorisation ou de déclaration au titre de la législation relative aux Installations Classées pour la Protection de l'Environnement [Art. R. 431-20 du code de l'urbanisme]	1 exemplaire par dossier

Si votre projet nécessite un permis de démolir :

☐ PC26. La justification du dépôt de la demande de permis de démolir [Art. R. 431-21 du code de l'urbanisme] OU, si la demande de permis de construire vaut demande de permis de démolir : ☐ PC27. Les pièces à joindre à une demande de permis de démolir, selon l'Annexe ci-jointe.	1 exemplaire par dossier

Si votre projet se situe dans un lotissement :

☐ PC28. Certificat indiquant la surface constructible attribuée à votre lot [Art. R. 431-22 a) du code de l'urbanisme]	1 exemplaire par dossier
☐ PC29. Certificat attestant l'achèvement des équipements desservant le lot [Art. R. 431-22 b) du code de l'urbanisme]	1 exemplaire par dossier

Si votre projet se situe dans une zone d'aménagement concertée (ZAC) :

☐ PC30. La copie des dispositions du cahier des charges de cession de terrain qui indiquent le nombre de m² constructibles sur la parcelle et, si elles existent, les dispositions du cahier des charges, qui fixent les prescriptions techniques, urbanistiques et architecturales imposées pour la durée de réalisation de la zone [Art. R. 431-23 a) du code de l'urbanisme]	1 exemplaire par dossier
☐ PC31. La convention entre la commune ou l'établissement public et vous qui fixe votre participation au coût des équipements de la zone [Art. R. 431-23 b) du code de l'urbanisme]	1 exemplaire par dossier

Si le terrain d'assiette doit faire l'objet d'une division avant l'achèvement de l'ensemble du projet :

☐ PC32. Le plan de division du terrain [Art. R. 431-24 du code de l'urbanisme]	1 exemplaire par dossier
ET	
☐ PC33. Le projet de constitution d'une association syndicale des futurs propriétaires [Art. R. 431-24 du code de l'urbanisme]	

Si le terrain ne peut comporter les emplacements de stationnement imposés par le document d'urbanisme :

☐ PC34. Le plan de situation du terrain sur lequel sont réalisées les aires de stationnement et le plan des constructions et aménagements correspondants [Art. R. 431-26 a) du code de l'urbanisme]	1 exemplaire par dossier
OU	
☐ PC35. La promesse synallagmatique de concession ou d'acquisition [Art. R. 431-26 b) du code de l'urbanisme]	

Si votre projet est soumis à une autorisation d'exploitation commerciale :

☐ PC36. La copie de la lettre du préfet attestant que votre dossier de demande est complet [Art. R. 431-27 du code de l'urbanisme]	1 exemplaire par dossier

Si votre projet est soumis à une autorisation de création de salle de spectacle cinématographique :

☐ PC37. La copie de la lettre du préfet attestant que le dossier de demande est complet. [Art. R. 431-28 du code de l'urbanisme]	1 exemplaire par dossier

Si votre projet porte sur un immeuble de grande hauteur (IGH) :

☐ PC38. Le récépissé de dépôt en préfecture de la demande d'autorisation prévue à l'article L. 122-1 du code de la construction et de l'habitation [Art. R. 431-29 du code de l'urbanisme]	3 exemplaires

Si votre projet porte sur un établissement recevant du public (ERP) :

☐ PC39. **Le dossier spécifique** permettant de vérifier la conformité du projet avec les règles d'accessibilité aux personnes handicapées prévu aux articles R. 111-19-18 et R. 111-19-19 du code de la construction et de l'habitation [Art. R. 431-30 du code de l'urbanisme]	3 exemplaires du dossier spécifique
☐ PC40. Le dossier permettant de vérifier la conformité du projet avec les règles de sécurité prévu par l'article R. 111-19-17 b) du code de la construction et de l'habitation	3 exemplaires du dossier spécifiquer

Si votre projet est subordonné à une servitude dite « de cours communes » :

☐ PC41. Une copie du contrat ou de la décision judiciaire relatif à l'institution de ces servitudes [Art. R. 431-32 du code de l'urbanisme]	1 exemplaire par dossier

Si votre projet est subordonné à un transfert des possibilités de construction :

☐ PC42. Une copie du contrat ayant procédé au transfert de possibilité de construction résultant du COS [Art. R. 431-33 du code de l'urbanisme]	1 exemplaire par dossier

Si votre projet se situe dans une commune ayant instauré un plafond légal de densité et si votre projet dépasse ce plafond,

☐ PC43. Un extrait de la matrice cadastrale [Art. R. 333-3 du code de l'urbanisme]	1 exemplaire par dossier
☐ PC44. Un extrait du plan cadastral [Art. R. 333-3 du code de l'urbanisme]	

Si vous pensez bénéficier d'une exonération prévue à l'article L. 112-2 :

☐ PC45. Les justificatifs qui indiquent que votre projet peut bénéficier d'une exonération prévue à l'article L. 112-2 [Art. R. 333-3 du code de l'urbanisme]	1 exemplaire par dossier

Si votre projet est soumis à la redevance bureaux :

☐ PC46. Le formulaire de déclaration de la redevance bureaux [Art. A. 520-1 du code de l'urbanisme]	1 exemplaire par dossier

MINISTÈRE DE L'ÉCOLOGIE,
DU DÉVELOPPEMENT
ET DE L'AMÉNAGEMENT
DURABLES

ANNEXE
Bordereau de dépôt des pièces jointes
lorsque le projet comporte des démolitions

Cocher les cases correspondant aux pièces jointes à votre demande et reporter le numéro correspondant sur la pièce jointe

1) Pièces obligatoires pour tous les dossiers :

Pièce	Nombre d'exemplaires à fournir
☐ A1. Un plan de masse des constructions à démolir ou s'il y a lieu à conserver [Art. R. 451-2 b) du code de l'urbanisme]	1 exemplaire par dossier
☐ A2. Une photographie du ou des bâtiments à démolir [Art. R. 451-2 c) du code de l'urbanisme]	1 exemplaire par dossier

2) Pièces à joindre selon la nature ou la situation du projet :

Pièce	Nombre d'exemplaires à fournir
Si votre projet porte sur la démolition totale d'un bâtiment inscrit au titre des monuments historiques :	
☐ A3. Une notice expliquant les raisons pour lesquelles la conservation du bâtiment ne peut plus être assurée [Art. R. 451-3 a) du code de l'urbanisme]	1 exemplaire par dossier
☐ A4. Des photographies des façades et toitures du bâtiment et de ses dispositions intérieures [Art. R. 451-3 b) du code de l'urbanisme]	1 exemplaire par dossier
Si votre projet porte sur la démolition partielle d'un bâtiment inscrit au titre des monuments historiques :	
☐ A5. Une notice expliquant les raisons pour lesquelles la conservation du bâtiment ne peut plus être assurée [Art. R. 451-3 a) du code de l'urbanisme]	1 exemplaire par dossier
☐ A6. Des photographies des façades et toitures du bâtiment et de ses dispositions intérieures [Art. R. 451-3 b) du code de l'urbanisme]	1 exemplaire par dossier
☐ A7. Le descriptif des moyens mis en œuvre pour éviter toute atteinte aux parties conservées du bâtiment [Art. R. 451-2 c) du code de l'urbanisme]	1 exemplaire par dossier
Si votre projet porte sur la démolition d'un bâtiment adossé à un immeuble classé au titre des monuments historiques :	
☐ A8. Des photographies faisant apparaître l'ensemble des parties extérieures et intérieures du bâtiment adossées à l'immeuble classé [Art. R. 451-4 a) du code de l'urbanisme]	1 exemplaire par dossier
☐ A9. Le descriptif des moyens mis en œuvre pour éviter toute atteinte à l'immeuble classé [Art. R. 451-4 b) du code de l'urbanisme]	1 exemplaire par dossier

3.3 Le récépissé de dépôt

MINISTÈRE DE L'ÉCOLOGIE,
DU DÉVELOPPEMENT
ET DE L'AMÉNAGEMENT
DURABLES

Récépissé de depôt d'une demande de permis de construire ou de permis d'aménager

Madame, Monsieur,

Vous avez déposé une demande de permis de construire ou d'aménager. **Le délai d'instruction de votre dossier est de TROIS MOIS** et, si vous ne recevez pas de courrier de l'administration dans ce délai, vous bénéficierez d'un permis tacite.

- **Toutefois, dans le mois qui suit le dépôt de votre dossier, l'administration peut vous écrire :**
  - soit pour vous avertir qu'un autre délai est applicable, lorsque le code de l'urbanisme l'a prévu pour permettre les consultations nécessaires (si votre projet nécessite la consultation d'autres services...) ;
  - soit pour vous indiquer qu'il manque une ou plusieurs pièces à votre dossier ;
  - soit pour vous informer que votre projet correspond à un des cas où un permis tacite n'est pas possible.
- **Si vous recevez une telle lettre avant la fin du premier mois, celle-ci remplacera le présent récépissé.**
- **Si vous n'avez rien reçu à la fin du premier mois suivant le dépôt, le délai de trois mois ne pourra plus être modifié. Si aucun courrier de l'administration ne vous est parvenu à l'issue de ce délai de trois mois, vous pourrez commencer les travaux[1] après avoir :**
  - adressé au maire, en trois exemplaires, une déclaration d'ouverture de chantier (vous trouverez un modèle de déclaration CERFA n° 13407 à la mairie ou sur le site internet urbanisme du gouvernement) ;
  - affiché sur le terrain ce récépissé sur lequel la mairie a mis son cachet pour attester la date de dépôt ;
  - installé sur le terrain, pendant toute la durée du chantier, un panneau visible de la voie publique décrivant le projet. Vous trouverez le modèle de panneau à la mairie, sur le site internet urbanisme du gouvernement, ainsi que dans la plupart des magasins de matériaux.
- **Attention : le permis n'est définitif qu'en l'absence de recours ou de retrait :**
  - dans le délai de deux mois à compter de son affichage sur le terrain, sa légalité peut être contestée par un tiers. Dans ce cas, l'auteur du recours est tenu de vous en informer au plus tard quinze jours après le dépôt du recours.
  - dans le délai de trois mois après la date du permis, l'autorité compétente peut le retirer, si elle l'estime illégal. Elle est tenue de vous en informer préalablement et de vous permettre de répondre à ses observations.

[1] Certains travaux ne peuvent pas être commencés dès la délivrance du permis et doivent être différés : c'est le cas des travaux situés dans un site classé, des transformations de logements en un autre usage dans les communes de plus de 200 000 habitants et dans les départements de Paris, des Hauts-de-Seine, de la Seine-Saint-Denis et du Val-de-Marne, ou des installations classées pour la protection de l'environnement. Vous pouvez vérifier auprès de la mairie que votre projet n'entre pas dans ces cas.

(à remplir par la mairie)

Le projet ayant fait l'objet d'une demande de permis n°_____

déposée à la mairie le : ⊔⊔ ⊔⊔ ⊔⊔⊔⊔ ,

fera l'objet d'un permis tacite[2] à défaut de réponse de l'administration trois mois après cette date. Les travaux pourront alors être exécutés après affichage sur le terrain du présent récépissé et d'un panneau décrivant le projet conforme au modèle réglementaire.

[2] Le maire ou le préfet en délivre certificat sur simple demande.

Cachet de la mairie :

Délais et voies de recours : Le permis peut faire l'objet d'un recours gracieux ou d'un recours contentieux dans un délai de deux mois à compter du premier jour d'une période continue de deux mois d'affichage sur le terrain d'un panneau décrivant le projet et visible de la voie publique (article R. 600-2 du code de l'urbanisme).

L'auteur du recours est tenu, à peine d'irrecevabilité, de notifier copie de celui-ci à l'auteur de la décision et au titulaire de l'autorisation (article R. 600-1 du code de l'urbanisme).

Le permis est délivré sous réserve du droit des tiers : Il vérifie la conformité du projet aux règles et servitudes d'urbanisme. Il ne vérifie pas si le projet respecte les autres réglementations et les règles de droit privé. Toute personne s'estimant lésée par la méconnaissance du droit de propriété ou d'autres dispositions de droit privé peut donc faire valoir ses droits en saisissant les tribunaux civils, même si le permis de construire respecte les règles d'urbanisme.

4 Le permis d'aménager

4.1 Le formulaire

Demande de
☒ **Permis d'aménager**
comprenant ou non des constructions et/ou des démolitions

❑ **Permis de construire**
comprenant ou non des démolitions

1/7

N° 13409*01

Pour les demandes de permis de construire de maisons individuelles et de leurs annexes, vous pouvez utiliser le formulaire spécifique cerfa n° 13406*01

* Informations nécessaires à l'instruction du permis
* Informations nécessaires au calcul des impositions
◆ Informations nécessaires en application de l'article R. 431-34 du code de l'urbanisme

Vous pouvez utiliser ce formulaire si :

- Vous réalisez un aménagement (lotissement, camping, aire de stationnement, parc d'attraction, terrain de sports ou loisirs,...)
- Vous réalisez une nouvelle construction
- Vous effectuez des travaux sur une construction existante
- Votre projet d'aménagement ou de construction comprend des démolitions

Pour savoir précisément à quelle formalité sont soumis vos travaux et aménagements, vous pouvez vous reporter à la notice explicative ou vous renseigner auprès de la mairie du lieu de votre projet.

Cadre réservé à la mairie du lieu du projet

| PC ou PA | Dpt | Commune | Année | N° de dossier |

La présente demande a été reçue à la mairie

le .... *Cachet de la mairie et signature du receveur*

Dossier transmis : ❑ à l'Architecte des Bâtiments de France
❑ au Directeur du Parc National

---

* 1 - Identité du ou des demandeurs

Le demandeur indiqué dans le cadre ci-dessous sera le titulaire de la future autorisation et le redevable des taxes d'urbanisme
Si la demande est présentée par plusieurs personnes, indiquez leurs coordonnées sur la fiche complémentaire.
Les décisions prises par l'administration seront notifiées au demandeur indiqué ci-dessous. Une copie sera adressée aux autres demandeurs, qui seront co-titulaires de l'autorisation et solidairement responsables du paiement des taxes.

Vous êtes un particulier   Madame ❑   Monsieur ❑
Nom : _____ Prénom : _____

Vous êtes une personne morale
Dénomination : _____ Raison sociale : _____
N° SIRET : ⎵⎵⎵ ⎵⎵⎵ ⎵⎵⎵ ⎵⎵⎵⎵⎵ Catégorie juridique : ⎵⎵⎵⎵
Représentant de la personne morale : Madame ❑   Monsieur ❑
Nom : _____ Prénom : _____

---

2 - Coordonnées du demandeur

* Adresse : Numéro : _____ Voie : _____

Lieu-dit : _____ Localité : _____

Code postal : ⎵⎵⎵⎵⎵ BP : ⎵⎵⎵ Cedex : ⎵⎵

Si le demandeur habite à l'étranger : Pays : _____ Division territoriale : _____

Si vous souhaitez que les courriers de l'administration (autres que les décisions) soient adressés à une autre personne, veuillez préciser son nom et ses coordonnées :   Madame ❑   Monsieur ❑   Personne morale ❑
Nom : _____ Prénom : _____
OU raison sociale : _____
Adresse : Numéro : _____ Voie : _____
Lieu-dit : _____ Localité : _____
Code postal : ⎵⎵⎵⎵⎵ BP : ⎵⎵⎵ Cedex : ⎵⎵
Si le demandeur habite à l'étranger : Pays : _____ Division territoriale : _____
Téléphone : ⎵⎵⎵⎵⎵⎵⎵⎵⎵⎵   indiquez l'indicatif pour le pays étranger : ⎵⎵⎵⎵

❑ J'accepte de recevoir par courrier électronique les documents transmis en cours d'instruction par l'administration à l'adresse suivante : ....@..

J'ai pris bonne note que, dans un tel cas, la date de notification sera celle de la consultation du courrier électronique ou, au plus tard, celle de l'envoi de ce courrier électronique augmentée de huit jours.

3 - Le terrain

* 3.1 - Localisation du (ou des) terrain(s)
Les informations et plans (voir liste des pièces à joindre) que vous fournissez doivent permettre à l'administration de localiser précisément le (ou les) terrain(s) concerné(s) par votre projet
Le terrain est constitué de l'ensemble des parcelles cadastrales d'un seul tenant appartenant à un même propriétaire

Adresse du (ou des) terrain(s)

Numéro : _____ Voie : _____

Lieu-dit : _____ Localité : _____

Code postal : |__|__|__|__|__| BP : |__|__|__| Cedex : |__|__|

Références cadastrales : section et numéro[1] (si votre projet porte sur plusieurs parcelles cadastrales, veuillez indiquer les premières ci-dessous et les suivantes sur une feuille séparée) : _____

Superficie du (ou des) terrain(s) (en m²) : _____

3.2 - Situation juridique du terrain *(ces données, qui sont facultatives, peuvent toutefois vous permettre de faire valoir des droits à construire ou de bénéficier d'impositions plus favorables)*

Êtes-vous titulaire d'un certificat d'urbanisme pour ce terrain ?   Oui ❏   Non ❏   Je ne sais pas ❏

Le terrain est-il situé dans un lotissement ?   Oui ❏   Non ❏   Je ne sais pas ❏

Le terrain est-il situé dans une Zone d'Aménagement Concertée (Z.A.C.) ?   Oui ❏   Non ❏   Je ne sais pas ❏
Le terrain fait-il partie d'un remembrement urbain (Association Foncière Urbain) ?   Oui ❏   Non ❏   Je ne sais pas ❏

Si votre terrain est concerné par l'un des cas ci-dessus, veuillez préciser, si vous les connaissez, les dates de décision ou d'autorisation, les numéros et les dénominations : _____

3.3 - Terrain issu d'une division de propriété
Si votre terrain est issu de la division d'une propriété bâtie effectuée il y a moins de 10 ans, demandez à la mairie si le plan local d'urbanisme comporte une règle limitant vos droits à construire, instituée antérieurement à la date de la division. Si cette règle existe, le vendeur doit vous avoir remis une attestation indiquant la surface des constructions déjà établies sur l'autre partie du terrain.
Indiquez cette surface (en m²) : _____ et la superficie du terrain avant division (en m²) : _____
ou joignez à votre demande une copie de l'attestation

4 - À remplir pour une demande concernant un projet d'aménagement
Si votre projet ne comporte pas d'aménagements, reportez-vous directement au cadre 5 (projet de construction)

* 4.1 - Nature des travaux, installations ou aménagements envisagés (cochez la ou les cases correspondantes)

Quel que soit le secteur de la commune
- ❏ Lotissement
- ❏ Remembrement réalisé par une association foncière urbaine libre
- ❏ Terrain de camping
- ❏ Parc résidentiel de loisirs ou village de vacances
- ❏ Aménagement d'un terrain pour la pratique des sports ou de loisirs motorisés
- ❏ Aménagement d'un parc d'attraction ou d'une aire de jeux et de sports
- ❏ Aménagement d'un golf
- ❏ Aires de stationnement ouvertes au public, dépôts de véhicules et garages collectifs de caravanes ou de résidences mobiles de loisirs
    - ○ Contenance (nombre d'unités) : _____
- ❏ Travaux d'affouillements ou d'exhaussements du sol :
    - ○ Superficie (en m²) : _____
    - ○ Profondeur (pour les affouillements) : _____
    - ○ Hauteur (pour les exhaussements) : _____

Dans les secteurs protégés
Aménagement situé dans un espace remarquable ou milieu du littoral identifié dans un document d'urbanisme comme devant être protégé[1] :
- ❏ Chemin piétonnier ou objet mobilier destiné à l'accueil ou à l'information du public, lorsqu'ils sont nécessaires à la gestion ou à l'ouverture au public de ces espaces ou milieux
- ❏ Aménagement nécessaire à l'exercice des activités agricoles, de pêche et de culture marine ou lacustres, conchylicoles, pastorales et forestières

Aménagement situé dans un secteur sauvegardé[1] :
- ❏ Création d'une voie
- ❏ Travaux ayant pour effet de modifier les caractéristiques d'une voie existante
- ❏ Création d'un espace public

Aménagement situé dans un site classé ou une réserve naturelle[1] :
- ❏ Création d'un espace public

---
[1] En cas de besoin, vous pouvez vous renseigner auprès de la mairie

Courte description de votre projet ou de vos travaux :

*Superficie du (ou des) terrain(s) à aménager (en m²) : _____

Si les travaux sont réalisés par tranches, veuillez en préciser le nombre et leur contenu :

4.2 - À remplir pour une demande concernant un lotissement

*Nombre maximum de lots projetés : _____

*Surface hors œuvre nette (SHON) maximale envisagée (en m²) : _____

*Si votre projet de lotissement se situe dans une commune non dotée de plan local d'urbanisme (PLU) ou d'un document en tenant lieu (plan d'occupation des sols, plan de sauvegarde et de mise en valeur, plan d'aménagement de zone), indiquez la surface hors œuvre brute (SHOB) maximale envisagée (en m²) _____

*Comment la constructibilité globale sera-t-elle répartie ?
- ❏ Par application du coefficient d'occupation du sol (COS) à chaque lot
- ❏ Conformément aux plans ou tableaux joints à la présente demande
- ❏ La constructibilité sera déterminée à la vente de chaque lot. Dans ce cas, le lotisseur devra fournir un certificat aux constructeurs.

*Le projet fait-il l'objet d'une demande de travaux de finition différés ?   Oui ❏   Non ❏

si oui, quelle garantie sera utilisée ?

consignation en compte bloqué ❏   ou   garantie financière d'achèvement des travaux ❏

joindre la convention

*Le projet fait-il l'objet d'une demande de vente ou location de lots par anticipation ?   Oui ❏   Non ❏

4.3 - À remplir pour l'aménagement d'un camping ou d'un autre terrain aménagé en vue de l'hébergement touristique

*Nombre maximum d'emplacements réservés aux tentes, caravanes ou résidences mobiles de loisirs : _____

*Nombre maximal de personnes accueillies : _____

Implantation d'habitations légères de loisirs (HLL)

Nombre d'emplacements réservés aux HLL : _____

Surface hors œuvre nette (SHON) prévue, réservée aux HLL : _____

Lorsque le terrain est destiné à une exploitation saisonnière, veuillez préciser la (ou les) période(s) d'exploitation :

*Agrandissement ou réaménagement d'une structure existante ?   Oui ❏   Non ❏

Si oui, joindre un plan indiquant l'état actuel et les aménagements

5 - À remplir pour une demande comprenant un projet de construction

5.1 - Architecte

*Vous avez eu recours à un architecte : Oui ❑   Non ❑

Si oui, vous devez lui faire compléter les rubriques ci-dessous et lui faire apposer son cachet

Nom de l'architecte : _____   Prénom : _____

Numéro : _____   Voie : _____

Lieu-dit : _____   Localité : _____

Code postal : ⊔⊔⊔⊔⊔ BP : ⊔⊔⊔ Cedex : ⊔⊔

N° d'inscription sur le tableau de l'ordre : _____

Conseil Régional de : _____

Téléphone : ⊔⊔⊔⊔⊔⊔⊔⊔⊔⊔ ou Télécopie : ⊔⊔⊔⊔⊔⊔⊔⊔⊔⊔ ou

Adresse électronique : _____@_____

En application de l'article R. 431-2 du code de l'urbanisme, j'ai pris connaissance des règles générales de construction prévues par le chapitre premier du titre premier du livre premier du code de la construction et de l'habitation et notamment, lorsque la construction y est soumise, les règles d'accessibilité fixées en application de l'article L. 111-7 de ce code.

Signature de l'architecte :	Cachet de l'architecte :

Si vous n'avez pas eu recours à un architecte (ou un agréé en architecture), veuillez cocher la case ci-dessous[2] :
❑ Je déclare sur l'honneur que mon projet entre dans l'une des situations pour lesquelles le recours à l'architecte n'est pas obligatoire.

5.2 - Nature du projet envisagé

❑ Nouvelle construction
❑ Travaux sur construction existante

❑ Le terrain doit être divisé en propriété ou en jouissance avant l'achèvement de la (ou des) construction(s)

*Courte description de votre projet ou de vos travaux :

*5.3 - Surface hors œuvre brute (SHOB)

Si votre projet de construction se situe dans une commune non dotée de plan local d'urbanisme (PLU) ou d'un document en tenant lieu (plan d'occupation des sols, plan de sauvegarde et de mise en valeur, plan d'aménagement de zone), indiquez la surface hors œuvre brute (SHOB) totale du projet

SHOB des travaux de construction (en m²) : _____

---

[2] Vous pouvez vous dispenser du recours à un architecte (ou un agréé en architecture) si vous êtes un particulier ou une exploitation agricole à responsabilité limitée à associé unique et que vous déclarez vouloir édifier ou modifier pour vous-même :
- Une construction à usage autre qu'agricole dont la surface de plancher hors œuvre nette n'excède pas 170 m² ;
- Une extension de construction à usage autre qu'agricole dont la surface de plancher hors œuvre nette, cumulée à la surface existante, n'exède pas 170 m² ;
- Une construction à usage agricole dont la surface de plancher hors œuvre brute n'excède pas 800 m² ;
- Des serres de production dont le pied-droit a une hauteur inférieure à 4 m et dont la surface de plancher hors œuvre brute n'excède pas 2000 m².

5.4 - Informations complémentaires

- Nombre total de logements créés : |__|__|__| dont individuels : |__|__|__| dont collectifs : |__|__|__|
- Répartition du nombre total de logement créés par type de financement :

Logement Locatif Social |__|__|__| Accession Sociale (hors prêt à taux zéro) |__|__|__| Prêt à taux zéro |__|__|__|

☐ Autres financements : _____

♦ Mode d'utilisation principale des logements :

Occupation personnelle (particulier) ou en compte propre (personne morale) ☐   Vente ☐   Location ☐

S'il s'agit d'une occupation personnelle, veuillez préciser :   Résidence principale ☐   Résidence secondaire ☐

Si le projet porte sur une annexe à l'habitation, veuillez préciser :   Piscine ☐   Garage ☐   Véranda ☐   Abri de jardin ☐

☐ Autres annexes à l'habitation : _____

- Si le projet est un foyer ou une résidence, à quel titre :

Résidence pour personnes âgées ☐   Résidence pour étudiants ☐   Résidence de tourisme ☐

Résidence hôtelière à vocation sociale ☐   Résidence sociale ☐   Résidence pour personnes handicapées ☐

☐ Autres, précisez : _____

♦ Nombre de chambres créées en foyer ou dans un hébergement d'un autre type : _____

♦ Répartition du nombre de logements créés selon le nombre de pièces :

1 pièce |__|__|__| 2 pièces |__|__|__| 3 pièces |__|__|__| 4 pièces |__|__|__| 5 pièces |__|__|__| 6 pièces et plus |__|__|__|

♦ Nombre de niveaux du bâtiment le plus élevé : |__|__|__|

- Indiquez si vos travaux comprennent notamment :

Extension ☐   Surélévation ☐   Création de niveaux supplémentaires ☐

5.5 - Construction périodiquement démontée et ré-installée

Période(s) de l'année durant laquelle (lesquelles) la construction doit être démontée : _____

*5.6 - Destination des constructions et tableau des surfaces
surfaces hors œuvre nettes [3] (SHON) en m²

Destinations	SHON existantes avant travaux (A)	SHON construites (B)	SHON créées par transformation de SHOB en SHON [4] (C)	SHON créées par changement de destination [5] (D)	SHON ou transformée en SHOB [6] (E)	SHON supprimées par changement de destination [5] (F)	SHON totales ≈ A+B+C+D-E-F
5.6.1 - Habitation							
5.6.2 - Hébergement hôtelier							
5.6.3 - Bureaux							
5.6.4 - Commerce							
5.6.5 - Artisanat [7]							
5.6.6 - Industrie							
5.6.7 - Exploitation agricole ou forestière							
5.6.8 - Entrepôt							
5.6.9 - Service public ou d'intérêt collectif							
5.6.10 - SHON Totales (m²)							

♦ 5.7 - Information sur la destination des constructions futures en cas de réalisation au bénéfice d'un service public ou d'intérêt collectif :   Transport ☐   Enseignement et recherche ☐   Action sociale ☐

Ouvrage spécial ☐   Santé ☐   Culture et loisir ☐

---

[3] Vous pouvez vous aider de la fiche d'aide pour le calcul des surfaces.
La Surface Hors Œuvre Brute (SHOB) d'une construction est égale à la somme des surfaces de plancher de chaque niveau de la construction, calculée à partir du nu extérieur des murs de façade, y compris les combles et les sous-sols non aménageables, les balcons, les loggias, les toitures-terrasses accessibles. La Surface Hors Œuvre Nette (SHON) est obtenue après déduction de la surface des combles et sous-sols non aménageables, des surfaces non closes, des surfaces de stationnement, des surfaces des bâtiments agricoles, des serres de production (Article R.112-2 du Code de l'urbanisme).
[4] Par exemple la transformation d'un garage (qui constitue uniquement de la SHOB) en pièce habitable (qui constitue de la SHON).
[5] Le changement de destination consiste à transformer une surface existante de l'une des neuf destinations mentionnées dans le tableau vers une autre de ces destinations. Par exemple : la transformation de surfaces de bureaux (5.6.3) en hôtel (5.6.2) ou la transformation d'une habitation (5.6.1) en commerce (5.6.4).
[6] Par exemple la transformation d'une pièce habitable (qui constitue de la SHON) en garage (qui constitue uniquement de la SHOB).
[7] L'activité d'artisan est définie par la loi n° 96 603 du 5 juillet 1996 dans ses articles 19 et suivants, « activités professionnelles indépendantes de production, de transformation, de réparation, ou prestation de service relevant de l'artisanat et figurant sur une liste annexée au décret N° 98-247 du 2 avril 1998 ».

*5.8 - Stationnement

Places de stationnement	Avant réalisation du projet	Après réalisation du projet
Nombre de places de stationnement		
Surface hors œuvre brute des aires bâties de stationnement en m²		
Surface de l'emprise au sol des aires non bâties de stationnement en m²		

Places de stationnement affectées au projet, aménagées ou réservées en dehors du terrain sur lequel est situé le projet
Adresse(s) des aires de stationnement : _____

Nombre de places : _____
Surface totale affectée au stationnement : _____ m², dont surface bâtie (SHOB) : _____ m²

6 - À remplir lorsque le projet nécessite des démolitions

Tous les travaux de démolition ne sont pas soumis à permis. Il vous appartient de vous renseigner auprès de la mairie afin de savoir si votre projet de démolition nécessite une autorisation. Vous pouvez également demander un permis de démolir distinct de la présente demande.

Date(s) approximative(s) à laquelle le ou les bâtiments dont la démolition est envisagée ont été construits : _____

☐ Démolition totale
☐ Démolition partielle
En cas de démolition partielle, veuillez décrire les travaux qui seront, le cas échéant, effectués sur les constructions restantes :

◆ Nombre de logement démolis : |_|_|_|

• 7 - Fiscalité de l'urbanisme

7.1 - Tableau des affectations *(Informations complémentaires pouvant vous permettre de bénéficier d'impositions plus favorables)*[8]

	Surfaces hors œuvre nettes (SHON en m²)		
	Surface changeant de destination (création de SHON) (A)	Surface nouvelle hors œuvre nette construite (B)	Totale après travaux = A+B
7.1.1 - Habitation : - Locaux des exploitations agricoles à usage d'habitation des exploitants et du personnel			
- Locaux à usage de résidence principale			
- Locaux à usage de résidence secondaire			
7.1.2 - Locaux à usage des particuliers non utilisables pour l'habitation, ni pour aucune activité économique[9]			
7.1.3 - Locaux des exploitations ou des coopératives agricoles constitutifs de SHON intéressant la production agricole ou une activité annexe à cette production[10]			
7.1.4 - Hôtellerie : - Chambres et dégagements menant aux chambres			
- Autres locaux hôteliers non-affectés à l'hébergement (restaurants, etc...)			
- Habitations légères de loisir			
- Locaux des villages de vacances et des campings			
7.1.5 - Constructions affectées à un service public ou d'utilité publique			

---

[8] En cas d'imprécision, vos locaux seront classés dans la catégorie « autres locaux » soit la 9ᵉ catégorie de l'article 1585 D I du code général des impôts
[9] Il s'agit de locaux n'entrant pas dans la catégorie « usage principal d'habitation » (cellier en rez-de-chaussée, appentis, remise, bûcher, atelier familial, abri de jardin, abri et local technique de piscine,...) et de locaux non agricoles, non annexés à l'habitation mais de même nature (accueils d'animaux hors élevage, box à chevaux, remise...)
[10] Exemple tel que local de vente des produits de l'exploitation situé dans les bâtiments de l'exploitation.

7.2 - Foires et salons
Si votre projet consiste dans la réalisation de sites de foire ou de salons professionnels ou de palais des congrès, veuillez indiquer la surface hors œuvre nette (SHON) :
- des locaux d'exposition : _____ m² - des locaux servant à la tenue de réunions : _____ m²
- des autres locaux (restaurants, bureaux,...) : _____ m²

7.3 - Plafond légal de densité (PLD)
Demandez à la mairie si un plafond légal de densité des constructions est institué dans la commune et si les constructions prévues sur votre terrain dépassent ce plafond. Si oui, indiquez ici la valeur du m² de terrain nu et libre : _____ €

Pour bénéficier le cas échéant de droits acquis, précisez si des constructions existant sur votre terrain avant le 1er avril 1976 ont été démolies : Oui ❏   Non ❏   si oui, indiquez ici la Surface Hors Oeuvre Nette (SHON) démolie (en m²) : _____

7.4 - Participation pour voirie et réseaux
Si votre projet se situe sur un terrain soumis à la participation pour voirie et réseaux (PVR), indiquez les coordonnées du propriétaire ou celles du bénéficiaire de la promesse de vente, s'il est différent du demandeur

Madame ❏   Monsieur ❏   Personne morale ❏

Nom : _____ Prénom : _____

OU raison sociale : _____

Adresse : Numéro : _____ Voie : _____

Lieu-dit : _____ Localité : _____

Code postal : ⎵⎵⎵⎵⎵ BP : ⎵⎵⎵⎵ Cedex : ⎵⎵

Si le demandeur habite à l'étranger : Pays : _____ Division territoriale : _____

*8 - Engagement du (ou des) demandeurs

J'atteste avoir qualité pour demander la présente autorisation.[11]
Je soussigné(e), auteur de la demande, certifie exacts les renseignements fournis.
J'ai pris connaissance des règles générales de construction prévues par le chapitre premier du titre premier du livre premier du code de la construction et de l'habitation et notamment, lorsque la construction y est soumise, les règles d'accessibilité fixées en application de l'article L. 111-7 de ce code.
Je suis informé(e) que les renseignements figurant dans cette demande serviront au calcul des impositions prévues par le code de l'urbanisme.

À _____

Le : _____   Signature du (des) demandeur(s)

Votre demande doit être établie en quatre exemplaires et doit être déposée à la mairie du lieu du projet.
Vous devrez produire :
- un exemplaire supplémentaire, si votre projet se situe en périmètre protégé au titre des monuments historiques ;
- un exemplaire supplémentaire, si votre projet se situe dans un site classé, un site inscrit ou une réserve naturelle ;
- deux exemplaires supplémentaires, si votre projet se situe dans un cœur de parc national.

Si vous êtes un particulier : la loi n° 78-17 du 6 janvier 1978 relative à l'informatique, aux fichiers et aux libertés s'applique aux réponses contenues dans ce formulaire pour les personnes physiques. Elle garantit un droit d'accès aux données nominatives les concernant et la possibilité de rectification. Ces droits peuvent être exercés à la mairie. Les données recueillies seront transmises aux services compétents pour l'instruction de votre demande.
Si vous souhaitez vous opposer à ce que les informations nominatives comprises dans ce formulaire soient utilisées à des fins commerciales, cochez la case ci-contre : ❏

---

11 Vous pouvez déposer une demande si vous êtes dans un des quatre cas suivants :
- vous êtes propriétaire du terrain ou mandataire du ou des propriétaires ;
- vous avez l'autorisation du ou des propriétaires ;
- vous êtes co-indivisaire du terrain en indivision ou son mandataire ;
- vous avez qualité pour bénéficier de l'expropriation du terrain pour cause d'utilité publique.

4.2 Les pièces à joindre à la demande

MINISTÈRE DE L'ÉCOLOGIE,
DU DÉVELOPPEMENT
ET DE L'AMÉNAGEMENT
DURABLES

Bordereau de dépôt des pièces jointes à une demande de permis d'aménager

Cocher les cases correspondant aux pièces jointes à votre demande et reporter le numéro correspondant sur la pièce jointe

Pour toute précision sur le contenu exact des pièces à joindre à votre demande de permis de construire, vous pouvez vous référer à la liste détaillée qui vous a été fournie avec le formulaire de demande et demander conseil à la mairie ou à la direction départementale de l'équipement.

Cette liste est exhaustive et aucune autre pièce ne peut vous être demandée.

Vous devez fournir, selon les cas (se renseigner à la mairie) 4 ou 5 dossiers [Art. R423-2 b) du code de l'urbanisme] Vous devez fournir en outre 5 exemplaires supplémentaires des pièces 1 ; 4 ; 17 ; 18 ; 19, destinés à la consultation des services techniques compétents.

1) Pièces obligatoires pour tous les dossiers :

	Pièce	Nombre d'exemplaires à fournir
☐	PA1. Un plan de la situation du terrain [Art. R. 441-2 a) du code de l'urbanisme]	1 exemplaire par dossier + 5 exemplaires supplémentaires
☐	PA2. Une notice décrivant le terrain et le projet d'aménagement prévu [Art. R. 441-3 du code de l'urbanisme]	1 exemplaire par dossier
☐	PA3. Un plan de l'état actuel du terrain à aménager et de ses abords [Art. R. 441-4 1 du code de l'urbanisme]	1 exemplaire par dossier
☐	PA4. Un plan de composition d'ensemble du projet coté dans les trois dimensions [Art. R. 441-4 2° du code de l'urbanisme]	1 exemplaire par dossier + 5 exemplaires supplémentaires

2) Pièces à joindre selon la nature ou la situation du projet :

	Pièce	Nombre d'exemplaires à fournir
Si votre projet porte sur un lotissement :		
☐	PA5. Deux vues et coupes faisant apparaître la situation du projet dans le profil du terrain naturel [Art. R. 442-5 a) du code de l'urbanisme]	1 exemplaire par dossier
☐	PA6. Une photographie permettant de situer le terrain dans l'environnement proche [Art. R. 442-5 b) du code de l'urbanisme]	1 exemplaire par dossier
☐	PA7. Une photographie permettant de situer le terrain dans le paysage lointain [Art. R. 442-5 b) du code de l'urbanisme]	1 exemplaire par dossier
☐	PA8. Le programme et les plans des travaux d'équipement [Art. R. 442-5 c) du code de l'urbanisme]	1 exemplaire par dossier
☐	PA9. Un document graphique faisant apparaître une ou plusieurs hypothèses d'implantation des bâtiments [Art. R. 442-5 d) du code de l'urbanisme]	1 exemplaire par dossier
☐	PA10. Un projet de règlement s'il est envisagé d'apporter des compléments aux règles d'urbanisme en vigueur [Art. R. 442-6 a) du code de l'urbanisme]	1 exemplaire par dossier
☐	PA11. Si nécessaire, l'attestation de la garantie d'achèvement des travaux exigée par l'article R 442-14 du code de l'urbanisme [Art. R. 442-6 b) du code de l'urbanisme]	1 exemplaire par dossier
☐	PA12. L'engagement du lotisseur de constituer une association syndicale des acquéreurs de lots [Art. R. 442-7 du code de l'urbanisme]	1 exemplaire par dossier
Si votre projet porte sur l'aménagement d'un terrain de camping ou d'un terrain aménagé pour l'hébergement touristique :		
☐	PA13. Un engagement d'exploiter le terrain selon le mode de gestion que vous avez indiqué dans votre demande [Art. R. 443-4 du code de l'urbanisme]	1 exemplaire par dossier
Si votre projet est soumis à l'obligation de réaliser une étude d'impact ou une notice d'impact :		
☐	PA14. Une étude d'impact [Art. R. 441-5 ou Art. R. 443-5 a) du code de l'urbanisme] OU	1 exemplaire par dossier
☐	PA15. Une notice d'impact [Art. R. 441-5 ou Art. R. 443-5 b) du code de l'urbanisme]	

Si votre projet nécessite une autorisation de défrichement :

	Pièce	Nombre d'exemplaires
☐	PA16. Copie de la lettre du préfet déclarant complet le dossier de demande d'autorisation de défrichement [Art. R. 441-7 du code de l'urbanisme]	1 exemplaire par dossier

3) Pièces à joindre si votre projet comporte des constructions :

	Pièce	Nombre d'exemplaires à fournir
☐	PA17. Un plan de masse des constructions à édifier ou à modifier [Art. R. 431-9 du code de l'urbanisme]	1 exemplaire par dossier + 5 exemplaires supplémentaires
☐	PA18. Un plan des façades et des toitures [Art. R. 431-10 a) du code de l'urbanisme]	1 exemplaire par dossier + 5 exemplaires supplémentaires
☐	PA19. Un plan en coupe du terrain et de la construction [Art. R. 431-10 b) du code de l'urbanisme]	1 exemplaire par dossier + 5 exemplaires supplémentaires

Si votre projet porte sur des travaux nécessaires à la réalisation d'une opération de restauration immobilière ou sur des travaux exécutés à l'intérieur d'un bâtiment situé dans un secteur sauvegardé ou à l'intérieur d'un immeuble inscrit au titre des monuments historiques :

☐	PA20. Un document graphique faisant apparaître l'état initial et l'état futur de chacune des parties du bâtiment faisant l'objet des travaux. [Art. R. 431-11 du code de l'urbanisme]	1 exemplaire par dossier

Si votre projet se situe sur le domaine public ou en surplomb du domaine public :

☐	PA21. L'accord du gestionnaire du domaine pour engager la procédure d'autorisation d'occupation temporaire du domaine public [Art. R. 431-13 du code de l'urbanisme]	1 exemplaire par dossier

Si votre projet est soumis à l'obligation de réaliser une étude d'impact :

☐	PA22. L'étude d'impact [Art. R. 431-16 a) du code de l'urbanisme]	1 exemplaire par dossier

Si votre projet est tenu de respecter les règles parasismiques et paracycloniques :

☐	PA23. L'attestation d'un contrôleur technique [Art. R. 431-16 b) du code de l'urbanisme]	1 exemplaire par dossier

Si votre projet se situe dans une zone où un plan de prévention des risques impose la réalisation d'une étude :

☐	PA24. L'attestation de l'architecte ou de l'expert agréé certifiant que l'étude a été réalisée et que le projet la prend en compte [Art. R. 431-16 c) du code de l'urbanisme]	1 exemplaire par dossier

Si votre projet nécessite un agrément :

☐	PA25. La copie de l'agrément [Art. R. 431-16 d) du code de l'urbanisme]	1 exemplaire par dossier

Si votre projet se situe en commune littorale dans un espace remarquable ou dans un milieu à préserver :

☐	PA26. Une notice précisant l'activité économique qui doit être exercée dans le bâtiment [Art. R. 431-16 e) du code de l'urbanisme]	1 exemplaire par dossier

Si votre projet nécessite une étude de sécurité publique :

☐	PA27. L'étude de sécurité [Art. R. 431-16 f) du code de l'urbanisme]	1 exemplaire par dossier

Si votre projet porte sur des constructions situées dans un emplacement réservé à la réalisation d'un programme de logements par le plan local d'urbanisme ou le document en tenant lieu [Art. L. 123-2 b) du code de l'urbanisme] ou dans un secteur délimité par le plan local d'urbanisme ou le document d'urbanisme en tenant lieu dans lesquels, en cas de réalisation d'un programme de logement, une partie de ce programme doit être affectée à des catégories de logements locatifs sociaux [Art. L. 123-2 d) du code de l'urbanisme] :

☐	PA28. Un tableau indiquant la surface de plancher hors oeuvre nette des logements créés correspondant aux catégories de logements dont la construction sur le terrain est imposée par le plan local d'urbanisme ou le document d'urbanisme en tenant lieu [Art. R. 431-16-1 du code de l'urbanisme]	1 exemplaire par dossier

Si vous demandez un dépassement de COS (coefficient d'occupation des sols) justifié par la construction de logements sociaux :

☐	PA29. La délimitation de cette partie des constructions [Art. R. 431-17 a) du code de l'urbanisme]	1 exemplaire par dossier
☐	PA30. La mention de la surface de plancher hors œuvre nette correspondante [Art. R. 431-17 b) du code de l'urbanisme]	1 exemplaire par dossier
☐	PA31. L'estimation sommaire du coût foncier qui lui sera imputé [Art. R. 431-17 c) du code de l'urbansisme]	1 exemplaire par dossier
☐	PA32. Dans les communes de la métropole, l'engagement du demandeur de conclure la convention prévue au 3° de l'article L.351-2 du code de la construction et de l'habitation. [Art. R. 431-17 d) du code de l'urbanisme]	1 exemplaire par dossier

Si vous demandez un dépassement de COS (Coefficient d'occupation des sols) en justifiant que vous remplissez certains critères de performance énergétique :	
☐ PA33. Un document attestant que le projet respecte les critères de performance énergétique [Art. R. 431-18 du code de l'urbanisme]	1 exemplaire par dossier
☐ PA34. Un engagement de équipements de production d'énergie renouvelable ou de pompe à chaleur [Art. R. 431-18 du code de l'urbanisme]	1 exemplaire par dossier

Si votre projet nécessite un défrichement :	
☐ PA35. La copie de la lettre du préfet qui vous fait savoir que votre demande d'autorisation de défricher est complète [Art. R. 431-19 du code de l'urbanisme]	1 exemplaire par dossier

Si votre projet porte sur une installation classée pour la protection de l'environnement :	
☐ PA36. Une justification du dépôt de la demande d'autorisation ou de déclaration au titre de la législation relative aux installations classées pour la protection de l'environnement [Art. R. 431-20 du code de l'urbanisme]	1 exemplaire par dossier

Si votre projet nécessite un permis de démolir :	
☐ PA37. Une justification du dépôt de la demande de permis de démolir [Art. R. 431-21 du code de l'urbanisme]	1 exemplaire par dossier
OU, si la demande de PC vaut demande de permis de démolir : ☐ PA38. Les pièces à joindre à une demande de permis de démolir, selon l'Annexe ci-jointe	

Si votre projet se situe dans un lotissement :	
☐ PA39. Le certificat indiquant la surface constructible attribuée à votre lot [Art. R. 431-22 a) du code de l'urbanisme]	1 exemplaire par dossier
☐ PA40. Le certificat attestant l'achèvement des équipements desservant le lot [Art. R. 431-22 b) du code de l'urbanisme]	1 exemplaire par dossier

Si votre projet se situe dans une zone d'aménagement concertée (ZAC) :	
☐ PA41. Une copie des dispositions du cahier des charges de cession de terrain qui indiquent le nombre de m² constructibles sur la parcelle et, si elles existent, des dispositions du cahier des charges, qui fixent les prescriptions techniques, urbanistiques et architecturales imposées pour la durée de réalisation de la zone [Art. R. 431-23 a) du code de l'urbanisme]	1 exemplaire par dossier
☐ PA42. La convention entre la commune ou l'établissement public et vous qui fixe votre participation au coût des équipements de la zone [Art. R. 431-23 b) du code de l'urbanisme]	1 exemplaire par dossier

Si le terrain d'assiette doit faire l'objet d'une division avant l'achèvement de l'ensemble du projet :	
☐ PA43. Le plan de division du terrain [Art. R. 431-24 du code de l'urbanisme] ET ☐ PA44. Le projet de constitution d'une association syndicale des futurs propriétaires [Art. R. 431-24 du code de l'urbanisme]	1 exemplaire par dossier

Si le terrain ne peut comporter les emplacements de stationnement imposés par le document d'urbanisme :	
☐ PA45. Le plan de situation du terrain sur lequel seront réalisées les aires de stationnement et le plan des constructions et aménagements correspondants [Art. R. 431-26 a) du code de l'urbanisme] OU ☐ PA46. La promesse synallagmatique de concession ou acquisition [Art. R. 431-26 b) du code de l'urbanisme]	1 exemplaire par dossier

Si votre projet est soumis à une autorisation d'exploitation commerciale :	
☐ PA47. La copie de la lettre du préfet attestant que votre dossier de demande est complet [Art. R. 431-27 du code de l'urbanisme]	1 exemplaire par dossier

Si votre projet est soumis à une autorisation de création de salle de spectacle cinématographique :	
☐ PA48. La copie de la lettre du préfet attestant que le dossier de demande est complet [Art. R. 431-28 du code de l'urbanisme]	1 exemplaire par dossier

Si votre projet porte sur un immeuble de grande hauteur (IGH) :	
☐ PA49. Le récépissé de dépôt en préfecture de la demande d'autorisation prévue à l'article L. 122-1 du code de la construction et de l'habitation [Art. R. 431-29 du code de l'urbanisme]	3 exemplaires.

Si votre projet porte sur un établissement recevant du public (ERP) :	
☐ PA50. **Le dossier spécifique** permettant de vérifier la conformité du projet avec les règles d'accessibilité aux personnes handicapées prévu aux articles R. 111-19-18 et R. 111-19-19 du code de la construction et de l'habitation [Art. R. 431-30 du code de l'urbanisme]	3 exemplaires du dossier spécifique

Si votre projet nécessite une dérogation aux règles relatives à l'accessibilité aux personnes handicapées :	
☐ PA51. Le dossier permettant de vérifier la conformité du projet avec les règles de sécurité prévu par l'article R. 111-19-17 b) du code de la construction et de l'habitation	3 exemplaires du dossier spécifique

Si votre projet est subordonné à une servitude dite « de cours communes » :

☐	PA52. Une copie du contrat ou de la décision judiciaire relatifs à l'institution de ces servitudes [Art. R. 431-32 du code de l'urbanisme]	1 exemplaire par dossier

Si votre projet est subordonné à un transfert des possibilités de construction :

☐	PA53. Une copie du contrat ayant procédé au transfert de possibilité de construction résultant du coefficient d'occupation des sols [Art. R. 431-33 du code de l'urbanisme]	1 exemplaire par dossier

Si votre projet se situe dans une commune ayant instauré un plafond légal de densité et si votre projet dépasse ce plafond,
Si vous pensez bénéficier d'une exonération prévue à l'article L. 112-2 :

☐	PA54. Un extrait de la matrice cadastrale [Art. R.333-3 du code de l'urbanisme]	1 exemplaire par dossier
☐	PA55. Un extrait du plan cadastral [Art. R.333-3 du code de l'urbanisme]	
☐	PA56. Les justificatifs qui indiquent que votre projet peut bénéficier d'une exonération prévue à l'article L. 112-2 [Art. R.333-3 du code de l'urbanisme]	1 exemplaire par dossier

Si votre projet est soumis à la redevance bureaux :

☐	PA57. Le formulaire de déclaration de la redevance bureaux [Art. A. 520-1 du code de l'urbanisme]	1 exemplaire par dossier

1/1

MINISTÈRE DE L'ÉCOLOGIE,
DU DÉVELOPPEMENT
ET DE L'AMÉNAGEMENT
DURABLES

ANNEXE
Bordereau de dépôt des pièces jointes
lorsque le projet comporte des démolitions

Cocher les cases correspondant aux pièces jointes à votre demande et reporter le numéro correspondant sur la pièce jointe

1) Pièces obligatoires pour tous les dossiers :

	Pièce	Nombre d'exemplaires à fournir
☐	A1. Un plan de masse des constructions à démolir ou s'il y a lieu à conserver [Art. R. 451-2 b) du code de l'urbanisme]	1 exemplaire par dossier
☐	A2. Une photographie du ou des bâtiments à démolir [Art. R. 451-2 c) du code de l'urbanisme]	1 exemplaire par dossier

2) Pièces à joindre selon la nature ou la situation du projet :

	Pièce	Nombre d'exemplaires à fournir
	Si votre projet porte sur la démolition totale d'un bâtiment inscrit au titre des monuments historiques :	
☐	A3. Une notice expliquant les raisons pour lesquelles la conservation du bâtiment ne peut plus être assurée [Art. R. 451-3 a) du code de l'urbanisme]	1 exemplaire par dossier
☐	A4. Des photographies des façades et toitures du bâtiment et de ses dispositions intérieures [Art. R. 451-3 b) du code de l'urbanisme]	1 exemplaire par dossier
	Si votre projet porte sur la démolition partielle d'un bâtiment inscrit au titre des monuments historiques :	
☐	A5. Une notice expliquant les raisons pour lesquelles la conservation du bâtiment ne peut plus être assurée [Art. R. 451-3 a) du code de l'urbanisme]	1 exemplaire par dossier
☐	A6. Des photographies des façades et toitures du bâtiment et de ses dispositions intérieures [Art. R. 451-3 b) du code de l'urbanisme]	1 exemplaire par dossier
☐	A7. Le descriptif des moyens mis en œuvre pour éviter toute atteinte aux parties conservées du bâtiment [Art. R. 451-2 c) du code de l'urbanisme]	1 exemplaire par dossier
	Si votre projet porte sur la démolition d'un bâtiment adossé à un immeuble classé au titre des monuments historiques :	
☐	A8. Des photographies faisant apparaître l'ensemble des parties extérieures et intérieures du bâtiment adossées à l'immeuble classé [Art. R. 451-4 a) du code de l'urbanisme]	1 exemplaire par dossier
☐	A9. Le descriptif des moyens mis en œuvre pour éviter toute atteinte à l'immeuble classé [Art. R. 451-4 b) du code de l'urbanisme]	1 exemplaire par dossier

4.3 Le récépissé de dépôt

MINISTÈRE DE L'ÉCOLOGIE,
DU DÉVELOPPEMENT
ET DE L'AMÉNAGEMENT
DURABLES

Récépissé de depôt d'une demande de permis de construire ou de permis d'aménager

Madame, Monsieur,

Vous avez déposé une demande de permis de construire ou d'aménager. **Le délai d'instruction de votre dossier est de TROIS MOIS** et, si vous ne recevez pas de courrier de l'administration dans ce délai, vous bénéficierez d'un permis tacite.

- **Toutefois, dans le mois qui suit le dépôt de votre dossier, l'administration peut vous écrire :**
  - soit pour vous avertir qu'un autre délai est applicable, lorsque le code de l'urbanisme l'a prévu pour permettre les consultations nécessaires (si votre projet nécessite la consultation d'autres services...) ;
  - soit pour vous indiquer qu'il manque une ou plusieurs pièces à votre dossier ;
  - soit pour vous informer que votre projet correspond à un des cas où un permis tacite n'est pas possible.
- **Si vous recevez une telle lettre avant la fin du premier mois, celle-ci remplacera le présent récépissé.**
- **Si vous n'avez rien reçu à la fin du premier mois suivant le dépôt, le délai de trois mois ne pourra plus être modifié. Si aucun courrier de l'administration ne vous est parvenu à l'issue de ce délai de trois mois, vous pourrez commencer les travaux[1] après avoir :**
  - adressé au maire, en trois exemplaires, une déclaration d'ouverture de chantier (vous trouverez un modèle de déclaration CERFA n° 13407 à la mairie ou sur le site internet urbanisme du gouvernement) ;
  - affiché sur le terrain ce récépissé sur lequel la mairie a mis son cachet pour attester la date de dépôt ;
  - installé sur le terrain, pendant toute la durée du chantier, un panneau visible de la voie publique décrivant le projet. Vous trouverez le modèle de panneau à la mairie, sur le site internet urbanisme du gouvernement, ainsi que dans la plupart des magasins de matériaux.
- **Attention : le permis n'est définitif qu'en l'absence de recours ou de retrait :**
  - dans le délai de deux mois à compter de son affichage sur le terrain, sa légalité peut être contestée par un tiers. Dans ce cas, l'auteur du recours est tenu de vous en informer au plus tard quinze jours après le dépôt du recours.
  - dans le délai de trois mois après la date du permis, l'autorité compétente peut le retirer, si elle l'estime illégal. Elle est tenue de vous en informer préalablement et de vous permettre de répondre à ses observations.

1) Certains travaux ne peuvent pas être commencés dès la délivrance du permis et doivent être différés : c'est le cas des travaux situés dans un site classé, des transformations de logements en un autre usage dans les communes de plus de 200 000 habitants et dans les départements de Paris, Hauts-de-Seine, de la Seine-Saint-Denis et du Val-de-Marne, ou des installations classées pour la protection de l'environnement. Vous pouvez vérifier auprès de la mairie que votre projet n'entre pas dans ces cas.

(à remplir par la mairie)

Le projet ayant fait l'objet d'une demande de permis n°_____

déposée à la mairie le : |__|__| |__|__| |__|__|__|__| ,

fera l'objet d'un permis tacite[2] à défaut de réponse de l'administration trois mois après cette date. Les travaux pourront alors être exécutés après affichage sur le terrain du présent récépissé et d'un panneau décrivant le projet conforme au modèle réglementaire.

2) Le maire ou le préfet en délivre certificat sur simple demande.

Cachet de la mairie :

Délais et voies de recours : Le permis peut faire l'objet d'un recours gracieux ou d'un recours contentieux dans un délai de deux mois à compter du premier jour d'une période continue de deux mois d'affichage sur le terrain d'un panneau décrivant le projet et visible de la voie publique (article R. 600-2 du code de l'urbanisme).

L'auteur du recours est tenu, à peine d'irrecevabilité, de notifier copie de celui-ci à l'auteur de la décision et au titulaire de l'autorisation (article R. 600-1 du code de l'urbanisme).

Le permis est délivré sous réserve du droit des tiers : Il vérifie la conformité du projet aux règles et servitudes d'urbanisme. Il ne vérifie pas si le projet respecte les autres réglementations et les règles de droit privé. Toute personne s'estimant lésée par la méconnaissance du droit de propriété ou d'autres dispositions de droit privé peut donc faire valoir ses droits en saisissant les tribunaux civils, même si le permis de construire respecte les règles d'urbanisme.

5 Le permis de démolir

5.1 Le formulaire

Demande de Permis de démolir

N° 13405*01

1/2

* Informations nécessaires à l'instruction du permis
♦ Informations nécessaires en application de l'article R. 431-34 du code de l'urbanisme

Vous pouvez utiliser ce formulaire si :

Vous démolissez totalement ou partiellement un bâtiment protégé ou situé dans un secteur où a été institué le permis de démolir.

Pour savoir précisément si votre projet de démolition est soumis à permis vous pouvez vous renseigner auprès de la mairie de la commune où est située la construction.

Cadre réservé à la mairie du lieu du projet

P D ☐☐☐☐☐☐☐☐☐☐☐☐☐☐☐
           Dpt   Commune   Année   N° de dossier

La présente demande a été reçue à la mairie

le _____ : *Cachet de la mairie et signature du receveur*

Dossier transmis : ☐ à l'Architecte des Bâtiments de France
                   ☐ au Directeur du Parc National

*1 - Identité du ou des demandeurs

Le demandeur indiqué dans le cadre ci-dessous sera le titulaire de la future autorisation
Si la demande est présentée par plusieurs personnes, indiquez leurs coordonnées sur la fiche complémentaire.
Les décisions prises par l'administration seront notifiées au demandeur indiqué ci-dessous. Une copie sera adressée aux autres demandeurs, qui seront co-titulaires de l'autorisation.

Vous êtes un particulier   Madame ☐   Monsieur ☐
Nom : _____   Prénom : _____

Vous êtes une personne morale
Dénomination : _____   Raison sociale : _____
N° SIRET : ☐☐☐☐☐☐☐☐☐ Catégorie juridique : ☐☐☐☐
Représentant de la personne morale : Madame ☐   Monsieur ☐
Nom : _____   Prénom : _____

2 - Coordonnées du demandeur

*Adresse : Numéro : _____ Voie : _____
Lieu-dit : _____ Localité : _____
Code postal : ☐☐☐☐☐ BP : ☐☐☐☐ Cedex : ☐☐
Si le demandeur habite à l'étranger : Pays : _____ Division territoriale : _____

Si vous souhaitez que les courriers de l'administration (autres que les décisions) soient adressés à une autre personne, veuillez préciser son nom et ses coordonnées :   Madame ☐   Monsieur ☐   Personne morale ☐
Nom : _____   Prénom : _____
OU raison sociale : _____
Adresse : Numéro : _____ Voie : _____
Lieu-dit : _____ Localité : _____
Code postal : ☐☐☐☐☐ BP : ☐☐☐☐ Cedex : ☐☐
Si le demandeur habite à l'étranger : Pays : _____ Division territoriale : _____
Téléphone : ☐☐☐☐☐☐☐☐☐☐   indiquez l'indicatif pour le pays étranger : ☐☐☐☐

☐ J'accepte de recevoir par courrier électronique les documents transmis en cours d'instruction par l'administration à l'adresse suivante : _____@_____
J'ai pris bonne note que, dans un tel cas, la date de notification sera celle de la consultation du courrier électronique ou, au plus tard, celle de l'envoi de ce courrier électronique augmentée de huit jours.

*3 - Localisation du (ou des) terrain(s)[1]

Adresse du (ou des) terrain(s)

Numéro : _____ Voie : _____

Lieu-dit : _____ Localité : _____

Code postal : |_|_|_|_|_| BP : |_|_|_| Cedex : |_|_|

Références cadastrales : section et numéro[1] (si votre projet porte sur plusieurs parcelles cadastrales, veuillez indiquer les premières ci-dessous et les suivantes sur une feuille séparée) : _____

Superficie du (ou des) terrain(s) (en m²) : _____

*4 - Travaux de démolition

Date(s) approximative(s) à laquelle le ou les bâtiments dont la démolition est envisagée ont été construits :
_____
_____

☐ Démolition totale
☐ Démolition partielle

En cas de démolition partielle, veuillez décrire les travaux qui seront, le cas échéant, effectués sur les constructions restantes :

♦ Nombre total de logements démolis : _____

*5 - Engagement du (ou des) demandeurs

J'atteste avoir qualité pour demander la présente autorisation.[3]
Je soussigné(e), auteur de la demande, certifie exacts les renseignements fournis.

À _____
Le : _____

Signature du (des) demandeur(s)

Votre demande doit être établie en quatre exemplaires et doit être déposée à la mairie du lieu de démolition.
Vous devrez produire :
- un exemplaire supplémentaire, si votre projet se situe en périmètre protégé au titre des monuments historiques ;
- un exemplaire supplémentaire, si votre projet se situe dans un site classé, un site inscrit ou une réserve naturelle ;
- deux exemplaires supplémentaires, si votre projet se situe dans un cœur de parc national.

Si vous êtes un particulier : la loi n° 78-17 du 6 janvier 1978 relative à l'informatique, aux fichiers et aux libertés s'applique aux réponses contenues dans ce formulaire pour les personnes physiques. Elle garantit un droit d'accès aux données nominatives les concernant et la possibilité de rectification. Ces droits peuvent être exercés à la mairie. Les données recueillies seront transmises aux services compétents pour l'instruction de votre demande.
Si vous souhaitez vous opposer à ce que les informations nominatives comprises dans ce formulaire soient utilisées à des fins commerciales, cochez la case ci-contre : ☐

---

1 Les informations et plans (voir liste des pièces à joindre) que vous fournissez doivent permettre à l'administration de localiser précisément le (ou les) terrain(s) concerné(s) par votre projet
2 En cas de besoin, vous pouvez vous renseigner auprès de la mairie
3 Vous pouvez déposer une demande si vous êtes dans l'un des quatre cas suivants :
- vous êtes propriétaire du terrain ou mandataire du ou des propriétaires ;
- vous avez l'autorisation du ou des propriétaires ;
- vous êtes co-indivisaire du terrain en indivision ou son mandataire ;
- vous avez qualité pour bénéficier de l'expropriation du terrain pour cause d'utilité publique.

5.2 Les pièces à joindre à la demande

Bordereau de dépôt des pièces jointes à une demande de permis de démolir

Cocher les cases correspondant aux pièces jointes à votre demande et reporter le numéro correspondant sur la pièce jointe

Pour toute précision sur le contenu exact des pièces à joindre à votre demande de permis de construire, vous pouvez vous référer à la liste détaillée qui vous a été fournie avec le formulaire de demande et demander conseil à la mairie ou à la direction départementale de l'équipement.

Cette liste est exhaustive et aucune autre pièce ne peut vous être demandée.

Vous devez fournir, selon les cas (se renseigner à la mairie) 4 ou 5 dossiers [Art. R423-2 b) du code de l'urbanisme].

1) Pièces obligatoires pour tous les dossiers :

	Pièce	Nombre d'exemplaires à fournir
☐	PD1. Un plan de situation du terrain [Art. R. 451-2 a) du code de l'urbanisme]	1 exemplaire par dossier
☐	PD2. Un plan de masse des constructions à démolir ou s'il y a lieu à conserver [Art. R. 451-2 b) du code de l'urbanisme]	1 exemplaire par dossier
☐	PD3. Une photographie du ou des bâtiments à démolir [Art. R. 451-2 c) du code de l'urbanisme]	1 exemplaire par dossier

2) Pièces à joindre selon la nature ou la situation du projet :

	Pièce	Nombre d'exemplaires à fournir
	Si votre projet porte sur la démolition totale d'un bâtiment inscrit au titre des monuments historiques :	
☐	PD4. Une notice expliquant les raisons pour lesquelles la conservation du bâtiment ne peut plus être assurée [Art. R. 451-3 a) du code de l'urbanisme]	1 exemplaire par dossier
☐	PD5. Des photographies des façades et toitures du bâtiment et de ses dispositions intérieures [Art. R. 451-3 b) du code de l'urbanisme]	1 exemplaire par dossier
	Si votre projet porte sur la démolition partielle d'un bâtiment inscrit au titre des monuments historiques :	
☐	PD6. Une notice expliquant les raisons pour lesquelles la conservation du bâtiment ne peut plus être assurée [Art. R. 451-3 a) du code de l'urbanisme]	1 exemplaire par dossier
☐	PD7. Des photographies des façades et toitures du bâtiment et de ses dispositions intérieures [Art. R. 451-3 b) du code de l'urbanisme]	1 exemplaire par dossier
☐	PD8. Le descriptif des moyens mis en œuvre pour éviter toute atteinte aux parties conservées du bâtiment [Art. R. 451-2 c) du code de l'urbanisme]	1 exemplaire par dossier
	Si votre projet porte sur la démolition d'un bâtiment adossé à un immeuble classé au titre des monuments historiques :	
☐	PD9. Des photographies faisant apparaître l'ensemble des parties extérieures et intérieures du bâtiment adossées à l'immeuble classé [Art. R. 451-4 a) du code de l'urbanisme]	1 exemplaire par dossier
☐	PD10. Le descriptif des moyens mis en œuvre pour éviter toute atteinte à l'immeuble classé [Art. R. 451-4 b) du code de l'urbanisme]	1 exemplaire par dossier

5.3 Le récépissé de dépôt

MINISTÈRE DE L'ÉCOLOGIE,
DU DÉVELOPPEMENT
ET DE L'AMÉNAGEMENT
DURABLES

Récépissé de depôt d'une demande de permis de démolir

Madame, Monsieur,

Vous avez déposé une demande de permis de démolir. **Le délai d'instruction de votre dossier est de DEUX MOIS** et, si vous ne recevez pas de courrier de l'administration dans ce délai, vous bénéficierez d'un permis tacite.

- **Toutefois, dans le mois qui suit le dépôt de votre dossier, l'administration peut vous écrire :**
  - soit pour vous avertir qu'un autre délai est applicable, lorsque le code de l'urbanisme l'a prévu pour permettre les consultations nécessaires (si votre projet nécessite la consultation d'autres services...) ;
  - soit pour vous indiquer qu'il manque une ou plusieurs pièces à votre dossier ;
  - soit pour vous informer que votre projet correspond à un des cas où un permis tacite n'est pas possible.
- **Si vous recevez une telle lettre avant la fin du premier mois, celle-ci remplacera le présent récépissé.**
- **Si vous n'avez rien reçu à la fin du premier mois suivant le dépôt, le délai de deux mois ne pourra plus être modifié. Si aucun courrier de l'administration ne vous est parvenu à l'issue de ce délai de deux mois, vous pourrez commencer les travaux quinze jours après la date à laquelle le permis tacite de démolir est acquis. Vous devrez préalablement :**
  - avoir adressé au maire, en trois exemplaires, une déclaration d'ouverture de chantier (vous trouverez un modèle de déclaration CERFA n° 13407*01 à la mairie ou sur le site internet urbanisme du gouvernement) ;
  - avoir affiché sur le terrain ce récépissé sur lequel la mairie a mis son cachet pour attester la date de dépôt ;
  - avoir installé sur le terrain, pendant toute la durée du chantier, un panneau visible de la voie publique décrivant le projet. Vous trouverez le modèle de panneau à la mairie, sur le site internet urbanisme du gouvernement, ainsi que dans la plupart des magasins de matériaux).
- **Attention : le permis n'est définitif qu'en l'absence de recours ou de retrait :**
  - dans le délai de deux mois à compter de son affichage sur le terrain, sa légalité peut être contestée par un tiers devant le tribunal administratif. Dans ce cas, l'auteur du recours est tenu de vous en informer au plus tard quinze jours après le dépôt du recours.
  - dans le délai de trois mois après la date du permis, l'autorité compétente peut le retirer, si elle l'estime illégal. Elle est tenue de vous en informer préalablement et de vous permettre de répondre à ses observations.

(à remplir par la mairie)

Le projet ayant fait l'objet d'une demande de permis n°_____,

déposée à la mairie le : ⌊⎯⌊⎯⌊ ⌊⎯⌊⎯⌊ ⌊⎯⌊⎯⌊⎯⌊⎯⌊ .

fera l'objet d'un permis tacite[1] à défaut de réponse de l'administration deux mois après cette date. Les travaux pourront alors être exécutés après affichage sur le terrain du présent récépissé et d'un panneau décrivant le projet conforme au modèle réglementaire.

1) Le maire ou le préfet en délivre certificat sur simple demande.

Cachet de la mairie :

Délais et voies de recours : Le permis peut faire l'objet d'un recours gracieux ou d'un recours contentieux dans un délai de deux mois à compter du premier jour d'une période continue de deux mois d'affichage sur le terrain d'un panneau décrivant le projet et visible de la voie publique (article R. 600-2 du code de l'urbanisme).

L'auteur du recours est tenu, à peine d'irrecevabilité, de notifier copie de celui-ci à l'auteur de la décision et au titulaire de l'autorisation (article R. 600-1 du code de l'urbanisme).

Le permis est délivré sous réserve du droit des tiers : Il vérifie la conformité du projet aux règles et servitudes d'urbanisme. Il ne vérifie pas si le projet respecte les autres réglementations et les règles de droit privé. Toute personne s'estimant lésée par la méconnaissance du droit de propriété ou d'autres dispositions de droit privé peut donc faire valoir ses droits en saisissant les tribunaux civils, même si le permis de construire respecte les règles d'urbanisme.

Réalisation du dossier

6 Tableau récapitulatif

Type d'autorisation	Abréviation	Imprimé CERFA		Nombre de dossiers à fournir	Délai d'instruction de droit commun
		Numéro	Nb de pages		
Déclaration préalable	DP	13404*01	7	2	1 mois
Permis de construire une maison individuelle	PCMI	13405*01	5	4	2 mois
Permis de construire	PC	13409*01	7	4	3 mois
Permis d'aménager	PA	13409*01	7	4	3 mois
Permis de démolir	PD	13405*01	2	4	2 mois

7 Les pièces à joindre à la demande

La liste des pièces à joindre est fournie avec le formulaire de chaque demande d'autorisation, ces pièces sont réparties en deux parties :
- les pièces obligatoires pour tous les dossiers ;
- les pièces à joindre selon la nature ou la situation du projet ;

En cas de doute ou d'interrogation sur la liste des pièces à joindre, il est conseillé de se renseigner auprès de la mairie de la commune dans laquelle la demande d'autorisation sera déposée.

7.1 Le plan de situation

Ce plan situe le terrain à l'intérieur de la commune, il permet donc au service instructeur de déterminer la zone où est situé votre projet afin d'en appliquer les règles d'urbanisme. Il permet en outre de savoir si le terrain fait l'objet de servitudes.

Il est établi sur un extrait de carte IGN, un plan d'assemblage cadastral (DGI, Bureau F1) ou un plan de ville.

L'échelle du plan sera comprise entre le 1/2000 (dans un milieu urbain) et 1/25000 (dans un milieu rural). Il doit comporter plusieurs informations permettant la situation du projet concerné :
- le nom de la commune et lieu-dit éventuel,
- l'orientation géographique, le plus souvent on représente la direction du Nord,

- un repère localisant le projet,
- les points et angles des prises de vues photographiques jointes au projet, le projet peut être également repéré par rapport à des infrastructures municipales proches (école, mairie, stade, etc.) [1].

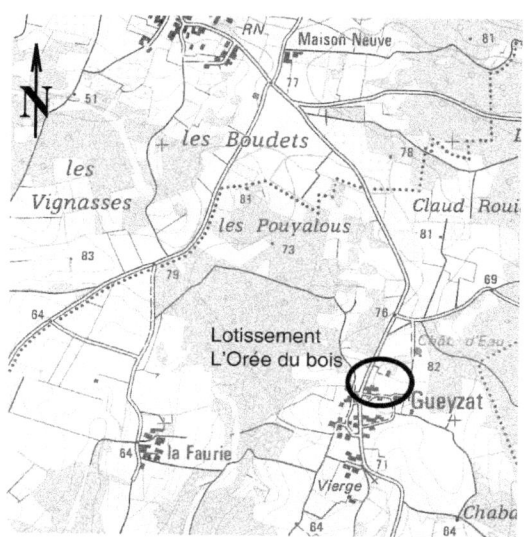

7.2 Le plan de masse

Ce plan présente le projet dans sa totalité, il permet au service instructeur de contrôler que les constructions projetées respectent les règles générales d'urbanisme (implantation par rapport aux avoisinants).

Son échelle est comprise entre 1/50 et 1/1000. Elle doit permettre de représenter sur un seul feuillet, l'ensemble du projet dans le terrain.

Ce plan de masse fait apparaître les travaux extérieurs aux constructions, les plantations maintenues, supprimées ou créées et, le cas échéant, les constructions existantes dont le maintien est prévu.

Il indique également, le cas échéant, les modalités selon lesquelles les bâtiments ou ouvrages seront raccordés aux réseaux publics ou, à défaut d'équi-

---

[1]. Les schémas suivants sont extraits de *Lire et réaliser les plans de maisons de plain-pied*, de Jean-Pierre Gousset, Éditions Eyrolles, 2007.

pements publics, les équipements privés prévus, notamment pour l'alimentation en eau et l'assainissement.

Il indique les points et angles des prises de vues photographiques jointes au projet.

Il doit être coté dans les trois dimensions.

Lorsque le terrain n'est pas directement desservi par une voie ouverte à la circulation publique, le plan de masse indique l'emplacement et les caractéristiques de la servitude de passage permettant d'y accéder.

Lorsque le projet est situé dans une zone inondable délimitée par un plan de prévention des risques, les cotes du plan de masse sont rattachées au système altimétrique de référence de ce plan.

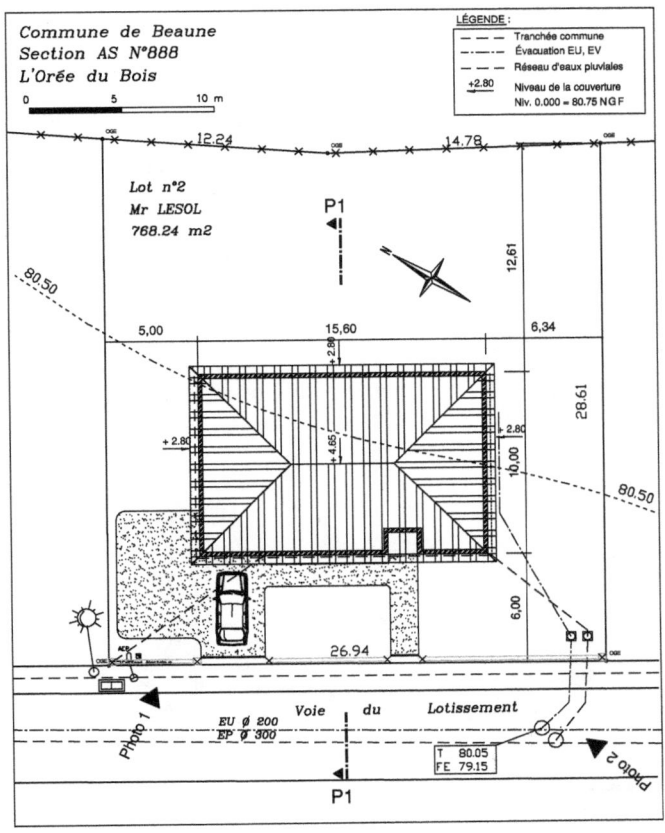

Dans le cas du Permis d'Aménager, il convient de réaliser deux plans :

– PA3 : Un plan de l'état actuel du terrain à aménager et de ses abords faisant apparaître les constructions et les plantations existantes, les équipements publics qui desservent le terrain, ainsi que, dans le cas où la demande ne concerne pas la totalité de l'unité foncière, la partie de celle-ci qui n'est pas incluse dans le projet d'aménagement ;

– PA4 : Un plan coté dans les trois dimensions faisant apparaître la composition d'ensemble du projet et les plantations à conserver ou à créer.

7.3 Le plan en coupe du terrain et de la construction

Ce plan permet de préciser l'implantation du projet en altimétrie.

Le plan en coupe précise l'implantation de la construction par rapport au profil du terrain ; lorsque les travaux ont pour effet de modifier le profil du terrain, ce plan fait apparaître l'état initial et l'état futur. Ce plan fait apparaître les volumes extérieurs du bâtiment, il n'est pas requis de faire apparaître les détails intérieurs (planchers, etc.)

L'échelle du plan sera comprise entre 1/50 et 1/200.

Dans le cas du Permis d'Aménager, il convient de fournir deux vues et coupes différentes.

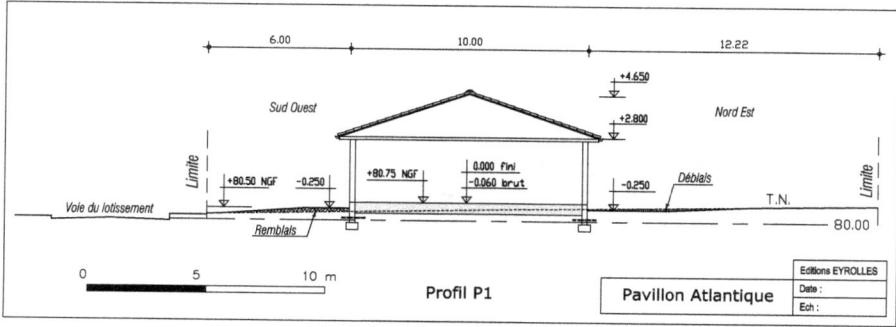

7.4 La notice décrivant le terrain

Cette notice fait partie intégrante du projet architectural, elle présente au service instructeur les caractéristiques générales de la construction entreprise et lui permet de comprendre l'insertion du projet dans l'environnement existant. Toutes précisions concernant le projet peuvent être ajoutées à cette notice.

Dans le cas du PCMI ou PC, la notice se compose de deux volets :

1/ L'état initial du terrain et de ses abords indiquant, s'il y a lieu, les constructions, la végétation et les éléments paysagers existants ;

2/ Les partis retenus pour assurer l'insertion du projet dans son environnement et la prise en compte des paysages, faisant apparaître, en fonction des caractéristiques du projet :

a) L'aménagement du terrain, en indiquant ce qui est modifié ou supprimé ;

b) L'implantation, l'organisation, la composition et le volume des constructions nouvelles, notamment par rapport aux constructions ou paysages avoisinants ;

c) Le traitement des constructions, clôtures, végétations ou aménagements situés en limite de terrain ;

d) Les matériaux et les couleurs des constructions ;

e) Le traitement des espaces libres, notamment les plantations à conserver ou à créer ;

f) L'organisation et l'aménagement des accès au terrain, aux constructions et aux aires de stationnement.

Dans le cas du Permis d'Aménager, cette notice précise :

g) La composition et l'organisation du projet, la prise en compte des constructions ou paysages avoisinants, le traitement minéral et végétal des voies et espaces publics et collectifs, et les solutions retenues pour le stationnement des véhicules ;

h) L'organisation et l'aménagement des accès au projet ;

i) Le traitement des parties du terrain situées en limite du projet ;

j) Les équipements à usage collectif et notamment ceux liés à la collecte des déchets.

Dans le cas d'une demande de Certificat d'Urbanisme, la notice permet d'apprécier la nature et l'importance de l'opération, elle peut comprendre des plans, des croquis, des photos. Elle précise selon les cas :

a) La description sommaire de l'opération projetée (construction, lotissement, camping, golf, aire de sport, etc.) ;

b) La destination ou la localisation approximative des bâtiments projetés dans l'unité foncière, s'il y a lieu ;

c) La destination des bâtiments à conserver ou à démolir, s'il en existe.

Exemple de notice descriptive

PRÉSENTATION
La propriété de M. LESOL se situe sur la commune de BEAUNE, dans le département de la LOIRE-ATLANTIQUE. La parcelle est référencée section AS n° 888, elle correspond au lot n° 2 du lotissement de « L'orée du Bois » et a une superficie de 768,24 m². Le terrain amorce une pente de 30 cm dans sa coupe longitudinale et 30 cm dans sa coupe transversale. Le lotissement est situé en bordure de la route départementale RD45.
Les limites de la parcelle sont actuellement matérialisées par des bornes mises en place par un géomètre-expert. La construction, de plain-pied et à usage d'habitation est implantée parallèlement à la voie du lotissement et à 5 m du lot n° 1.
Les réseaux d'adduction d'eau potable, électrique ainsi que les collecteurs d'eaux usées et d'eaux de pluie ont été mis en œuvre sous la chaussée et seront raccordés à la construction.

HISTORIQUE
La parcelle destinée à accueillir le présent projet est issu de terrains dédiés à l'agriculture. Les parcelles limitrophes sont destinées à être construites dans le cadre du lotissement « L'orée du Bois ». Le tissu urbain est relativement dense.

ARCHITECTURE
Le projet consiste dans la construction d'une maison d'habitation de 4 pièces principales, d'un garage et d'un cellier attenants. L'entrée de plain-pied donne accès au séjour à gauche et à la cuisine à droite. La façade principale est orientée sud-ouest.
Le choix des matériaux permettent l'intégration du projet dans l'environnement. La construction est recouverte d'un toit à 4 pentes identiques de 34 % en tuiles romanes dites « canal », ton ocre mélangé.
Sur la maçonnerie en blocs de bétons alvéolés, sera projeté un enduit gratté ton ocre clair. Les menuiseries en bois à double vitrage seront de type 2 vantaux ouvrants à la françaises avec volets bois en Z. Les volets seront de couleur blanche. Les descentes d'eaux de pluie seront de ton sable.

PAYSAGE
Les surfaces de circulations seront traitées béton désactivé et les autres surfaces seront engazonnées.

7.5 Le plan des façades et toitures

Les plans de façades montrent l'architecture générale de la construction et permettent d'en apprécier l'aspect extérieur.

L'ensemble des façades de la construction doivent être fournies

L'échelle du plan sera comprise entre 1/20 et 1/200.

Sur ces plans figurent :
- le dessin de toutes les ouvertures (portes, fenêtres, baies, etc.),
- la répartition d'ensemble des matériaux et leur aspect,
- le dessin des volets battants s'il y a lieu,
- le dessin des détails architecturaux (modénatures, corniches, débords de toit),
- le dessin de la couverture,
- la représentation du Terrain Naturel (TN) et du Terrain Fini (TF) à l'achèvement des travaux.

Lorsque le projet a pour effet de modifier les façades ou les toitures d'un bâtiment existant, ce plan fait apparaître l'état initial et l'état futur. Il est possible de transmettre 2 plans distincts afin d'en améliorer la lisibilité.

7.6 Document graphique

Ce document graphique permet d'apprécier l'insertion du projet de construction par rapport aux constructions avoisinantes et au paysage, son impact visuel ainsi que le traitement des accès et du terrain. Il est possible de réaliser ce document par un simple photo-montage qui, à partir de l'assemblage de plusieurs photographies, présente le terrain existant sur lequel sera appliquée une image de synthèse ou un croquis de la construction.

7.7 Photographies

Il s'agit de documents photographiques permettant de situer le terrain dans l'environnement proche et, sauf si le demandeur justifie qu'aucune photographie de loin n'est possible, dans le paysage lointain.

Les points et les angles des prises de vue sont reportés sur le plan de situation et le plan de masse.

Dans le cas du Permis de Démolir, il s'agit de photographies du ou des bâtiments à démolir.

Chapitre 5
L'instruction de la demande d'autorisation

L'instruction est l'ensemble des opérations permettant à l'administration de s'assurer de la conformité ou de la compatibilité de la construction envisagée avec les règles d'urbanisme applicables au lieu prévu pour son implantation. La procédure d'instruction de la demande d'une autorisation est prévue par le Code de l'urbanisme aux articles L 421-2, L 421-2-2, L 421-2-3, L 421-2-6 et R 421-9 à R 421-28. L'instruction a pour objectif, outre d'assurer la légalité de la décision qui sera prise, de préparer une décision de refus ou d'acceptation.

1 L'autorité compétente pour délivrer l'autorisation

En principe, l'autorité compétente pour délivrer l'autorisation est le maire au nom de la commune. Toutefois, lorsque la commune n'est pas dotée d'un plan local d'urbanisme (ou d'un document d'urbanisme en tenant lieu) ou d'une carte communale, l'autorité compétente est le maire ou le préfet au nom de l'État.

1.1 Les décisions prises au nom de la commune

Les communes membres d'un Établissement public de coopération intercommunale (EPCI) peuvent lui déléguer la compétence de l'instruction et de la délivrance de l'autorisation.

Le maire (ou le président de l'établissement public compétent) peut disposer gratuitement des services déconcentrés de l'État (DDE, etc.) pour l'étude technique des demandes d'autorisation qui lui paraissent justifier l'assistance technique de ces services. Pendant la durée de cette mise à disposition, les services et les personnels agissent en concertation avec le maire (ou le président de l'établissement public) qui leur adresse toutes instructions nécessaires pour l'exécution des tâches qu'il leur confie.

En outre, une assistance juridique et technique ponctuelle peut être gratuitement apportée par les services déconcentrés de l'État, pour l'instruction des demandes de permis, à toutes les communes et établissements publics de coopération intercommunale compétents.

Si le maire (ou le président de l'EPCI) est intéressé au projet faisant l'objet de la demande de permis ou de la déclaration préalable, soit en son nom personnel, soit comme mandataire, le conseil municipal de la commune ou l'organe délibérant de l'établissement public désigne un autre de ses membres pour prendre la décision.

1.2 Les décisions prises au nom de l'État

Lorsque la décision doit être prise au nom de l'État, l'instruction est effectuée :

- par le service de l'État dans le département chargé des forêts pour les déclarations préalables portant exclusivement sur une coupe ou un abattage d'arbres ;
- par le service de l'État dans le département chargé de l'urbanisme pour les autres déclarations préalables ou demandes de permis.

2 Le déroulement des opérations d'instruction

2.1 L'enregistrement de la demande

Le maire affecte à toute demande un numéro d'enregistrement de treize chiffres, précédé de deux lettres indiquant sa nature.

- Les deux lettres précisent la nature de la demande :
  - DP pour les déclarations préalables ;
  - PC pour les demandes de permis de construire ;
  - PA pour les demandes de permis d'aménager ;
  - PD pour les demandes de permis de démolir.
- La structure du numéro d'enregistrement de treize chiffres est la suivante :
  - le numéro de code géographique INSEE du département (trois caractères) ;
  - le numéro de code géographique INSEE de la commune (trois caractères) ;
  - les deux derniers chiffres du millésime de l'année de dépôt de la demande (deux caractères) ;
  - Le numéro de dossier composé de cinq caractères. Le premier (de ces cinq caractères) est réservé au service instructeur, et les quatre autres caractères sont utilisés pour une numérotation en continu par nature d'autorisation ou acte relatif à l'utilisation du sol.

Le maire affecte aux demandes de modification ou de transfert d'un permis en cours de validité un numéro d'enregistrement composé du numéro du permis dont la modification est demandée, auquel il ajoute un numéro de deux chiffres utilisé pour une numérotation en continu des demandes successives de modifications.

2.2 La transmission des demandes

Le maire est chargé de transmettre un ou plusieurs exemplaires de la demande aux services qui doivent être consultés pour motiver la décision. C'est pourquoi le nombre d'exemplaire demandé au pétitionnaire varie en fonction de la situation du projet.

Il existe plusieurs cas de figure.

- L'autorité compétente est le maire au nom de la commune

    Le maire transmet un exemplaire de la demande au préfet dans la semaine qui suit le dépôt.

- L'autorité compétente est le président de l'établissement public de coopération intercommunale

    Le maire, dans la semaine qui suit le dépôt, transmet un exemplaire de la demande au préfet, en conserve un exemplaire, et transmet les autres exemplaires au président de cet établissement.

- La décision relève de l'État

    Le maire conserve un exemplaire de la demande et transmet au préfet les autres exemplaires dans la semaine qui suit le dépôt. Si la commune a délégué sa compétence à un établissement public de coopération intercommunale, le maire transmet en outre, dans le même délai, un exemplaire au président de cet établissement.

- La demande porte sur un immeuble inscrit au titre des monuments historiques ou sur un immeuble adossé à un immeuble classé

    Un des exemplaires de la demande est transmis par l'autorité compétente au service départemental de l'architecture et du patrimoine, dans la semaine qui suit le dépôt, pour accord du préfet de région.

- La décision est subordonnée à l'avis de l'architecte des bâtiments de France

    Le maire lui transmet un dossier dans la semaine qui suit le dépôt.

- Le projet concerne un site classé ou une réserve naturelle

    Le maire transmet un exemplaire supplémentaire du dossier au préfet.

- Le projet est situé dans le cœur d'un parc national

    Le maire transmet deux exemplaires de la demande au directeur de l'établissement public du parc national dans la semaine qui suit le dépôt.

2.3 La publicité de la demande

Dans les quinze jours qui suivent le dépôt de la demande et pendant la durée d'instruction de celle-ci, le maire procède à l'affichage en mairie d'un avis de dépôt de demande de permis ou de déclaration préalable précisant les caractéristiques essentielles du projet.

3 Les opérations d'instruction

3.1 Le point de départ du délai d'instruction

L'article R 423-19 indique que le délai d'instruction court à compter de la réception en mairie d'un dossier complet. Le dossier est réputé complet si l'autorité compétente n'a pas, dans le délai d'un mois à compter du dépôt du dossier en mairie, notifié au demandeur ou au déclarant la liste des pièces manquantes.

Lorsque le dossier ne comprend pas les pièces exigées, l'autorité compétente, dans le délai d'un mois à compter de la réception ou du dépôt du dossier à la mairie, adresse au demandeur ou à l'auteur de la déclaration une lettre recommandée avec accusé de réception ou un courrier électronique, indiquant de façon exhaustive les pièces manquantes. Au-delà de ce délai d'un mois, le dossier est réputé complet.

Cette lettre précise que les pièces manquantes doivent être adressées à la mairie dans le délai de trois mois à compter de sa réception et qu'à défaut de production de l'ensemble des pièces manquantes dans ce délai, la demande fera l'objet d'une décision tacite de rejet.

Il est également précisé que le délai d'instruction commencera à courir à compter de la réception des pièces manquantes par la mairie.

3.2 Les délais d'instruction

Le récépissé délivré lors du dépôt en mairie indique le délai d'instruction de droit commun applicable à la nature de la demande.

Le délai de droit commun peut être modifié. Dans ce cas, la modification est notifiée au demandeur dans le mois qui suit le dépôt de la demande.

En outre, le délai fixé peut être prolongé pour prendre en compte des obligations de procédure qui ne peuvent être connues dans le mois qui suit le dépôt de la demande.

Le récépissé peut prendre la forme suivante.

Réussir sa demande de permis de construire

MACOMMUNE

Permis de Construire - RECEPISSE DE DEPOT

Dossier numéro	98 000 PC08X0001 déposé le 05/04/2008
par	M Mme DUPONT
demeurant à	25, rue Principale 98050 - MACOMMUNE
sur le terrain	98050 - MACOMMUNE

Madame, Monsieur,

Vous avez déposé ce jour une demande de Permis de Construire. Le délai d'instruction de votre dossier est de 2 mois. Si vous ne recevez pas de courrier de l'administration dans ce délai, vous bénéficierez d'un Permis de Construire tacite(1).

* Toutefois, dans le mois qui suit le dépôt de votre dossier, l'administration peut vous écrire :
- soit pour vous avertir qu'un autre délai est applicable, lorsque le code de l'urbanisme l'a prévu pour permettre les consultations nécessaires (si votre projet nécessite la consultation d'autres services ...)
- soit pour vous indiquer qu'il manque une ou plusieurs pièces à votre dossier,
- soit pour vous informer que votre projet correspond à un des cas où un accord tacite n'est pas possible.

* Si vous recevez une telle lettre avant la fin du premier mois, celle-ci remplacera le premier récépissé.

* Si vous n'avez rien reçu à la fin du premier mois suivant le dépôt, le délai de 2 mois ne pourra être modifié. Si aucun courrier de l'administration ne vous est parvenu à l'issu de ce délai de 2 mois, vous pourrez commencer les travaux (2) après avoir :
- adresser au maire, en 3 exemplaires, une déclaration d'ouverture de chantier (vous trouverez un modèle de déclaration CERFA n° 13407 01 à la mairie ou sur le site internet urbanisme du gouvernement)
- afficher sur le terrain ce récépissé sur lequel la mairie a mis son cachet pour attester de la date de dépôt ;
- installer sur le terrain, pendant toute la durée du chantier, un panneau visible de la voie publique décrivant le projet (vous trouverez le modèle de panneau à la mairie, sur le site internet urbanisme du gouvernement, ainsi que dans la plupart des magasins de matériaux).

* Attention : le permis n'est définitif qu'en l'absence de recours ou de retrait :
- dans un délai de 2 mois à compter de l'affichage sur le terrain, sa légalité peut être contestée par un tiers. Dans ce cas l'auteur du recours est tenu de vous en informer au plus tard quinze jours après le dépôt du recours.
- dans un délai de 3 mois après la date de Permis de Construire, l'autorité compétente peut le retirer, si elle l'estime illégal. Elle est tenue de vous en informer préalablement et de vous permettre de répondre à ses observations.

Le projet ayant fait l'objet de la demande de Permis de Construire dont les références sont indiquées dans le cadre ci-dessus déposé à la mairie le 05/04/2008 fera l'objet d'un permis tacite (3) à défaut de réponse de l'administration 2 mois après cette date. Les travaux pourront alors être exécutés après affichage sur le terrain du présent récépissé et d'un panneau décrivant le projet conforme au modèle réglementaire.

Macommune, le 05/04/2008

Cachet de la mairie
Et signature du receveur

---

(1) Permis tacite : afin de vous éviter d'être en infraction, il vous est recommandé, dans le cas d'un permis tacite, de vous assurer auprès de l'administration de la légalité dudit permis avant tout commencement de travaux. Dans cette éventualité (.......), une attestation certifiant qu'aucune décision de refus n'a été prise à votre insu. En effet, si le permis tacite était irrégulier, il serait retiré et les tribunaux pourraient vous astreindre à remettre les lieux en leur état initial.
(2) Certains travaux ne peuvent pas être commencés dès la délivrance de Permis de Construire et doivent être différés : c'est le cas des travaux situés en site classé. Vous pouvez vérifier auprès de la mairie que votre projet ne rentre pas dans ce cas
(3) Le maire ou le préfet en délivre certificat sur simple demande.

INFORMATIONS A LIRE ATTENTIVEMENT:

DELAIS ET VOIES DE RECOURS :
Le permis peut faire l'objet d'un recours gracieux ou d'un recours contentieux dans un délai de deux mois à compter du premier jour d'une période continue de 2 mois d'affichage sur le terrain d'un panneau décrivant le projet et visible de la voie publique (art R 600-2 du code de l'urbanisme)
L'auteur du recours est tenu, à peine d'irrecevabilité, de notifier copie de celui-ci à l'auteur de la décision et au titulaire de l'autorisation (art R 600-1 du code de l'urbanisme)

DROITS DE TIERS
Le permis est délivré sous réserve des droits des tiers : il vérifie la conformité du projet aux règles et servitudes d'urbanisme. Il ne vérifie pas si le projet respecte les autres réglementations et les règles de droit privé. Toute personne s'estimant lésée par la méconnaissance du droit de propriété ou autres dispositions de droit privé peut donc faire valoir ses droits en saisissant les tribunaux civils, même si le permis respecte les règles d'urbanisme.

VALIDITE
Le permis tacite est caduc si travaux ne sont pas effectués dans un délai de deux ans à compter de la date de décision tacite ou si les travaux sont interrompus pendant un délai supérieur d'une année.

3.2.1 Les délais d'instruction de droit commun

Défini par l'article R 423-23, le délai d'instruction de droit commun est de :
- (a) un mois pour les déclarations préalables ;
- (b) deux mois pour les demandes de permis de démolir et pour les demandes de permis de construire portant sur une maison individuelle ;
- (c) trois mois pour les autres demandes de permis de construire et pour les demandes de permis d'aménager.

3.2.2 Les délais d'instruction particuliers

- Le délai d'instruction de droit commun est majoré d'un mois lorsque le projet est soumis à un régime d'autorisation ou à des prescriptions prévus par d'autres législations ou réglementations que le Code de l'urbanisme ou lorsque le projet est situé dans un secteur sauvegardé.
- Le délai d'instruction prévu par le (b) et le (c) est majoré de deux mois lorsqu'il y a lieu de consulter une commission départementale ou régionale.
- Lorsque le projet est situé dans un espace ayant vocation à être classé dans le cœur d'un futur parc national ou dans le cœur d'un parc national délimité, le délai d'instruction prévu par le (b) et le (c) est porté à :
  - cinq mois si les travaux prévus figurent sur la liste des travaux qui peuvent faire l'objet de l'autorisation spéciale arrêtée par le décret de création du parc ;
  - six mois dans le cas contraire.
- Le délai d'instruction prévu par le (b) et le (c) est porté à six mois :
  - lorsqu'il y a lieu de consulter une commission nationale ;
  - lorsqu'il y a lieu de consulter l'assemblée de Corse ;
  - lorsqu'un permis de construire, d'aménager ou de démolir porte sur un immeuble inscrit au titre des monuments historiques ou un immeuble adossé à un immeuble classé au titre des monuments historiques ;
  - lorsqu'un permis de construire ou d'aménager porte sur un projet situé dans le champ de visibilité des immeubles classés ou inscrits au titre des monuments historiques ou dans un secteur sauvegardé dont le plan de sauvegarde et de mise en valeur n'est pas approuvé.
- Lorsque le permis doit être précédé d'une autorisation de défrichement, le délai d'instruction de droit commun prévu par le (b) et le (c) est porté à :

- sept mois lorsque le défrichement n'est pas soumis à enquête publique ;
- neuf mois lorsque le défrichement fait l'objet d'une enquête publique.

– Le délai d'instruction prévu par le (b) et le (c) est porté à sept mois lorsque le permis est subordonné à une autorisation d'exploitation commerciale ou à une autorisation de création de salle de spectacle cinématographique.

– Le délai d'instruction prévu par le (b) et le (c) est porté à un an lorsque les travaux sont soumis à l'autorisation du ministre de la défense ou du ministre chargé des sites.

– Dans le cas où le projet est soumis à enquête publique, sauf dans le cas où l'enquête publique porte sur un défrichement, le délai d'instruction est de deux mois à compter de la réception par l'autorité compétente du rapport du commissaire enquêteur ou de la commission d'enquête.

Dans tous ces cas, l'autorité compétente indique au demandeur ou à l'auteur de la déclaration, dans le délai d'un mois à compter de la réception ou du dépôt du dossier complet à la mairie :

– le nouveau délai et, le cas échéant, son nouveau point de départ ;
– les motifs de la modification de délai ;
– si le projet entre dans les cas où le défaut de notification d'une décision expresse dans le délai d'instruction vaut décision implicite de rejet. Cet envoi doit préciser qu'à l'issue du délai, le silence éventuel de l'autorité compétente vaudra refus tacite du permis.

3.2.3 Les prolongations exceptionnelles du délai d'instruction

– Lorsque la délivrance du permis est subordonnée à une autorisation de défrichement, le délai d'instruction est prolongé de trois mois quand le préfet a décidé de prolonger de trois mois le délai d'instruction de l'autorisation de défrichement.

– Lorsque la délivrance du permis est subordonnée à l'accord de l'architecte des bâtiments de France, le délai d'instruction est prolongé de trois mois quand le maire ou l'autorité compétente pour délivrer le permis a saisi le préfet de région ou le préfet de Corse d'un recours contre l'avis de l'architecte des bâtiments de France.

- Lorsque la délivrance du permis est subordonnée à une autorisation d'exploitation commerciale ou à une autorisation de création de salle de spectacle cinématographique, le délai d'instruction est prolongé de quatre mois quand la décision de la commission départementale compétente fait l'objet d'un recours.
- Lorsque le projet fait l'objet d'une évocation par le ministre chargé des sites, par le ministre chargé de la protection de la nature ou par le ministre chargé des monuments historiques et des espaces protégés, le délai d'instruction est porté à un an.

Dans tous ces cas, cette prolongation doit être notifiée au demandeur avant l'expiration du délai d'instruction de droit commun, le cas échéant, majoré du délai d'instruction particulier.

3.2.4 La forme et condition d'envoi des notifications

Une copie de la notification de délai est adressée au préfet.

Les notifications et courriers prévus aux chapitres précédents sont adressés par lettre recommandée avec accusé de réception ou par courrier électronique.

Lorsque les courriers sont adressés au demandeur par lettre recommandée avec accusé de réception, l'intéressé est réputé en avoir reçu notification à la date de la première présentation du courrier.

Lorsque la demande précise que le demandeur accepte de recevoir à une adresse électronique les réponses de l'autorité compétente, les notifications peuvent lui être adressées par courrier électronique.

Dans ce cas, le demandeur est réputé avoir reçu ces notifications à la date à laquelle il les consulte à l'aide de la procédure électronique. Un accusé de réception électronique est adressé à l'autorité compétente au moment de la consultation du document. À défaut de consultation à l'issue d'un délai de huit jours après leur envoi, le demandeur est réputé avoir reçu ces notifications.

3.2.5 Tableaux récapitulatifs des délais d'instruction

▶ Point de départ du délai d'instruction de droit commun

Délai de vérification du contenu du dossier :

| Dépôt | 1 mois | Dossier réputé complet |

Délai de fourniture de complément de dossier :

| Demande de compléments | 3 mois | Rejet tacite |

Délai d'instruction de droit commun :

| Dossier complet | Délai d'instruction de droit commun | Accord tacite |

Exemple d'instruction sans demande de complément :

| Dépôt | 1 mois | | |
| | Délai d'instruction de droit commun | Accord tacite |

Exemple d'instruction avec demande de complément :

Dépôt	1 mois			
Demande de compléments	3 mois			
	Dossier complet	Délai d'instruction de droit commun	Accord tacite

▶ Délais d'instruction de droit commun

Nature de la demande d'autorisation	Délais d'instruction de droit commun
Déclaration préalable	1 mois
Permis de construire une maison individuelle	2 mois
Permis de construire	3 mois
Permis d'aménager	3 mois
Permis de démolir	2 mois

L'instruction de la demande d'autorisation

▶ Délais d'instruction particuliers

Certains délais d'instruction particuliers, non cumulables entre eux, sont cumulables avec le délai de droit commun.

Cas de prolongation du délai d'instruction	Délais d'instruction complémentaires
Projet soumis à un régime d'autorisation ou à des prescriptions prévus par d'autres législations ou réglementations que le Code de l'urbanisme	1 mois
Projet situé dans un secteur sauvegardé	1 mois
Projet nécessitant la consultation d'une commission départementale ou régionale	2 mois

D'autres délais d'instruction particuliers, toujours non cumulables entre eux, se substituent au délai de droit commun.

Cas de modification du délai d'instruction		Délais d'instruction complets
Projet situé dans un espace ayant vocation à être classé dans le cœur d'un futur parc national ou dans le cœur d'un parc national délimité	Travaux prévus figurant sur la liste des travaux qui peuvent faire l'objet de l'autorisation spéciale arrêtée par le décret de création du parc	5 mois
	Travaux prévus ne figurant pas sur la liste des travaux qui peuvent faire l'objet de l'autorisation spéciale arrêtée par le décret de création du parc	6 mois
Projet nécessitant la consultation d'une commission nationale		6 mois
Projet nécessitant la consultation de l'assemblée de Corse		6 mois
Projet portant sur un immeuble inscrit au titre des monuments historiques ou un immeuble adossé à un immeuble classé au titre des monuments historiques		6 mois
Projet situé dans le champ de visibilité des immeubles classés ou inscrits au titre des monuments historiques ou dans un secteur sauvegardé dont le plan de sauvegarde et de mise en valeur n'est pas approuvé		6 mois
Projet dont le permis doit être précédé d'une autorisation de défrichement	Le défrichement n'est pas soumis à enquête publique	7 mois
	Le défrichement fait l'objet d'une enquête publique	9 mois
Permis subordonné à une autorisation d'exploitation commerciale ou à une autorisation de création de salle de spectacle cinématographique		7 mois
Travaux soumis à l'autorisation du ministre de la défense ou du ministre chargé des sites		12 mois

▶ Délais d'instruction exceptionnels

Le délai d'instruction exceptionnel est cumulable avec le délai de droit commun, et cumulable le cas échéant avec le délai particulier.

Cas de prolongation du délai d'instruction	Délais d'instruction exceptionnels
Délivrance du permis subordonnée à une autorisation de défrichement, lorsque le préfet a décidé de prolonger de trois mois le délai d'instruction de l'autorisation de défrichement	3 mois
Délivrance du permis subordonnée à l'accord de l'architecte des bâtiments de France, lorsque le maire ou l'autorité compétente pour délivrer le permis a saisi le préfet de région ou le préfet de Corse d'un recours contre l'avis de l'architecte des bâtiments de France	3 mois
Délivrance du permis subordonnée à une autorisation d'exploitation commerciale ou à une autorisation de création de salle de spectacle cinématographique, lorsque la décision de la commission départementale compétente fait l'objet d'un recours	4 mois
Projet faisant l'objet d'une évocation par le ministre chargé des sites, par le ministre chargé de la protection de la nature ou par le ministre chargé des monuments historiques et des espaces protégés	12 mois

3.3 L'étude de la légalité du dossier

Il s'agit, pour les services instructeurs, de déterminer si le projet présenté est conforme ou non aux règles en vigueur. C'est cela qui entraînera un accord ou un rejet de la demande. Cette étude, exprimée sous forme d'avis, est menée directement par les services de l'autorité qui est compétente pour prendre la décision, ou bien par les services de l'organisme qui a reçu délégation pour le faire. Ces avis permettent au service instructeur de rassembler et de tenir compte des législations ou règles autres que celle de l'urbanisme.

À la fin de la procédure d'instruction, l'autorité compétente peut alors émettre son avis sur la demande : accord ou rejet.

4 La décision

4.1 Les décisions tacites et expresses

4.1.1 La décision expresse
La décision est dite expresse lorsqu'elle intervient avant la fin du délai d'instruction.

4.1.2 La décision tacite
Le silence gardé par l'autorité compétente à échéance du délai d'instruction déterminé entraine une décision tacite. Cette décision peut valoir acceptation ou refus selon les cas.

▶ L'accord tacite

À défaut de notification d'une décision expresse dans le délai d'instruction déterminé, le silence gardé par l'autorité compétente vaut, selon les cas :
- décision de non-opposition à la déclaration préalable ;
- permis de construire tacite ;
- permis d'aménager tacite ;
- permis de démolir tacite.

▶ Le rejet tacite

À défaut de notification d'une décision expresse dans le délai d'instruction déterminé, le silence gardé par l'autorité compétente vaut décision implicite de rejet dans les cas suivants :
- les travaux sont soumis à l'autorisation du ministre de la défense ;
- les travaux sont soumis à autorisation au titre des sites classés ;
- les travaux sont soumis à autorisation au titre des réserves naturelles ;
- le projet fait l'objet d'une évocation par le ministre chargé des sites ou par le ministre chargé des monuments historiques et des espaces protégés ;
- le projet porte sur un immeuble inscrit ou un immeuble adossé à un immeuble classé au titre des monuments historiques ;
- le projet est soumis à enquête publique ;
- il y a lieu de consulter l'assemblée de Corse ;

- le projet est situé dans un espace ayant vocation à être classé dans le cœur d'un futur parc national dont la création a été prise en considération en application de l'article R 331-4 du Code de l'environnement, ou dans le cœur d'un parc national délimité en application de l'article L 331-3 du même code.

La demande fait également l'objet d'un rejet tacite lorsque le pétitionnaire n'a pas fourni, dans un délai de trois mois, le complément de dossier demandé par l'autorité compétente.

4.2 La forme et le contenu de la décision

La décision expresse prise sur une demande d'autorisation prend la forme d'un arrêté.

L'arrêté :

- indique la collectivité au nom de laquelle la décision est prise ;
- fait référence à la demande d'autorisation et en rappelle les principales caractéristiques : nom et adresse du demandeur, objet de la demande, numéro d'enregistrement, lieu des travaux ;
- vise les textes législatifs et règlementaires dont il est fait application ;
- vise, s'il y a lieu, les avis recueillis en cours d'instruction et leur sens ;
- indique en caractères lisibles le prénom, le nom et la qualité de son signataire.

L'arrêté indique, selon les cas :

- si l'autorisation est accordée ;
- si l'autorisation est refusée ;
- s'il est sursis à statuer sur la demande d'autorisation. Dans ce cas, l'arrêté indique la durée du sursis et le délai dans lequel le demandeur pourra confirmer sa demande.

Il indique en outre, s'il y a lieu :

- si la décision est assortie de prescriptions ;
- si la décision accorde une dérogation ou une adaptation mineure ;
- si la décision met à la charge du bénéficiaire des taxes d'urbanisme ou contributions, et précise la nature et la valeur estimée de chacune d'elles. Dans le cas d'un accord tacite, ces participations exigibles sont envoyées au pétitionnaire par lettre recommandée avec accusé de réception ou courrier électronique.

Dès lors que l'autorisation fait l'objet d'un refus ou de prescriptions, l'arrêté indique les circonstances de droit et de fait qui motivent la décision et précise les voies et délais de recours.

Lorsque la réalisation des travaux doit être différée dans l'attente de formalités prévues par une autre administration, l'arrêté en fait expressément la réserve.

Lorsque le projet porte sur des constructions, l'arrêté indique leur destination et la SHON créée.

Lorsque le projet porte sur un lotissement, l'arrêté précise le nombre maximum de lots et la SHON de plancher maximale dont la construction est autorisée dans l'ensemble du lotissement. Il précise la répartition de cette surface entre les différents lots.

4.3 La notification de la décision

La décision d'accord ou de refus de l'autorisation est notifiée au demandeur par lettre recommandée avec accusé de réception. Elle peut également être transmise par courrier électronique si le pétitionnaire en a fait la demande.

La notification peut être réalisée par courrier simple dans le cas où la décision accorde le permis sans prévoir de prescriptions ni participations.

La mairie, ou à défaut le préfet, peut fournir une attestation sur simple demande.

4.4 Le refus de l'autorisation

Un pétitionnaire qui se voit opposer un refus à sa demande possède deux moyens de contester cette décision : le recours administratif et le recours contentieux.

Le recours administratif doit être notifié par lettre recommandée avec accusé de réception dans les deux mois qui suivent la notification de refus. Cette formalité conditionne la possibilité de recours contentieux si le recours administratif ne donne pas de suite favorable. Ce recours administratif doit être effectué soit auprès de l'autorité qui a pris la décision (recours gracieux) soit auprès de l'autorité qui a un pouvoir hiérarchique sur celle qui a pris la décision (recours hiérarchique). Si l'administration garde le silence pendant les deux mois qui suivent l'accusé de réception, le recours est réputé rejeté. Il peut alors donner suite à un recours contentieux.

Dans le cas particulier d'un refus d'autorisation fondé sur une opposition de l'architecte des bâtiments de France, le demandeur peut, dans le délai de deux mois à compter de la notification de la décision, saisir le préfet de région par lettre recommandée avec accusé de réception d'un recours contre ses décisions.

Le recours contentieux doit également être notifié par lettre recommandée avec accusé de réception dans les deux mois qui suivent la décision, auprès du président du tribunal administratif dont dépend le lieu d'exécution du projet. Si ce recours contentieux fait suite à l'échec d'un recours administratif, le délai de deux mois court à partir de la date de réponse de l'administration ou à l'issue des deux mois qui suivent son silence.

Chapitre 6
Après l'obtention de l'autorisation

1 La durée de validité

L'article R 424-17 du Code de l'urbanisme indique que le permis de construire, d'aménager ou de démolir est périmé si les travaux ne sont pas entrepris dans le délai de deux ans à compter de la notification ou de la date à laquelle la décision tacite est intervenue. Il en est de même si, passé ce délai, les travaux sont interrompus pendant un délai supérieur à une année. Ces dispositions sont également applicables à la décision de non-opposition à une déclaration préalable lorsque cette déclaration porte sur une opération comportant des travaux. La réforme du Code de l'urbanisme a ajouté, à l'article R 424-19, qu'en cas de recours contre le permis ou contre la décision de non-opposition à la déclaration préalable, le délai de validité est suspendu jusqu'au prononcé d'une décision juridictionnelle irrévocable.

Il a également été prévu, par l'article R 424-20, que lorsque le commencement des travaux est subordonné à une autorisation ou à une procédure prévue par une autre législation, le délai de deux ans court à compter de la date à laquelle les travaux peuvent commencer en application de cette législation, si toutefois cette date est postérieure à la notification ou à la date à laquelle la décision tacite est intervenue.

Réussir sa demande de permis de construire

L'article R 424-21 du Code de l'urbanisme précise que le permis de construire, d'aménager ou de démolir ou la décision de non-opposition à une déclaration préalable peut être prorogé pour une année, sur demande de son bénéficiaire, si les prescriptions d'urbanisme et les servitudes administratives de tous ordres auxquelles est soumis le projet n'ont pas évolué de façon défavorable à son égard. La demande doit être établie en deux exemplaires et adressée par pli recommandé ou déposée à la mairie deux mois au moins avant l'expiration du délai de validité.

Mr et Mme DUPONT André
25, rue Principale
98050 MACOMMUNE

                                                Mairie de MACOMMUNE
                                                Place de l'Hôtel de Ville
                                                98050 MACOMMUNE

                                                Macommune, le 5 avril 2010

Lettre recommandé avec accusé de réception

Objet :
Demande de prorogation
Du permis de construire N°PC 098 000 08 X0001
Délivré le 20 juin 2008
Construction d'une Maison Individuelle
25, rue Principale – 98050 MACOMMUNE

A l'attention de Monsieur le Maire

Monsieur le Maire,

Nous sollicitons de votre part la prorogation pour un an du délai de validité du permis de construire qui nous a été délivré le 20 juin 2008 sous le N° PC 098 000 08 X0001 pour la construction d'une maison individuelle au 25, rue Principale de MACOMMUNE (98050).

Nous vous prions d'agréer, Monsieur le Maire, l'expression de nos salutations les plus distinguées.

                                                       Mr et Mme DUPONT

2 L'affichage de la décision

L'affichage sur le terrain de l'autorisation doit être assuré par les soins du bénéficiaire. L'affichage est composé de deux éléments : d'une part le récépissé de dépôt sur lequel la mairie a mis son cachet pour attester la date de dépôt, et d'autre part un panneau rectangulaire dont les dimensions, longueur et largeur, sont supérieures à 80 cm.

Ce panneau indique le nom, la raison sociale ou la dénomination sociale du bénéficiaire, la date et le numéro de l'autorisation, la nature du projet et la superficie du terrain ainsi que l'adresse de la mairie où le dossier peut être consulté.

Il indique également, en fonction de la nature du projet :

— si le projet prévoit des constructions, la superficie du plancher hors œuvre nette autorisée ainsi que la hauteur de la ou des constructions, exprimée en mètres par rapport au sol naturel ;

— si le projet porte sur un lotissement, le nombre maximal de lots prévus ;

— si le projet porte sur un terrain de camping ou un parc résidentiel de loisirs, le nombre total d'emplacements et, s'il y a lieu, le nombre d'emplacements réservés à des habitations légères de loisirs ;

— si le projet prévoit des démolitions, la surface du ou des bâtiments à démolir.

Le panneau d'affichage comprend obligatoirement la mention suivante :

« Droit de recours : le délai de recours contentieux est de deux mois à compter du premier jour d'une période continue de deux mois d'affichage sur le terrain du présent panneau (art. R 600-2 du Code de l'urbanisme). Tout recours administratif ou tout recours contentieux doit, à peine d'irrecevabilité, être notifié à l'auteur de la décision et au bénéficiaire du permis ou de la décision prise sur la déclaration préalable. Cette notification doit être adressée par lettre recommandée avec accusé de réception dans un délai de quinze jours francs à compter du dépôt du recours (art. R 600-1 du Code de l'urbanisme). »

Le panneau d'affichage doit être installé de telle sorte que les renseignements qu'il contient demeurent lisibles de la voie publique ou des espaces ouverts au public pendant toute la durée du chantier.

Dans certains cas, il est conseillé de faire appel à un constat d'huissier afin de prouver, ultérieurement, le bon affichage de l'autorisation.

En outre, dans les huit jours de la délivrance expresse ou tacite de l'autorisation, un extrait du permis ou de la déclaration est publié par voie d'affichage à la mairie pendant deux mois. L'exécution de cette formalité fait l'objet d'une mention au registre chronologique des actes de publication et de notification des arrêtés du maire.

Voici trois exemples de panneaux d'affichage d'une déclaration préalable relative à la construction ou aux travaux, d'un permis de construire et d'un permis de démolir.

D'autres modèles de panneaux concernant les permis d'aménager et les campings sont disponibles sur le site Internet www.editions-eyrolles.com.

DÉCLARATION PRÉALABLE
Construction ou travaux

N° Déclaration :

En date du :

Bénéficiaire(s) :

Nature des travaux :

Superficie hors œuvre nette autorisée : m²

Hauteur de la/des construction(s) : m

Surface des bâtiments à démolir : m²

Superficie du terrain : m²

Le dossier peut être consulté à la Mairie de (ville et adresse) :

Droit de recours :

Le délai de recours contentieux est de deux mois à compter du premier jour d'une période continue de deux mois d'affichage sur le terrain du présent panneau (article R. 600-2 du code de l'urbanisme).

Tout recours administratif ou tout recours contentieux doit, à peine d'irrecevabilité, être notifié à l'auteur de la décision et au bénéficiaire du permis ou de la décision prise sur la déclaration préalable. Cette notification doit être adressée par lettre recommandée avec accusé de réception dans un délai de quinze jours francs à compter du dépôt du recours (article R. 600-1 du code de l'urbanisme).

PERMIS DE CONSTRUIRE

N° Permis :

En date du :

Bénéficiaire(s) :

Nature des travaux :

Superficie hors œuvre nette autorisée : m²

Hauteur de la/des construction(s) : m

Surface des bâtiments à démolir : m²

Superficie du terrain : m²

Le dossier peut être consulté à la Mairie de (ville et adresse) :

Droit de recours :

Le délai de recours contentieux est de deux mois à compter du premier jour d'une période continue de deux mois d'affichage sur le terrain du présent panneau (article R. 600-2 du code de l'urbanisme).

Tout recours administratif ou tout recours contentieux doit, à peine d'irrecevabilité, être notifié à l'auteur de la décision et au bénéficiaire du permis ou de la décision prise sur la déclaration préalable. Cette notification doit être adressée par lettre recommandée avec accusé de réception dans un délai de quinze jours francs à compter du dépôt du recours (article R. 600-1 du code de l'urbanisme).

PERMIS DE DÉMOLIR

N° Permis :

En date du :

Bénéficiaire(s) :

Nature des travaux :

Surface des bâtiments à démolir : m²

Superficie du terrain : m²

Le dossier peut être consulté à la Mairie de (ville et adresse) :

Droit de recours :

Le délai de recours contentieux est de deux mois à compter du premier jour d'une période continue de deux mois d'affichage sur le terrain du présent panneau (article R. 600-2 du code de l'urbanisme).

Tout recours administratif ou tout recours contentieux doit, à peine d'irrecevabilité, être notifié à l'auteur de la décision et au bénéficiaire du permis ou de la décision prise sur la déclaration préalable. Cette notification doit être adressée par lettre recommandée avec accusé de réception dans un délai de quinze jours francs à compter du dépôt du recours (article R. 600-1 du code de l'urbanisme).

3 Les autres affichages

▶ L'identification des intervenants

Afin d'endiguer le travail au noir, la loi impose l'affichage des coordonnées et raisons sociales des entreprises intervenant sur le chantier. Le panneau en question doit être visible depuis la voie publique, et comporter les informations suivantes : le nom et la raison sociale de l'entreprise ou des entreprises intervenantes ainsi que leur adresse et numéro de téléphone.

▶ La sécurité

Les panneaux réglementant les conditions d'accès au chantier (du type « Chantier interdit au public » ou « Port du casque obligatoire ») doivent être placés à chaque accès du chantier. De même, les adresses et numéros utiles en cas d'accident (samu, pompiers, etc.) doivent impérativement être affichés sur le chantier. La réglementation du travail fait obligation aux entreprises de mettre à la disposition du personnel des services du travail et de la main d'œuvre un certain nombre de moyens d'information et de contrôle sous forme d'affiches et de registres en ce qui concerne les engins de levage, les installations électriques, les consignes de sécurité en cas d'incendie, etc.

4 Le transfert du permis de construire

Le transfert d'un permis de construire en cours de validité est possible car l'autorisation n'est pas liée à la personne qui en fait la demande mais au terrain d'assiette du projet prévu. Ce transfert doit faire l'objet d'une décision de l'autorité compétente et n'est en rien automatique, même dans le cas de la vente d'un terrain sur lequel une autorisation de construire avait été obtenue.

Ne s'agissant pas de nouveau permis, un refus de transfert ne peut pas être motivé par la modification des règles d'urbanisme depuis la date de la première délivrance.

Un transfert ne peut se réaliser qu'avec l'accord de l'ancien et du nouveau bénéficiaire, ce dernier prenant alors tous les droits mais également toutes les obligations du premier. C'est pourquoi, il est important que tout soit bien négocié entre les deux parties avant le transfert (prix d'acquisition, taxes, honoraires d'architecte, etc.).

Le transfert doit faire l'objet d'un affichage sur le terrain tout comme l'obtention d'un permis initial.

La demande de transfert d'une autorisation se fait à l'aide du formulaire CERFA n° 13412*01.

MINISTÈRE DE L'ÉCOLOGIE,
DU DÉVELOPPEMENT
ET DE L'AMÉNAGEMENT
DURABLES

Demande de
Transfert de permis délivré
en cours de validité

N° 13412*01

* Informations nécessaires à l'instruction du transfert

Vous pouvez utiliser ce formulaire si :

Vous souhaitez transférer tout ou partie d'un permis en cours de validité délivré à une autre personne.

Un permis est valable deux ans à compter de sa délivrance. Passé ce délai, il devient caduc si les travaux n'ont pas commencé ou s'ils ont été interrompus pendant plus d'un an.

Cadre réservé à la mairie du lieu du projet

| PC ou PA | Opt | Commune | Année | N° de dossier | N° modif. |

La présente demande a été reçue à la mairie

le _____ *Cachet de la mairie et signature du receveur*

* 1 - Désignation du permis

Autorisation accordée :
❑ Permis de construire
❑ Permis d'aménager
N° permis : _____
Date de délivrance du permis : _____

* 2 - Identité du ou des demandeurs
Le demandeur sera le titulaire de l'autorisation transférée et le redevable des taxes d'urbanisme, éventuellement solidairement du précédent demandeur.
Si la demande est présentée par plusieurs personnes, indiquez leurs coordonnées sur la fiche complémentaire.
Les décisions prises par l'administration seront notifiées au demandeur indiqué ci-dessous. Une copie sera adressée aux autres demandeurs, qui seront co-titulaires de l'autorisation et solidairement responsables du paiement des taxes.

Vous êtes un particulier   Madame ❑ Monsieur ❑
Nom : _____ Prénom : _____

Vous êtes une personne morale
Dénomination : _____ Raison sociale : _____
N° SIRET : _____ Catégorie juridique : _____
Représentant de la personne morale : Madame ❑ Monsieur ❑
Nom : _____ Prénom : _____

* 3 - Coordonnées du demandeur

Adresse : Numéro : _____ Voie : _____
Lieu-dit : _____ Localité : _____
Code postal : _____ BP : _____ Cedex : ____
Si le demandeur habite à l'étranger : Pays : _____ Division territoriale : _____

❑ J'accepte de recevoir par courrier électronique les documents transmis en cours d'instruction par l'administration à l'adresse suivante : _____ @ _____

J'ai pris bonne note que, dans un tel cas, la date de notification sera celle de la consultation du courrier électronique ou, au plus tard, celle de l'envoi de ce courrier électronique augmentée de huit jours.

* 4 - Nature du transfert

Le transfert de l'autorisation est :   total ❑   partiel ❑
Courte description de la (ou des) partie(s) transférée(s) : _____

*5- Accord du (ou des) titulaire(s) du permis

Titulaire(s) de l'autorisation initiale :
je soussigné(e),
Nom(s) et prénom(s) _____

autorise
Nom(s) et prénom(s) _____

à demander le transfert de l'autorisation N° _____ |__|__|__| |__|__|__| |__|__| |__|__|__|__|__| |__|__|

À _____
Le : _____
Signature du (ou des) titulaire(s) de l'autorisation initiale :

*6 - Engagement du (ou des) demandeurs

J'atteste avoir qualité pour demander la présente autorisation.[2]
Je soussigné(e), auteur de la demande, certifie exacts les renseignements fournis.
J'ai pris connaissance des règles générales de construction prévues par le chapitre premier du titre premier du livre premier du code de la construction et de l'habitation et notamment, lorsque la construction y est soumise, les règles d'accessibilité fixées en application de l'article L. 111-7 de ce code.
Je suis informé(e) que les renseignements figurant dans cette demande serviront au calcul des impositions prévues par le Code de l'urbanisme.

À _____
Le : _____

Signature du (des) demandeur(s)

Votre demande doit être établie en quatre exemplaires et doit être déposée à la mairie du lieu du projet.

Si vous êtes un particulier : la loi n° 78-17 du 6 janvier 1978 relative à l'informatique, aux fichiers et aux libertés s'applique aux réponses contenues dans ce formulaire pour les personnes physiques. Elle garantit un droit d'accès aux données nominatives les concernant et la possibilité de rectification. Ces droits peuvent être exercés à la mairie. Les données recueillies seront transmises aux services compétents pour l'instruction de votre demande.
Si vous souhaitez vous opposer à ce que les informations nominatives comprises dans ce formulaire soient utilisées à des fins commerciales, cochez la case ci-contre : ☒

---

2 Vous pouvez déposer une demande si vous êtes dans un des quatre cas suivants :
- vous êtes propriétaire du terrain ou mandataire du ou des propriétaires ;
- vous avez l'autorisation du ou des propriétaires ;
- vous êtes co-indivisaire du terrain en indivision ou son mandataire ;
- vous avez qualité pour bénéficier de l'expropriation du terrain pour cause d'utilité publique.

5 Le permis modificatif

Aucune tolérance n'est permise dans l'exécution d'un permis de construire. Cependant, la construction projetée peut être modifiée en cours de chantier pour diverses raisons. Il peut dans ce cas être fait recours à un permis modificatif, déposé auprès de l'autorité ayant délivré l'autorisation initiale.

La différence entre permis modificatif et nouveau permis de construire est fixée par jurisprudence : si l'économie générale du projet initial est respectée, un permis modificatif peut suffire, sinon le dépôt d'un nouveau permis de construire est indispensable.

Par exemple, un permis modificatif peut être demandé lorsque l'implantation, la surface de plancher, le volume extérieur ou la hauteur du bâtiment ne sont pas modifiés ou ne le sont que légèrement.

La demande de permis modificatif est régie par les mêmes articles que la demande de permis initiale et doit être réalisée dans les mêmes conditions.

La demande de permis modificatif se fait à l'aide du formulaire CERFA 13411*01.

MINISTÈRE DE L'ÉCOLOGIE,
DU DÉVELOPPEMENT
ET DE L'AMÉNAGEMENT
DURABLES

Demande de
Modification d'un permis délivré
en cours de validité

N° 13411*01

* Informations nécessaires à l'instruction du permis
* Informations nécessaires au calcul des impositions
♦ Informations nécessaires en application de l'article R. 431-34 du code de l'urbanisme

Vous pouvez utiliser ce formulaire si :

- Vous souhaitez modifier un permis qui vous a été délivré et qui est en cours de validité.

Un permis est valable deux ans à compter de sa délivrance. Passé ce délai, il devient caduc si les travaux n'ont pas commencé ou s'ils ont été interrompus pendant plus d'un an.

Cadre réservé à la mairie du lieu du projet

| PC ou PA | Dpt | Commune | Année | N° de dossier | N° modif. |

La présente demande a été reçue à la mairie

le _____ *Cachet de la mairie et signature du receveur*

Dossier transmis : ❑ à l'Architecte des Bâtiments de France
                   ❑ au Directeur du Parc National

*1 - Désignation du permis

Autorisation délivrée :
❑ Permis de construire
❑ Permis d'aménager
N° permis : _____
Date de délivrance du permis : _____

*2 - Identité du ou des demandeurs

Le demandeur indiqué dans le cadre ci-dessous sera le titulaire de la future autorisation et le redevable des taxes d'urbanisme
Si la demande est présentée par plusieurs personnes, indiquez leurs coordonnées sur la fiche complémentaire.
Les décisions prises par l'administration seront notifiées au demandeur indiqué ci-dessous. Une copie sera adressée aux autres demandeurs, qui seront co-titulaires de l'autorisation et solidairement responsables du paiement des taxes.

Vous êtes un particulier   Madame ❑   Monsieur ❑
Nom : _____ Prénom : _____

Vous êtes une personne morale
Dénomination : _____ Raison sociale : _____
N° SIRET : _____ Catégorie juridique : _____
Représentant de la personne morale : Madame ❑   Monsieur ❑
Nom : _____ Prénom : _____

3 - Coordonnées du demandeur
Ne remplir que si les coordonnées du demandeur sont modifiées

Adresse : Numéro : _____ Voie : _____
Lieu-dit : _____ Localité : _____
Code postal : _____ BP : _____ Cedex : _____
Si le demandeur habite à l'étranger : Pays : _____ Division territoriale : _____

Si vous souhaitez que les courriers de l'administration (autres que les décisions) soient adressés à une autre personne, veuillez préciser son nom et ses coordonnées : Madame ❏   Monsieur ❏   Personne morale ❏

Nom : _____ Prénom : _____

OU raison sociale : _____

Adresse : Numéro : _____ Voie : _____

Lieu-dit : _____ Localité : _____

Code postal : |__|__|__|__|__| BP : |__|__|__| Cedex : |__|__|

Si le demandeur habite à l'étranger : Pays : _____ Division territoriale : _____

Téléphone : |__|__|__|__|__|__|__|__|__|__| indiquez l'indicatif pour le pays étranger : |__|__|__|__|

❏ J'accepte de recevoir par courrier électronique les documents transmis en cours d'instruction par l'administration à l'adresse suivante : _____@_____

J'ai pris bonne note que, dans un tel cas, la date de notification sera celle de la consultation du courrier électronique ou, au plus tard, celle de l'envoi de ce courrier électronique augmentée de huit jours.

4 - Le terrain
Ne remplir que si la demande de modification concerne ces informations

4.1 - localisation du (ou des) terrain(s)
Les informations et plans (voir liste des pièces à joindre) que vous fournissez doivent permettre à l'administration de localiser précisément le (ou les) terrain(s) concerné(s) par votre projet
- *Le terrain est constitué de l'ensemble des parcelles cadastrales d'un seul tenant appartenant à un même propriétaire*
- *Le projet de construction peut porter sur un ou plusieurs terrains*
- *Le projet d'aménagement porte sur la partie du ou des terrains à aménager*

Adresse du (ou des) terrain(s)

Numéro : _____ Voie : _____

Lieu-dit : _____ Localité : _____

Code postal : |__|__|__|__|__| BP : |__|__|__| Cedex : |__|__|

Références cadastrales : section et numéro[1] (si votre projet porte sur plusieurs parcelles cadastrales, veuillez indiquer les premières ci-dessous et les suivantes sur une feuille séparée) : _____
_____

Superficie du (ou des) terrain(s) (en m²) : _____

5 - Architecte

*Vous avez eu recours à un architecte : Oui ❏   Non ❏ _____

Si oui, vous devez lui faire compléter les rubriques ci-dessous et lui faire apposer son cachet

Nom de l'architecte : _____ Prénom : _____

Numéro : _____ Voie : _____

Lieu-dit : _____ Localité : _____

Code postal : |__|__|__|__|__| BP : |__|__|__| Cedex : |__|__|

N° d'inscription sur le tableau de l'ordre : _____

Conseil Régional de : _____

Téléphone : |__|__|__|__|__|__|__|__|__|__| ou Télécopie : |__|__|__|__|__|__|__|__|__|__| ou

Adresse électronique : _____@_____

En application de l'article R. 431-2 du code de l'urbanisme, j'ai pris connaissance des règles générales de construction prévues par le chapitre premier du titre premier du livre premier du code de la construction et de l'habitation et notamment, lorsque la construction y est soumise, les règles d'accessibilité fixées en application de l'article L. 111-7 de ce code.

Signature de l'architecte :	Cachet de l'architecte :

Si vous n'avez pas eu recours à un architecte (ou un agréé en architecture), veuillez cocher la case ci-dessous[2] :
❏ Je déclare sur l'honneur que mon projet entre dans l'une des situations pour lesquelles le recours à l'architecte n'est pas obligatoire.

---

[1] Si vous ne connaissez pas ces références, vous pouvez contacter la mairie.
[2] Vous pouvez vous dispenser du recours à un architecte (ou un agréé en architecture) si vous êtes un particulier ou une exploitation agricole à responsabilité limitée à associé unique et que vous déclarez vouloir édifier ou modifier pour vous-même :
- Une construction à usage autre qu'agricole dont la surface de plancher hors œuvre nette n'excède pas 170 m² ;
- Une construction à usage agricole dont la surface de plancher hors œuvre brute n'excède pas 800 m² ;
- Des serres de production dont le pied-droit a une hauteur inférieure à 4 m et dont la surface de plancher hors œuvre brute n'excède pas 2000 m².

6 - Objet de la modification

*Description des modifications apportées à votre projet :

7 - Superficies (Ne remplir que si la demande de modification concerne ces informations. Elles annulent et remplacent les informations données à l'occasion de l'autorisation antérieure)

Superficie totale du (ou des) terrain(s) (en m²) : _____

Superficie du (ou des) terrain(s) à aménager (en m²) : _____

8 - Surface hors œuvre brute (SHOB) (Ne remplir que si la demande de modification concerne ces informations. Elles annulent et remplacent les informations données à l'occasion de l'autorisation antérieure)

Si votre projet de construction se situe dans une commune non dotée de plan local d'urbanisme (PLU) ou d'un document en tenant lieu (plan d'occupation des sols, plan de sauvegarde et de mise en valeur, plan d'aménagement de zone), indiquez la surface hors œuvre brute (SHOB) totale du projet

SHOB des travaux de construction (en m²) : _____

9 - Informations complémentaires (Ne remplir que si la demande de modification concerne ces informations. Elles annulent et remplacent les informations données à l'occasion de l'autorisation antérieure)

• Nombre total de logements créés : |__|__|__| dont individuels : |__|__|__| dont collectifs : |__|__|__|

• Répartition du nombre total de logement créés par type de financement :

Logement Locatif Social |__|__|__| Accession Sociale (hors prêt à taux zéro) |__|__|__| Prêt à taux zéro |__|__|__|

Autres financements : _____

♦ Mode d'utilisation principale des logements :

Occupation personnelle (particulier) ou en compte propre (personne morale) ❑   Vente ❑   Location ❑

S'il s'agit d'une occupation personnelle, veuillez préciser :   Résidence principale ❑   Résidence secondaire ❑

Si le projet porte sur une annexe à l'habitation, veuillez préciser :   Piscine ❑   Garage ❑   Véranda ❑   Abri de jardin ❑

❑ Autres annexes à l'habitation : _____

• Si le projet est un foyer ou une résidence, à quel titre : _____

Résidence pour personnes âgées ❑   Résidence pour étudiants ❑   Résidence de tourisme ❑

Résidence hôtelière à vocation sociale ❑   Résidence sociale ❑   Résidence pour personnes handicapées ❑

❑ Autres, précisez : _____

♦ Nombre de chambres créées en foyer ou dans un hébergement d'un autre type : _____

♦ Répartition du nombre de logements créés selon le nombre de pièces :

1 pièce |__|__|__| 2 pièces |__|__|__| 3 pièces |__|__|__| 4 pièces |__|__|__| 5 pièces |__|__|__| 6 pièces et plus |__|__|__|

• Nombre de niveaux du bâtiment le plus élevé : |__|__|__|

• Indiquez si vos travaux comprennent notamment :

Extension ❑   Surélévation ❑   Création de niveaux supplémentaires ❑

10 - Destination des constructions et tableau des surfaces (Ne remplir que si la demande de modification concerne ces informations. Dans ce cas, ce tableau doit être rempli intégralement. Il annule et remplace le précédent).

surfaces hors œuvre nettes[3] (SHON) en m²

Destinations	SHON existantes avant travaux (A)	SHON construites (B)	SHON créées par transformation de SHOB en SHON[4] (C)	SHON créées par changement de destination[5] (D)	SHON démolies ou transformée en SHOB[6] (E)	SHON supprimées par changement de destination[5] (F)	SHON totales = A+B+C+D-E-F
10.1 - Habitation							
10.2 - Hébergement hôtelier							
10.3 - Bureaux							
10.4 - Commerce							
10.5 - Artisanat[7]							
10.6 - Industrie							
10.7 - Exploitation agricole ou forestière							
10.8 - Entrepôt							
10.9 - Service public ou d'intérêt collectif							
10.10 - SHON Totales (m²)							

♦ 11 - Information sur la destination des constructions futures en cas de réalisation au bénéfice d'un service public ou d'intérêt collectif :

Transport ☐   Enseignement et recherche ☐   Action sociale ☐   Ouvrage spécial ☐   Santé ☐
Culture et loisir ☐

• 12 - Stationnement (Ne remplir que si la demande de modification concerne ces informations Dans ce cas, ce tableau doit être rempli intégralement. Il annule et remplace le précédent).

Places de stationnement	Résultant de l'autorisation antérieure	Projetées suite à la modification demandée
Nombre de places de stationnement		
Surface hors œuvre brute des aires bâties de stationnement en m²		
Surface de l'emprise au sol des aires non bâties de stationnement en m²		

Places de stationnement affectées au projet, aménagées ou réservées en dehors du terrain sur lequel est situé le projet

Adresse(s) des aires de stationnement : _____

Nombre de places : _____
Surface totale affectée au stationnement : _____ m², dont surface bâtie (SHOB) : _____ m²

---

[3] Vous pouvez vous aider de la fiche d'aide pour le calcul des surfaces.
La Surface Hors Œuvre Brute (SHOB) d'une construction est égale à la somme des surfaces de plancher de chaque niveau de la construction, calculée à partir du nu extérieur des murs de façade, y compris les combles et les sous-sols non aménageables, les balcons, les loggias, les toitures-terrasses accessibles. La Surface Hors Œuvre Nette (SHON) est obtenue après déduction de la surface des combles et sous-sols non aménageables, des surfaces non closes, des surfaces de stationnement, des surfaces des bâtiments agricoles, des serres de production (Article R.112-2 du Code de l'urbanisme).
[4] Par exemple la transformation d'un garage (qui constitue uniquement de la SHOB) en pièce habitable (qui constitue de la SHON).
[5] Le changement de destination consiste à transformer une surface existante de l'une des neuf destinations mentionnées dans le tableau vers une autre de ces destinations. Par exemple : la transformation de surfaces de bureaux (10.3) en hôtel (10.2) ou la transformation d'une habitation (10.1) en commerce (10.4).
[6] Par exemple la transformation d'une pièce habitable (qui constitue de la SHON) en garage (qui constitue uniquement de la SHOB).
[7] L'activité d'artisan est définie par la loi n° 96 603 du 5 juillet 1996 dans ses articles 19 et suivants, « activités professionnelles indépendantes de production, de transformation, de réparation, ou prestation de service relevant de l'artisanat et figurant sur une liste annexée au décret N° 98-247 du 2 avril 1998 ».

•**13 - Fiscalité de l'urbanisme** (Ne remplir que si la demande de modification concerne ces informations. Dans ce cas, ce tableau doit être rempli intégralement. Il annule et remplace le précédent).

13.1 - Tableau des affectations

	Surfaces hors œuvre nettes (SHON en m²)		
	Surface changeant de destination (création de SHON) (A)	Surface nouvelle hors œuvre nette construite (B)	Totale après travaux = A+B
13.1.1 - Habitation : - Locaux des exploitations agricoles à usage d'habitation des exploitants et du personnel			
- Locaux à usage de résidence principale			
- Locaux à usage de résidence secondaire			
13.1.2 - Locaux à usage des particuliers non utilisables pour l'habitation, ni pour aucune activité économique [8]			
13.1.3 - Locaux des exploitations ou des coopératives agricoles constitutifs de SHON intéressant la production agricole ou une activité annexe à cette production [9]			
13.1.4 - Hôtellerie : - Chambres et dégagements menant aux chambres			
- Autres locaux hôteliers non-affectés à l'hébergement (restaurants, etc...)			
- Habitations légères de loisir			
- Locaux des villages de vacances et des campings			
13.1.5 - Constructions affectées à un service public ou d'utilité publique			

13.2 - Foires et salons (Ne remplir que si la demande de modification concerne ces informations. Elles annulent et remplacent les informations données à l'occasion de l'autorisation antérieure)

Si votre projet consiste dans la réalisation de sites de foire ou de salons professionnels ou de palais des congrès, veuillez indiquer la surface hors œuvre nette (SHON) :
- des locaux d'exposition : _____ m² - des locaux servant à la tenue de réunions : _____ m²
- des autres locaux (restaurants, bureaux,....) : _____ m²

13.3 - Plafond légal de densité (PLD) (Ne remplir que si la demande de modification concerne ces informations. Elles annulent et remplacent les informations données à l'occasion de l'autorisation antérieure)

Demandez à la mairie si un plafond légal de densité des constructions est institué dans la commune et si les constructions prévues sur votre terrain dépassent ce plafond. Si oui, indiquez ici la valeur du m² de terrain nu et libre : _____ €
Pour bénéficier le cas échéant de droits acquis, précisez si des constructions existant sur votre terrain avant le 1er avril 1976 ont été démolies : Oui ❏ Non ❏ si oui, indiquez ici la Surface Hors Oeuvre Nette (SHON) démolie (en m²) : _____

13.4 - Participation pour voirie et réseaux (Ne remplir que si la demande de modification concerne ces informations. Elles annulent et remplacent les informations données à l'occasion de l'autorisation antérieure)

Si votre projet se situe sur un terrain soumis à la participation pour voirie et réseaux (PVR), indiquez les coordonnées du propriétaire ou celles du bénéficiaire de la promesse de vente, s'il est différent du demandeur :

Madame ❏   Monsieur ❏   Personne morale ❏

Nom : _____ Prénom : _____

OU raison sociale : _____

Adresse : Numéro : _____ Voie : _____

Lieu-dit : _____ Localité : _____

Code postal : ⎵⎵⎵⎵⎵ BP : ⎵⎵⎵ Cedex : ⎵⎵

Si le demandeur habite à l'étranger : Pays : _____ Division territoriale : _____

---

8 Il s'agit de locaux n'entrant pas dans la catégorie « usage principal d'habitation » (cellier en rez-de-chaussée, appentis, remise, bûcher, atelier familial, abri de jardin, abri et local technique de piscine...) et de locaux non agricoles, non annexés à l'habitation mais de même nature (accueils d'animaux hors élevage, box à chevaux, remise...)
9 Exemple tel que local de vente des produits de l'exploitation situé dans les bâtiments de l'exploitation.

* 14 - Engagement du (ou des) demandeurs

J'atteste avoir qualité pour demander la présente autorisation.[10]

Je soussigné(e), auteur de la demande, certifie exacts les renseignements fournis.

J'ai pris connaissance des règles générales de construction prévues par le chapitre premier du titre premier du livre premier du code de la construction et de l'habitation et notamment, lorsque la construction y est soumise, les règles d'accessibilité fixées en application de l'article L. 111-7 de ce code.

Je suis informé(e) que les renseignements figurant dans cette demande serviront au calcul des impositions prévues par le Code de l'urbanisme.

À _____

Le : _____

Signature du (des) demandeur(s)

Votre demande doit être établie en quatre exemplaires et doit être déposée à la mairie du lieu du projet
Vous devrez produire :
- un exemplaire supplémentaire, si votre projet se situe en périmètre protégé au titre des monuments historiques
- un exemplaire supplémentaire, si votre projet se situe dans un site classé, un site inscrit ou une réserve naturelle ;
- deux exemplaires supplémentaires, si votre projet se situe dans un cœur de parc national

---

Si vous êtes un particulier : la loi n° 78-17 du 6 janvier 1978 relative à l'informatique, aux fichiers et aux libertés s'applique aux réponses contenues dans ce formulaire pour les personnes physiques. Elle garantit un droit d'accès aux données nominatives les concernant et la possibilité de rectification. Ces droits peuvent être exercés à la mairie. Les données recueillies seront transmises aux services compétents pour l'instruction de votre demande.
Si vous souhaitez vous opposer à ce que les informations nominatives comprises dans ce formulaire soient utilisées à des fins commerciales, cochez la case ci-contre : ❏

---

10 Vous pouvez déposer une demande si vous êtes dans un des quatre cas suivants :
- vous êtes propriétaire du terrain ou mandataire du ou des propriétaires ;
- vous avez l'autorisation du ou des propriétaires ;
- vous êtes co-indivisaire du terrain en indivision ou son mandataire ;
- vous avez qualité pour bénéficier de l'expropriation du terrain pour cause d'utilité publique.

6 Le recours des tiers

Certaines personnes peuvent estimer que l'autorisation accordée peut leur porter préjudice ou qu'elle est contraire aux dispositions d'urbanisme en vigueur. Elles attentent alors un recours.

Comme indiqué dans le chapitre précédent, chaque autorisation doit faire l'objet d'un affichage sur le terrain d'assiette du projet. Dans les huit jours suivant cette autorisation, la mairie, où peut être consulté le dossier, doit également pratiquer un affichage. La réforme du Code de l'urbanisme n'a retenu que le premier de ces actes pour définir, en son article R 600-2, que le délai de recours contentieux court à l'égard des tiers à compter du premier jour d'une période continue de deux mois d'affichage sur le terrain.

Tout recours doit être notifié à l'auteur de la décision ainsi qu'au titulaire de l'autorisation, par lettre recommandée avec accusé de réception dans un délai de quinze jours francs à compter du dépôt du recours.

En tout état de cause, l'article R 600-3 précise qu'aucune action en vue de l'annulation d'une autorisation n'est recevable à l'expiration d'un délai d'un an à compter de l'achèvement de la construction ou de l'aménagement. Sauf preuve contraire, la date de cet achèvement est celle de la réception de la déclaration d'achèvement en mairie.

7 La déclaration d'ouverture de chantier

La Déclaration d'ouverture de chantier (DOC) prévue à l'article R 424-16 est établie conformément au formulaire CERFA n°13407*01.

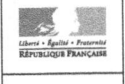

MINISTÈRE DE L'ÉCOLOGIE,
DU DÉVELOPPEMENT
ET DE L'AMÉNAGEMENT
DURABLES

Déclaration d'ouverture de chantier

N° 13407*01

Vous devez utiliser ce formulaire pour :
Déclarer que vous avez commencé les travaux ou aménagements autorisés.

Cadre réservé à la mairie du lieu du projet
La présente déclaration a été reçue à la mairie

le _____ *Cachet de la mairie et signature du receveur*

1 - Désignation du permis

☐ Permis de construire ⇨ N° |__|__|__|__| |__|__|__| |__|__|__|__| |__|__|__|__| |__|__|__| _____

☐ Permis d'aménager ⇨ N° |__|__|__|__| |__|__|__| |__|__|__|__| |__|__|__|__| |__|__|__|

2 - Identité du déclarant (Le déclarant est le titulaire de l'autorisation)

Vous êtes un particulier Madame ☐ Monsieur ☐
Nom : _____ Prénom : _____

Vous êtes une personne morale
Dénomination : _____ Raison sociale : _____
N° SIRET : |__|__|__| |__|__|__| |__|__|__| |__|__|__|__|__| Catégorie juridique : |__|__|__|__|
Représentant de la personne morale : Madame ☐ Monsieur ☐
Nom : _____ Prénom : _____

3 - Coordonnées du déclarant (Ne remplir qu'en cas de changement des coordonnées du titulaire de l'autorisation. Vous pouvez également remplir la fiche complémentaire en cas de changement des coordonnées du (ou des) co-titulaire(s) de l'autorisation).

Adresse : Numéro : _____ Voie : _____
Lieu-dit : _____ Localité : _____
Code postal : |__|__|__|__|__| BP : |__|__|__| Cedex : |__|__|
Si le demandeur habite à l'étranger : Pays : _____ Division territoriale : _____

☐ J'accepte de recevoir par courrier électronique les documents transmis en cours d'instruction par l'administration à
l'adresse suivante : .... @ ....
J'ai pris bonne note que, dans un tel cas, la date de notification sera celle de la consultation du courrier électronique ou, à défaut, celle de l'envoi de ce courrier électronique augmentée de huit jours.

4 - Ouverture de chantier

Je déclare le chantier ouvert depuis le : |__|__| |__|__| |__|__|__|__|

☐ Pour la totalité des travaux

☐ Pour une tranche des travaux
Veuillez préciser quels sont les aménagements ou constructions commencés :

L'aménageur a été autorisé à différer les travaux de finition des voiries ? Oui ☐ Non ☐

Surface hors œuvre nette créée (en m²) : _____
Nombre de logements commencés : _____ dont individuels : _____ dont collectifs : _____
Répartition du nombre de logements commencés par type de financement
☐ Logement Locatif Social : |__|__|__|
☐ Accession Aidée (hors prêt à taux zéro) : |__|__|__|
☐ Prêt à taux zéro : |__|__|__|
☐ Autres financements : |__|__|__|

Je certifie exactes les informations ci-dessus

À _____

Le : _____

Signature du (ou des) déclarant(s)

Votre déclaration établie en trois exemplaires devra être déposée à la mairie du lieu du projet.

Informations : Outre qu'il comporte des risques liés à un accident ou une malfaçon toujours possible, le recours à un travailleur non déclaré est passible des sanctions prévues par les articles L. 362-3 et R. 362-3 du Code du travail. Au moment de l'ouverture du chantier, le bénéficiaire doit être en possession de la preuve qu'il a souscrit une assurance dommage-ouvrages : à défaut, il encours des sanctions pénales, sauf s'il construit pour lui-même ou sa proche famille.
Dans le délai de 90 jours à compter du moment où les locaux sont utilisables, même s'il reste encore des travaux à réaliser, le propriétaire doit adresser une déclaration par local (maison individuelle, appartement, local commercial, etc) au centre des impôts ou au centre des impôts fonciers (consulter ces services). Ces obligations déclaratives s'appliquent notamment lorsque le permis ou la déclaration préalable ont pour objet la création de surfaces nouvelles ou le changement de destination de surfaces existantes. Le défaut de déclaration entraîne la perte des exonérations temporaires de taxe foncière de 2, 10, 15 ou 20 ans (dispositions de l'article 1406 du Code général des impôts).

Si vous êtes un particulier : la loi n° 78-17 du 6 janvier 1978 relative à l'informatique, aux fichiers et aux libertés s'applique aux réponses contenues dans ce formulaire pour les personnes physiques. Elle garantit un droit d'accès aux données nominatives les concernant et la possibilité de rectification. Ces droits peuvent être exercés à la mairie. Les données recueillies seront transmises aux services compétents pour l'instruction de votre demande.
Si vous souhaitez vous opposer à ce que les informations nominatives comprises dans ce formulaire soient utilisées à des fins commerciales, cochez la case ci-contre : ❏

Elle doit être adressée au maire de la commune dans laquelle les travaux ont lieu, dès l'ouverture du chantier.

La déclaration d'ouverture de chantier est présentée par le bénéficiaire du permis de construire.

Elle n'est nécessaire que pour un permis de construire ou d'aménager. Les autres procédures (déclaration préalable, permis de démolir) ne sont pas concernées.

On définit l'ouverture de chantier par le fait d'amener du matériel, d'installer des barricades autour du chantier, d'entreprendre les premiers travaux de terrassement.

En cas d'opérations divisées en plusieurs tranches, chaque tranche fait l'objet d'une déclaration d'ouverture de chantier.

Chapitre 7
Après la réalisation des travaux

1 La déclaration d'achèvement des travaux et récolement

La déclaration attestant l'achèvement et la conformité des travaux est signée par le bénéficiaire de l'autorisation ou par l'architecte, dans le cas où il a dirigé les travaux. Elle est adressée par pli recommandé avec accusé de réception postal au maire de la commune ou déposée contre décharge à la mairie. Lorsque la commune est dotée des équipements le permettant, la déclaration peut être adressée par courrier électronique.

Le maire transmet cette déclaration au préfet lorsque la décision a été prise au nom de l'État, ou au président de l'établissement public de coopération intercommunale lorsque la décision a été prise au nom de cet établissement public.

La déclaration précise si l'achèvement concerne la totalité ou une tranche des travaux. Lorsqu'un aménageur a été autorisé à différer les travaux de finition des voiries, la déclaration le précise.

La déclaration attestant l'achèvement et la conformité des travaux est établie conformément au formulaire CERFA 13408*01

MINISTÈRE DE L'ÉCOLOGIE,
DU DÉVELOPPEMENT
ET DE L'AMÉNAGEMENT
DURABLES

Déclaration attestant l'achèvement et la conformité des travaux

N° 13408*01

1/2

Vous devez utiliser ce formulaire pour :

- Déclarer l'achèvement des travaux de construction ou d'aménagement
- Déclarer que les travaux de construction ou d'aménagement sont conformes à l'autorisation et respectent les règles générales de construction
- Déclarer que le changement de destination ou la division de terrain a été effectué et est conforme au permis ou à la déclaration préalable

Cadre réservé à la mairie du lieu du projet

La présente déclaration a été reçue à la mairie

le _____ Cachet de la mairie et signature du receveur

1 - Désignation du permis ou de la déclaration préalable

☐ Permis de construire   ⇨ N° _____

☐ Permis d'aménager   ⇨ N° _____

S'agit-il d'un aménagement pour lequel l'aménageur a été autorisé à différer les travaux de finition des voiries ? ☐ Oui ☐ Non
Si oui, date de finition des voiries fixées au : _____

☐ Déclaration préalable   ⇨ N° _____

2 - Identité du déclarant (Le déclarant est le titulaire de l'autorisation)

Vous êtes un particulier   Madame ☐ Monsieur ☐
Nom : _____ Prénom : _____

Vous êtes une personne morale
Dénomination : _____ Raison sociale : _____
N° SIRET : _____ Catégorie juridique : _____
Représentant de la personne morale : Madame ☐ Monsieur ☐
Nom : _____ Prénom : _____

3 - Coordonnées du déclarant (Ne remplir qu'en cas de changement des coordonnées du titulaire de l'autorisation ou du déclarant. Vous pouvez également remplir la fiche complémentaire en cas de changement des coordonnées du déclarant ou du titulaire du permis.)

Adresse : Numéro : _____ Voie : _____
Lieu-dit : _____ Localité : _____
Code postal : _____ BP : _____ Cedex : _____
Si le demandeur habite à l'étranger : Pays : _____ Division territoriale : _____
☐ J'accepte de recevoir par courrier électronique les documents transmis en cours d'instruction par l'administration à l'adresse suivante : _____ @
J'ai pris bonne note que, dans un tel cas, la date de notification sera celle de la consultation du courrier électronique ou, au plus tard, celle de l'envoi de ce courrier électronique augmentée de huit jours.

4 - Achèvement des travaux

Chantier achevé le : ⌴⌴ ⌴⌴ ⌴⌴⌴⌴
Ensemble des divisions effectué le : ⌴⌴ ⌴⌴ ⌴⌴⌴⌴
Changement de destination effectué le : ⌴⌴ ⌴⌴ ⌴⌴⌴⌴

☐ Pour la totalité des travaux

☐ Pour une tranche des travaux
Veuillez préciser quels sont les aménagements ou constructions achevés :

L'aménageur a été autorisé à différer les travaux de finition des voiries ?   Oui ☐   Non ☐

Surface hors œuvre nette créée (en m²) : _____
Nombre de logements terminés : _____   dont individuels : _____   dont collectifs : _____
Répartition du nombre de logements terminés par type de financement
☐ Logement Locatif Social : ⌴⌴ ⌴⌴ ⌴⌴
☐ Accession Sociale (hors prêt à taux zéro) : ⌴⌴ ⌴⌴ ⌴⌴
☐ Prêt à taux zéro : ⌴⌴ ⌴⌴ ⌴⌴
☐ Autres financements : ⌴⌴ ⌴⌴ ⌴⌴

J'atteste que les travaux sont achevés et qu'ils sont conformes à l'autorisation (permis ou non-opposition à la déclaration préalable)[1]

À _____   À _____
Le : _____   Le : _____
    Signature du (ou des) déclarant(s)   Signature de l'architecte (ou de l'agréé
                                                          en architecture) s'il a dirigé les travaux

Pièces à joindre (*cocher les pièces jointes à votre déclaration attestant l'achèvement et la conformité des travaux*) :

☐ **AT.1** - L'attestation constatant que les travaux réalisés respectent les règles d'accessibilité applicables mentionnées à l'art. R. 111-19-21 du code de la construction et de l'habitation ;

☐ **AT.2** - Dans les cas prévus par les 4° et 5° de l'article R. 111-38 du code de la construction et de l'habitation, la déclaration d'achèvement est accompagnée du document prévu à l'article L. 112-19 de ce code, établi par un contrôleur technique mentionné à l'article L. 111-23 de ce code, attestant que le maître d'ouvrage a tenu compte de ses avis sur le respect des règles de construction parasismiques et para-cycloniques prévues par l'article L. 563-1 du code de l'environnement.

La déclaration attestant l'achèvement et la conformité des travaux est adressée :
- soit par pli recommandé avec demande d'avis de réception postal au maire de la commune ;
- soit déposée contre décharge à la mairie.

À compter de la réception en mairie de la déclaration, l'administration dispose d'un délai de **trois mois** pour contester la conformité des travaux au permis ou à la déclaration préalable. Ce délai est porté à **cinq mois** si votre projet entre dans l'un des cas prévu à l'article R. 462-7 du code de l'urbanisme[2].

Dans le délai de 90 jours à compter du moment où les locaux sont utilisables, même s'il reste encore des travaux à réaliser, le propriétaire doit adresser une déclaration par local (maison individuelle, appartement, local commercial, etc.) au centre des impôts ou au centre des impôts fonciers (consulter ces services). Ces obligations déclaratives s'appliquent notamment lorsque le permis ou la déclaration préalable ont pour objet la création de surfaces nouvelles ou le changement de destination de surfaces existantes. Le défaut de déclaration entraîne la perte des exonérations temporaires de taxe foncière de 2, 10, 15 ou 20 ans (dispositions de l'article 1406 du code général des impôts).

Si vous êtes un particulier : la loi n° 78-17 du 6 janvier 1978 relative à l'informatique, aux fichiers et aux libertés s'applique aux réponses contenues dans ce formulaire pour les personnes physiques. Elle garantit un droit d'accès aux données nominatives les concernant et la possibilité de rectification. Ces droits peuvent être exercés à la mairie. Les données recueillies seront transmises aux services compétents pour l'instruction de votre demande.
Si vous souhaitez vous opposer à ce que les informations nominatives comprises dans ce formulaire soient utilisées à des fins commerciales, cochez la case ci-contre : ☐

---
1 La déclaration doit être signée par le bénéficiaire de l'autorisation ou par l'architecte ou l'agréé en architecture, dans le cas où ils ont dirigé les travaux.
2 Travaux concernant un immeuble inscrit au titre des monuments historiques ; travaux situés dans un secteur sauvegardé, dans un site inscrit ou classé au titre du code de l'environnement, travaux concernant un immeuble de grande hauteur ou recevant du public ; travaux situés dans le cœur d'un parc national ou dans un espace ayant vocation à être classés dans le cœur d'un futur parc national ; travaux situés dans un secteur couvert par un plan de prévention des risques.

2 Conformité des travaux

À compter de la date de réception en mairie de la déclaration d'achèvement objet du chapitre précédent, l'autorité compétente dispose d'un délai de trois mois pour contester la conformité des travaux. Lorsqu'un récolement des travaux est obligatoire, ce délai est porté à cinq mois.

Or, le récolement est obligatoire :

- lorsque les travaux concernent un immeuble inscrit au titre des monuments historiques, ou lorsqu'ils sont situés dans un secteur sauvegardé, ou dans un site inscrit ou classé. Le récolement est alors effectué en liaison avec l'architecte des bâtiments de France ou le cas échéant le représentant du ministre chargé des monuments historiques ou du ministre chargé des sites ;
- lorsqu'il s'agit de travaux relatifs aux immeubles de grande hauteur, ou aux établissements recevant du public. Le récolement est alors effectué en liaison avec le directeur départemental des services d'incendie et de secours ;
- lorsqu'il s'agit de travaux réalisés à l'intérieur d'un espace ayant vocation à être classé dans le cœur d'un futur parc national, à l'intérieur du cœur d'un parc national délimité, ou encore à l'intérieur d'une réserve naturelle ;
- lorsqu'il s'agit de travaux réalisés dans un secteur couvert par un plan de prévention des risques naturels prévisibles, par un plan de prévention des risques technologiques établi en application du Code de l'environnement, ou par un plan de prévention des risques miniers établi en application du Code minier.

Préalablement à tout récolement, l'autorité compétente en informe le bénéficiaire de l'autorisation.

Lorsqu'elle estime que les travaux ne sont pas conformes à l'autorisation, l'autorité compétente met en demeure le maître de l'ouvrage de déposer un dossier modificatif ou de mettre les travaux en conformité avec l'autorisation accordée.

Cette mise en demeure est notifiée par lettre recommandée avec accusé de réception postal. Elle peut aussi être envoyée par courrier électronique. La mise en demeure rappelle les sanctions encourues.

Après la réalisation des travaux

Lorsqu'aucune décision n'est intervenue dans les délais définis ci-dessus, le bénéficiaire de l'autorisation peut, sur simple requête, demander une attestation certifiant que la conformité des travaux avec l'autorisation n'a pas été contestée.

En cas de refus ou de silence de l'autorité compétente, cette attestation est fournie par le préfet, à la demande du bénéficiaire de l'autorisation.

3 Les taxes liées à la construction

3.1 La Taxe locale d'équipement

La taxe locale d'équipement (TLE) a été instituée en 1967, il s'agit de l'imposition générale et forfaitaire concernant les constructions. Elle a pour objet de financer les travaux d'équipements publics communaux et est donc perçue au profit de la commune ou certains groupements de communes.

3.1.1 Champ d'application

Instaurée de plein droit dans les communes de plus de 10 000 habitants, elle est instituée par délibération du conseil municipal dans les autres communes. Dans ce cas, elle est instaurée pour une durée minimale de trois ans.

3.1.2 Les opérations concernées par la TLE

▶ Opérations imposables

L'article 1585 A du Code général des impôts indique que la taxe est due sur la construction, la reconstruction ou l'agrandissement des bâtiments de toute nature. Elle est exigible sur la base des autorisations délivrées ou de procès-verbaux constatant la réalisation de constructions non autorisées.

▶ Opérations exclues

L'article 1585 C -I et I bis du Code général des impôts et les articles 328 D bis, ter et quater de l'annexe III de ce code indiquent que sont notamment exclues les constructions destinées à être affectées à un service public ou d'utilité publique et celles édifiées dans les Zones d'aménagement concerté (ZAC) ou les périmètres de Plans d'aménagement d'ensemble (PAE).

▶ Exonérations

Les articles 1585 C et D du Code général des impôts prévoient que certaines opérations peuvent être exonérées, en particulier les logements locatifs sociaux.

3.1.3 Assiette

L'article 1585 D du Code général des impôts définit l'assiette de la taxe. Cette assiette est constituée par la valeur des ensembles immobiliers ayant fait l'objet d'une autorisation de construire. Cette valeur est déterminée forfaitairement en appliquant à la SHON une valeur au mètre carré variable selon la catégorie des immeubles. Il s'agit de la Valeur forfaitaire (VF).

Neuf catégories d'immeubles sont distinguées.

- 1) Locaux annexes aux locaux mentionnés aux 2), 4), 5) et 8) et constructions non agricoles et non utilisables pour l'habitation, y compris les hangars autres que ceux qui sont mentionnés au 3), pour les vingt premiers mètres carrés de SHON (loi Urbanisme et habitat n° 2003-590 du 2 juillet 2003, article 74).

- 2) Locaux des exploitations agricoles à usage d'habitation des exploitants et de leur personnel ; autres locaux des exploitations agricoles intéressant la production agricole ou une activité annexe de cette production ; bâtiments affectés aux activités de conditionnement et de transformation des coopératives agricoles, viticoles, horticoles, ostréicoles et autres.

- 3) Entrepôts et hangars faisant l'objet d'une exploitation commerciale, industrielle ou artisanale ; garages et aires de stationnement couvertes faisant l'objet d'une exploitation commerciale ou artisanale ; locaux à usage industriel ou artisanal et bureaux y attenants ; locaux des villages de vacances et des campings ; locaux des sites de foires ou de salons professionnels ; palais des congrès.

- 4) Locaux d'habitation et leurs annexes construits par les sociétés immobilières créées en application de la loi n° 46-860 du 30 avril 1946 ; foyers-hôtels pour travailleurs ; locaux d'habitation et leurs annexes bénéficiant d'un prêt aidé à l'accession à la propriété ou d'un prêt locatif aidé ; immeubles d'habitation collectifs remplissant les conditions nécessaires à l'octroi de prêts aidés à l'accession à la propriété ; selon la loi n° 98-1267 du 30 décembre 1998, JO du 31 décembre 1998, article 35, locaux d'habitation à usage locatif et leurs annexes mentionnés au 3° de l'article L 351-2 du Code de la construction et de l'habitation qui bénéficient de la décision favorable d'agrément prise dans les conditions prévues aux articles R 331-3 et R 331-6 du même code à compter du 1er octobre 1996 (loi n° 2003-710 du 1er août 2003, article 16) ou d'une subvention de l'Agence nationale pour la rénovation urbaine ; les logements-foyers mentionnés au 5° de l'article L 351-2 du CCH ; les résidences hôtelières à vocation sociale mentionnées à l'article L 631-11 du CCH.

- 5) Construction individuelle et ses annexes à usage d'habitation principale (loi SRU n° 2000-1208 du 13 décembre 2000, article 52) ; locaux des immeubles collectifs et leurs annexes à usage de résidence principale, par logement :
  - premièrement pour les 80 premiers mètres carrés de surface hors œuvre nette,
  - deuxièmement de 81 à 170 mètres carrés.
- 6) Parties des bâtiments hôteliers destinés à l'hébergement des clients.
- 7) Parties des locaux à usage d'habitation principale et leurs annexes, autres que ceux entrant dans les catégories 2) et 4) et dont la SHON excède 170 mètres carrés.
- 8) Locaux à usage d'habitation secondaire.
- 9) Autres constructions soumises à la réglementation des permis de construire.

Les Valeurs forfaitaires (VF) sont réévaluées chaque année en fonction de l'évolution de l'indice INSEE du coût de la construction.

À cette base d'imposition s'applique un taux, fixé par les communes, pouvant varier par catégorie de construction de 1 à 5 %.

3.1.4 Le calcul de la TLE

La TLE est calculée en multipliant la Valeur forfaitaire (VF) par la SHON puis par le taux fixé par la commune soit :

$$TLE = VF \times SHON \times taux.$$

3.2 La Taxe complémentaire à la Taxe locale d'équipement

Elle est perçue en complément de la Taxe locale d'équipement (TLE) et est attribuée à la région Île-de-France pour le financement d'équipements collectifs liés aux programmes de constructions de logements.

3.2.1 Champ d'application

Un arrêté détermine les communes dans lesquelles cette taxe est perçue. La liste des communes figure à l'article 155 ter de l'annexe IV du Code général des impôts.

3.2.2 Les opérations concernées par la TC/TLE

▶ Opérations imposables

La taxe est due sur la construction, la reconstruction ou l'agrandissement des bâtiments de toute nature. Elle est exigible sur la base des autorisations délivrées ou de procès-verbaux constatant la réalisation de constructions non autorisées.

▶ Opérations exclues

L'article 1585 C -I et II du Code général des impôts indique que sont notamment exclues les constructions destinées à être affectées à un service public ou d'utilité publique et celles édifiées dans les Zones d'aménagement concerté (ZAC) ou les périmètres de Plans d'aménagement d'ensemble (PAE).

▶ Exonérations

La loi ne prévoit pas d'exonération spécifique.

3.2.3 Assiette

L'assiette de la TC/TLE est la même que celle retenue pour la TLE.

3.2.4 Calcul de la TC/TLE

$$TC/TLE = VF \times SHON \times taux$$

Après la réalisation des travaux

3.3 La Taxe départementale pour le financement des dépenses des conseils en architecture, d'urbanisme et de l'environnement

La TDCAUE est perçue afin de financer les conseils qui ont pour mission de promouvoir la qualité de l'architecture, l'urbanisme et la protection de l'environnement.

3.3.1 Champ d'application

La TDCAUE s'applique de plein droit dans l'ensemble des communes qui l'ont instituée, même si la TLE n'est pas exigible dans cette commune.

3.3.2 Les opérations concernées par la TDCAUE

▶ Opérations imposables

La taxe est due sur la construction, la reconstruction ou l'agrandissement des bâtiments de toute nature. Elle est exigible sur la base des autorisations délivrées ou de procès-verbaux constatant la réalisation de constructions non autorisées.

▶ Opérations exclues

Le Code général des impôts indique que sont notamment exclues les constructions destinées à être affectées à un service public ou d'utilité publique et celles édifiées dans les Zones d'aménagement concerté (ZAC) ou les périmètres de Plans d'aménagement d'ensemble (PAE).

▶ Exonérations

La loi ne prévoit pas d'exonération spécifique.

3.3.3 L'assiette

L'assiette de la TDCAUE est la même que celle retenue pour la TLE.

Le taux applicable est uniforme sur l'ensemble du territoire départemental pour toutes les communes et toutes les constructions. Le taux ne peut excéder 0,3 % de la valeur de l'ensemble immobilier.

3.3.4 Le calcul de la TDCAUE

$$TDCAUE = VF \times SHON \times taux.$$

3.4 La Taxe départementale des espaces naturels sensibles

La TDENS est perçue afin de financer la politique de protection des espaces naturels sensibles engagés par le département.

3.4.1 Champ d'application

La TDENS s'applique de plein droit dans l'ensemble des communes qui l'ont instituée, même si la TLE n'est pas exigible dans cette commune.

3.4.2 Les opérations concernées par la TDENS

▶ Opérations imposables

La taxe est due sur la construction, la reconstruction ou l'agrandissement des bâtiments de toute nature. Elle est exigible sur la base des autorisations délivrées ou de procès-verbaux constatant la réalisation de constructions non autorisées.

▶ Opérations exclues

Le Code général des impôts indique que sont notamment exclues les constructions destinées à être affectées à un service public ou d'utilité publique et celles édifiées dans les Zones d'aménagement concerté (ZAC) ou les périmètres de Plans d'aménagement d'ensemble (PAE).

▶ Exonérations

La loi ne prévoit pas d'exonération spécifique.

3.4.3 L'assiette

L'assiette de la TDENS est la même que celle retenue pour la TLE.
Le taux est fixé par le Conseil général. Il peut varier en fonction du type de construction sans pouvoir excéder 2 % de la base d'imposition.

3.4.4 Le calcul de la TDENS

La TDENS est calculée en multipliant la Valeur Forfaitaire par la SHON puis par le Taux fixé par le Conseil Général soit :

$$\text{TDENS} = \text{VF} \times \text{SHON} \times \text{Taux}$$

3.5 Les autres taxes

La Participation pour raccordement à l'égout (PRE) s'applique aux immeubles édifiés après l'installation de l'égout dans les conditions déterminées par une délibération du conseil municipal et ne doit pas dépasser 80 % du coût d'une installation individuelle.

La participation destinée à la réalisation de parcs publics de stationnement est instituée par la commune. Elle est alors demandée au bénéficiaire de l'autorisation de construire qui ne peut pas satisfaire lui-même aux obligations imposées par un document d'urbanisme en matière de réalisation d'aires de stationnement. Son plafond est fixé annuellement.

La participation spécifique pour la réalisation d'équipements publics exceptionnels concerne de telles réalisations induites par les constructions à caractère industriel, agricole, commercial ou artisanal (par exemple, la création d'un carrefour pour desservir une grande surface).

La participation pour voirie et réseaux est instituée par la commune. Elle permet de financer, en totalité ou en partie, la construction de voies nouvelles ou l'aménagement de voies existantes ainsi que l'établissement ou l'adaptation des réseaux qui sont associés aux nouvelles constructions, lorsque ces travaux sont réalisés pour permettre leur implantation.

Les cessions gratuites de terrains destinés à être affectés à certains usages publics se limitent à 10 % de la superficie du terrain.

La redevance d'archéologie préventive est prévue aux articles L 524-2 à L 524-13 du Code du patrimoine.

3.6 Le recouvrement des taxes

Les produits de taxes inférieurs à 12 € ne sont pas recouvrés.

La TLE, comme les autres taxes d'urbanisme à l'exception de la TDCAUE, est payable en deux fractions, à dix-huit et trente-six mois après la délivrance de l'autorisation de construire :

- les produits de taxes supérieurs à 12 € et inférieurs à 305 € sont payables à dix-huit mois ;
- les produits de taxes supérieurs à 305 € sont payables à trente-six mois.

Les produits de TDCAUE sont payables en totalité à dix-huit mois.

Le bénéficiaire est normalement informé des dates et des conditions d'exigibilité sur le titre de liquidation. Pour améliorer le recouvrement amiable, le Trésor public adresse au redevable un mois avant chaque échéance, un avis l'informant de la date limite de paiement. Si ce rappel n'a pas eu lieu, et que le redevable a omis de payer, il est conseillé de déposer une demande de remise gracieuse des majorations et intérêts de retard au Trésor public.

3.7 Le dégrèvement, décharge ou restitution partielle des taxes

L'abandon de la procédure de recouvrement est précédé d'une décision de dégrèvement, décharge ou restitution partielle prise par le directeur de l'équipement ou par le maire. Les abandons de la procédure de recouvrement suite à ces décisions peuvent notamment résulter :

- de la péremption de l'autorisation de construire ;
- d'un arrêté portant retrait de l'autorisation ayant donnée lieu à la taxation ;
- de la délivrance d'un permis de construire ayant pour effet de réduire la superficie taxable.

Exemple de décompte des taxes d'urbanisme

Agrandissement de 23 m² d'un pavillon situé dans une petite commune de l'Essonne

SHON	Catégorie	Valeur forfaitaire	TLE	TDENS	TDCAUE	TC/TLE	Total
23 m²	512	463 €/m²	319 €	213 €	32 €	0 €	564 €

TLE = 463 × 23 × 3 % = 319,47 €.

TDENS = 463 × 23 × 2 % = 212,98 €.

TDCAUE = 463 × 23 × 0,3 % = 31,95 €.

TC/TLE = 0 € car la commune n'est pas assujettie à la TCTLE.

Chapitre 8
Les assurances et garanties

1 L'assurance dommages ouvrage

L'assurance dommages ouvrage (DO) est une assurance obligatoire pour les constructions neuves mais également pour des travaux réalisés sur des immeubles existants (restructuration, réhabilitation, aménagement ou réparation). Elle a été instituée par la loi n° 78-12 du 4 janvier 1978 (dite loi Spinetta).

Cette assurance a pour but de fournir au maître d'ouvrage (propriétaire) une garantie, sans recherche préalable de responsabilité, du paiement de la totalité des travaux de réparation des dommages de nature physique décennale subis par l'ouvrage. Elle permet donc au propriétaire d'être indemnisé rapidement alors que la recherche de responsabilité en matière de construction peut prendre plusieurs mois. En effet, sans attendre la décision de justice, la compagnie d'assurance fournissant cette garantie se doit de faire effectuer les travaux nécessaires déterminés par expertise. À charge ensuite pour elle de se retourner contre le ou les responsables des désordres constatés.

Cette assurance est valable non seulement pour le propriétaire, mais également pour les propriétaires successifs. Seul l'État, lorsqu'il construit pour son compte, n'a pas d'obligation d'assurance. Les professionnels qui contreviennent à cette obligation peuvent, quant à eux, faire l'objet de sanctions pénales. Toutefois, ces sanctions pénales ne visent pas le simple particulier construisant un logement pour l'occuper lui-même ou le faire occuper par sa proche famille. Dans ce cas, le particulier est cependant passible d'une sanction indirecte le jour où il vendra sa maison car la mention de l'existence ou de l'absence d'assurance est présente sur l'acte de vente. En cas d'absence de garantie, l'immeuble peut subir une moins-value qui restera à la charge du vendeur.

1.1 Quand doit-on souscrire ?

L'assurance dommages ouvrage doit être souscrite avant l'ouverture du chantier, ceci afin qu'elle démarre dès la fin de la période de parfait achèvement jusqu'à la fin de la période décennale (voir chapitres 3.3 et 3.4).

1.2 Que couvre cette assurance ?

L'assurance dommages ouvrage garantit : les dommages qui compromettent la solidité de l'ouvrage, et les éléments d'équipements qui sont indissociables de l'ouvrage.

1.3 La déclaration de sinistre

La déclaration du sinistre doit être réalisée dans les 5 jours qui suivent sa constatation. Le contrat peut prévoir un autre délai mais celui-ci ne peut être inférieur à 5 jours. La déclaration de sinistre doit être établie par écrit contre récépissé ou adressée par lettre recommandée avec accusé de réception.

> **Les mentions obligatoires**
> - le numéro du contrat d'assurance (numéro de police) ;
> - le nom du propriétaire de la construction endommagée ;
> - la date de réception ou celle de la première occupation des locaux ;
> - la date d'apparition des dommages ;
> - le descriptif et la localisation précise du sinistre.

L'assureur a 10 jours pour réclamer les pièces manquantes. Passé ce délai, il ne peut plus invoquer l'irrégularité de la déclaration. Une fois la demande admise, la procédure d'indemnisation commence.

1.4 La procédure d'indemnisation

Le sinistre nécessite obligatoirement une expertise. Le délai entre la déclaration de sinistre et la proposition d'indemnisation ne peut excéder 90 jours, sauf en cas de contestation par l'assuré.

L'assureur a 60 jours pour se prononcer sur la mise en œuvre de la garantie. Il nomme un expert. L'assuré, averti de cette nomination, a 8 jours pour récuser le choix de l'expert. En cas de contestation, un nouvel expert peut être nommé d'un commun accord ou par le juge des référés.

Pendant ce délai de 60 jours (porté à 70 en cas de récusation de l'expert et à 90 jours s'il est désigné en justice), l'assureur fait procéder à l'expertise.

Avant de rendre sa décision, l'assureur notifie le rapport préliminaire de l'expert à l'assuré. Ce document doit comporter l'indication des mesures conservatoires nécessaires ainsi que les caractéristiques techniques du sinistre.

L'assureur doit proposer le montant de l'indemnité sous 30 jours (délai pouvant être prorogé sans jamais excéder 135 jours). Si l'assureur n'a pas fait connaître à l'assuré son offre d'indemnisation dans le délai de 90 jours, l'assuré peut engager, aux frais de l'assureur, les travaux nécessaires à la réparation définitive du sinistre. L'assuré peut engager ces travaux, après une simple notification de dépassement du délai, dans la mesure où, ayant reçu le rapport d'expertise, il se conforme aux préconisations de l'expert. Au cas où l'assuré n'aurait pas eu connaissance du rapport d'expertise, il pourrait néanmoins engager les travaux nécessaires à la réparation du sinistre selon ses propres estimations, 15 jours après notification à l'assureur du dépassement de délai et indication de la nature et du coût des mesures qu'il estime devoir prendre.

Si l'assuré n'est pas d'accord sur l'indemnité proposée mais souhaite ne pas retarder l'exécution des travaux nécessaires, il peut exiger le règlement d'une avance égale aux trois quarts de l'indemnité proposée sans attendre que le litige soit tranché.

1.5 Règlement de l'indemnisation

Le règlement intégral doit se faire dans les 15 jours à compter de la réception de l'acceptation de l'offre par l'assuré. L'indemnité définitive devra correspondre au montant de la réparation intégrale du sinistre, y compris le prix de la nouvelle garantie dommages ouvrage.

2 L'assurance tous risques chantier

L'assurance tous risques chantier (TRC) est une assurance facultative et temporaire souscrite par le maître d'ouvrage (propriétaire) pour la durée d'un chantier unique. Tous les intervenants à l'acte de construire sont garantis, qu'il s'agisse du maître d'ouvrage ou des entreprises, y compris les sous-traitants participant à la réalisation de l'ouvrage.

Les garanties couvrent les dommages matériels occasionnés sur le chantier à tout ce qui est destiné à faire partie intégrante de l'ouvrage définitif. Les sinistres peuvent résulter notamment d'évènements tels qu'incendie, explosion, foudre, dégâts des eaux, événements naturels, effondrement total, ou consécutifs à la maladresse, négligence, malveillance, vol, vandalisme.

En cas de sinistre, l'indemnisation intervient sans recherche préalable de responsabilité de la part des assureurs, ce qui permet d'éviter des désaccords en cours de réalisation du projet.

Cette assurance court en principe jusqu'à la réception des travaux depuis l'ouverture du chantier, c'est-à-dire pendant la période de construction proprement dite.

Sont couverts par la TRC : tous les travaux à compter de l'ouverture du chantier, et les matériaux et équipements à compter de leur arrivée sur le site. La TRC est assortie de franchises généralement plus élevées pendant la période de fin de chantier que pendant la construction. Il est possible d'associer à la TRC des garanties supplémentaires également souscrites pour l'ensemble des intervenants du chantier, par exemple les dommages aux biens pendant la période de garantie ou la responsabilité civile complémentaire.

3 Les garanties

L'ensemble des garanties (hormis la garantie de livraison) commencent à courir à la date de la réception des travaux. Avant la signature d'un contrat, il est essentiel de s'assurer que le ou les entrepreneurs qui vont réaliser les travaux sont à jour de leurs versements de primes d'assurances. Il est donc impératif d'obtenir toutes les attestations de garanties. Il est à noter que cette garantie ne saurait s'étendre aux travaux nécessaires à l'entretien ou à l'usure normale.

Les assurances et garanties

3.1 La garantie de livraison

Les constructeurs et entrepreneurs sont légalement (article L 231-6 du Code de la construction et de l'habitation) tenus de souscrire une garantie de livraison auprès d'un établissement de crédit ou d'une entreprise d'assurances agréés à cet effet.

La garantie couvre le maître d'ouvrage contre les risques d'inexécution ou de mauvaise exécution des travaux prévus au contrat, à prix et délais convenus. Les cas concernés par cette garantie sont :

– lorsque la construction n'est pas livrée dans le délai prévu au contrat ;
– lorsque les travaux nécessaires à la levée des réserves n'ont pas été exécutés dans les temps définis au contrat ou par la norme ;
– lorsque le constructeur est placé en liquidation ou en redressement judiciaire.

Lorsque l'un de ces cas intervient, il convient alors de prévenir l'organisme garant par lettre recommandée avec accusé de réception. Ce dernier doit alors faire constater que le délai de livraison n'est pas respecté, puis mettre en demeure sans délai le constructeur de livrer l'immeuble ou d'exécuter les travaux restants. Quinze jours après une mise en demeure restée infructueuse, le garant doit procéder à l'exécution de ses obligations.

3.2 La garantie de parfait achèvement

Les constructeurs et entrepreneurs sont légalement (article L 111-19 du CCH) tenus de fournir une garantie de parfait achèvement d'une durée d'un an à compter de la date de la réception des travaux (toute clause excluant cette garantie n'est ni valable, ni légale).

Cette garantie s'applique à la réparation de tous les désordres signalés par le maître d'ouvrage, soit par des réserves mentionnées au procès-verbal de réception, soit par lettre recommandée avec accusé de réception pour ceux révélés postérieurement à la réception. Les malfaçons, les réalisations non conformes ou les travaux non effectués font également l'objet de cette garantie.

En cas d'inexécution, les travaux concernés par cette garantie peuvent, après une mise en demeure restée infructueuse, être exécutés aux frais et risques de l'entrepreneur défaillant (article 1792-6 du Code civil).

Si aucune action en justice n'est lancée avant la fin du délai d'un an, le maître d'ouvrage perd purement et simplement le bénéfice de sa garantie de parfait achèvement et ne peut plus obtenir réparation des réserves non levées.

3.3 La garantie de bon fonctionnement

Cette garantie appelée aussi garantie biennale, à la charge des constructeurs d'ouvrages immobiliers, assure le maître d'ouvrage, pendant 2 ans à compter de la réception des travaux, des malfaçons affectant les éléments d'équipement dissociables des éléments constitutifs de l'ouvrage. Sont responsables tous les constructeurs tenus à garantie décennale.

Le caractère dissociable s'apprécie en fonction de la méthode de pose de l'élément d'équipement qui doit permettre son enlèvement sans détérioration de l'ouvrage, comme portes, fenêtres, volets, revêtements de toutes sortes, conduites, tuyauteries, canalisations, radiateurs, sanitaires, robinetterie, cloisons, etc. (articles R 111-27, R 111-28 du Code de la construction et de l'habitation).

Si le vice affectant l'élément d'équipement rend l'immeuble impropre à sa destination, c'est la garantie décennale qui a vocation à s'appliquer.

Cette garantie ne saurait s'appliquer en cas d'utilisation abusive ou non conforme des équipements ainsi qu'en cas de défaut d'entretien. Sont exclus également les appareils électriques et mécaniques livrés en l'état à l'entrepreneur et installés par ce dernier. Toute notification de défaillance de l'équipement se fait par lettre recommandée avec accusé de réception (ou par constat d'huissier) auprès du constructeur ou de l'installateur.

3.4 Garantie décennale

La garantie décennale s'applique dès lors que les travaux sont réalisés par une entreprise et protège le maître d'ouvrage contre les vices et malfaçons affectant le sol, le bâtiment, et la non conformité à certaines normes obligatoires. Toute entreprise dont l'objet est la réalisation de tels travaux a pour obligation légale de souscrire cette assurance décennale.

La responsabilité du constructeur est engagée sur les malfaçons qui compromettent la solidité et l'étanchéité d'un édifice, ou le rendent impropre à l'usage auquel il est destiné (Code civil, art. 1792), et ce pendant 10 ans à compter de la date de réception de l'ouvrage.

Mr et Mme DUPONT André
25, rue Principale
98050 MACOMMUNE

                                          Compagnie d'assurance
                                          Adresse de la Compagnie
                                          98100 SAVILLE

                                          Macommune, le 13 novembre 2015

Lettre recommandé avec accusé de réception

Objet :
Demande d'application de la Garantie Décennale
Construction d'une Maison Individuelle
25, rue Principale – 98050 MACOMMUNE

A l'attention de Monsieur l'assureur

Monsieur,

Pour la réalisation des travaux de (précisez la nature des travaux), nous avons fait appel à l'entreprise (précisez le nom de l'entreprise) domiciliée (préciser l'adresse de l'entreprise).

La réception des travaux a eu lieu le (précisez la date).

Nous avons constaté ce jour :(précisez les désordres constatés).

Or, l'entreprise (précisez le nom de l'entreprise) était, à la date d'ouverture du chantier, assurée par votre compagnie.

A ce titre, nous vous demandons donc de faire appliquer la garantie décennale afin d'assurer la prise en charge des sommes à engager pour la réparation de ces désordres.

Nous vous prions d'agréer, Monsieur, l'expression de nos salutations les plus distinguées.

                                          Mr et Mme DUPONT

Les travaux de fondations, de gros œuvre, de charpente, de couverture, d'étanchéité, etc. sont concernés par cette garantie. Par extension, les tribunaux considèrent que les travaux importants de rénovation ou d'aménagement sont également couverts, ainsi que tous travaux portant sur des éléments liés aux ouvrages de base de la construction et ceux qui affectent la solidité du bâtiment.

En cas de constat de malfaçons relevant de la garantie décennale, vous devez dans les 5 jours adresser par lettre recommandée avec accusé de réception une déclaration de sinistre à l'assureur de l'entreprise concernée.

Un modèle de lettre demandant l'application de la garantie décennale à l'assureur de l'entreprise en cause est présenté ci-avant.

Dans le cas où une assurance dommages ouvrage a été contractée, il y a lieu d'adresser cette déclaration de sinistre à l'assureur dommages ouvrage qui se retournera vers l'assureur de l'entreprise en cause.

Bibliographie

Patrick Gérard, *Pratique du droit de l'urbanisme*, Éditions Eyrolles, 5e édition, 2007.

François-Charles Bernard, Patrick Durand, *Le nouveau régime des autorisations d'urbanisme*, Éditions Le Moniteur, 2007.

Alain Hirselberger, *Plans et idées pour construire*, Éditions Eyrolles, 2008.

Jean-Pierre Gousset, *Lire et réaliser les plans de maisons de plain-pied*, Éditions Eyrolles, 2007.

Code de l'urbanisme commenté, Éditions Dalloz, 2007.

Pierre Merlin, *L'urbanisme*, PUF, « Que-sais-je ? », 2007.

Philippe Ch.-A. Guillot, *Droit de l'urbanisme*, Éditions Ellipses, 2006.

Michel Ricard, *Le permis de construire*, Éditions Le Moniteur, 2002.

Béatrice Guénard-Salaün, *Le permis de construire*, SEBTP, 2005.

François Ascher, *Les nouveaux principes de l'urbanisme*, Éditions de l'Aube, 2004.

Isabelle Cassin, *Le Plan local d'urbanisme*, Éditions Le Moniteur, 2005.

Henri Jacquot, François Priet, *Droit de l'urbanisme*, Éditions Dalloz, 2004.

Jacqueline Morand-Deviller, *Le permis de construire*, Éditions Dalloz, 1996.

Sitographie

Sites gouvernementaux

Ministères

www.equipement.gouv.fr
www.logement.gouv.fr
www.ville.gouv.fr
www.culture.gouv.fr
www.sggou.gouv.fr
www.impots.gouv.fr
www.ecologie.gouv.fr
www.construction.equipement.gouv.fr
www.btp.equipement.gouv.fr
www.cadastre-gouv.fr

Textes législatifs

www.legifrance.gouv.fr
www.journal-officiel.gouv.fr

Portails spécifiques

www.nouveaupermisdeconstruire.gouv.fr
www.service-public.fr

Répertoire des sites gouvernementaux

www.lessites.service-public.fr

Sites d'organismes spécialisés

www.anah.fr : agence nationale de l'habitat
www.anru.fr : agence nationale pour la rénovation urbaine
www.anil.org : agence nationale pour l'information sur le logement
www.fncaue.asso.fr : fédération nationale des conseils d'architecture, d'urbanisme et de l'environnement
www.pact-arim.org : fédération nationale des centres pact arim
www.fnau.org : fédération nationale des agences d'urbanisme
www.architectes.org : ordre des architectes

Sites des collectivités territoriales

www.amf.asso.fr : association des maires de France
www.conseil-general.com : portail des départements et des régions
www.parcs-naturels-regionaux.fr : fédération des parcs naturels régionaux de France

Sites d'information sur les localisations de risques

www.prim.net : prévention des risques majeurs
www.argiles.fr : informations spécifiques du bureau de recherche géologiques et minières
www.bdcavite.net : informations spécifiques du bureau de recherche géologiques et minières
www.sisfrance.net : informations spécifiques du bureau de recherche géologiques et minières

Sites privés

www.droitdelurbanisme.com
www.coin-urbanisme.org
www.libel.fr

Sigles

ABF : architecte des bâtiments de France
ANAH : agence nationale de l'habitat
BBC : bâtiment basse consommation
CAUE : conseils d'architecture, d'urbanisme et de l'environnement
CCH : Code de la construction et de l'habitation
CDUC : commission départementale d'urbanisme commercial
COS : coefficient d'occupation des sols
CU : certificat d'urbanisme
DAT : déclaration d'achèvement des travaux
DDE : direction départementale de l'équipement
DIA : déclaration d'intention d'aliéner
DO : assurance dommages ouvrage
DOC : déclaration d'ouverture de chantier
DP : déclaration préalable
DPU : droit de préemption urbain
DTA : directive territoriale d'aménagement
DUP : déclaration d'utilité publique
ENL : loi Engagement national pour le logement
EPCI : établissement public de coopération intercommunale
ERP : établissement recevant du public
IGH : immeuble de grande hauteur
PA : permis d'aménager
PADD : plan d'aménagement et de développement durable
PADOG : plan d'aménagement et d'organisation générale
PAE : programme (ou plan) d'aménagement d'ensemble
PC : permis de construire

PCM : permis de construire modificatif
PCMI : permis de construire une maison individuelle
PD : permis de démolir
PDU : plan de déplacement urbain
PEB : plan d'exposition au bruit
PLH : plan (ou programme) local de l'habitat
PLU : plan local d'urbanisme
PN : parc national
PNR : parc naturel régional
POS : plan d'occupation des sols
PPRI : plan de prévention pour les risques d'inondations
PRE : participation pour le raccordement à l'égout
PSMV : plan de sauvegarde et de mise en valeur
RNU : règlement national d'urbanisme
SCOT : schéma de cohérence territoriale
SD : schéma directeur
SDAU : schéma directeur d'aménagement et d'urbanisme
SDO : surface dans œuvre
SEM : société d'économie mixte
SHOB : surface hors œuvre brute
SHON : surface hors œuvre nette
SMVM : schéma de mise en valeur de la mer
SRADT : schéma régional d'aménagement et de développement du territoire
SRU : loi Solidarité et renouvellement urbain
SU : surface utile
TA : tribunal administratif
TC/TLE : taxe complémentaire à la taxe locale d'équipement
TDCAUE : taxe départementale pour le financement des dépenses des conseils d'architecture, d'urbanisme et de l'environnement
TDENS : taxe départementale des espaces naturels sensibles
THPE : très haute performance énergétique
TLE : taxe locale d'équipement
TRC : assurance tous risques chantier
UTN : unité touristique nouvelle
ZAC : zone d'aménagement concerté
ZAD : zone d'aménagement différé
ZPPAUP : zone de protection du patrimoine architectural urbain et paysager
ZUP : zone à urbaniser en priorité

Index

A

abattage d'arbre 72
accessibilité 83
accord tacite 159
achèvement des travaux 185
acrotère 48
affichage
    décision 165
    intervenants 170
    sécurité 170
    terrain 165
affouillement 79
agrandissement 66
aire de stationnement 78
alignement 77
aménagement des abords 72
arbre 72
architecte
    des Bâtiments de France 29, 154
    recours à un 6, 12
ascenseur 45, 48
aspect extérieur 22, 70
assiette
    TLE 190
assurance 197
    déclaration 198
    dommages ouvrage 197
    expert 199
    indemnisation 199
    tous risques chantier (TRC) 200
autorisation
    d'exploitation commerciale 154, 155
    de création de salle de spectacle 154, 155
    de défrichement 153
autorité compétente 147
auvent 47
avancée de toiture 47

B

baie 145
balcon 52, 56
bandeau 48
bassin 74
bateau 54
bâtiment existant 66
biomasse 62

C

câble 80
cadre réglementaire 15
calcul
    de la SHON maximale 59
    des SHOB et SHON 58

des surfaces 43
camping 25, 26, 27, 81, 144
canalisation 47, 80
capteur solaire 62, 63
caravane 25, 26, 54, 78, 81
carte
    communale 23, 148
carte IGN 139
catégorie (TLE) 190
cave 51
caveau 80
certificat
    de droit commun 33
    préopérationnel 33
certificat d'urbanisme 4, 5, 32, 143
certificat de conformité 188
cession gratuite 195
champ de visibilité 153
changement de couleur 70
changement de destination 65, 69
charpente 51, 67
châssis 75
chauffage 50, 56, 60, 61, 62
cimetière 80
citerne 47
clôture 73, 143
code
    Civil 18
    de l'environnement 18
    de l'urbanisme 17
    de la construction et de l'habitation 16
    du patrimoine 18
coefficient d'occupation des sols 7, 22, 23, 59
    dépassement 59
comble 45, 49, 62, 63, 67
commission
    d'accessibilité 85
    de sécurité 85

condition d'envoi des notifications 155
conformité 188
construction 144
    de faible importance 66
    existante 65, 67, 68, 69, 70
    isolée 66
    nouvelle 65, 66, 73, 74, 75
    temporaire 80
contentieux 17
contribution 189
corniche 48
coupe d'arbre 72
coursive 52
création de surface 67

D

décennale (garantie) 202
décentralisation 5
décision 159
    contenu 160
    expresse 159
    forme 160
    notification 161
    prise au nom de l'État 148
    prise au nom de la commune 148
    tacite 151, 159
déclaration d'achèvement des travaux 185
déclaration d'ouverture de chantier 180
déclaration préalable
    dossier 91
    formulaire 91
    pièces à joindre 99
    récépissé de dépôt 101
déduction 52, 54
    forfaitaire 56
    spécifique 56
défrichement 154
délai
    validité 163

Index

délai d'instruction 151, 156
    de droit commun 139, 153, 156
    exceptionnel 154, 158
    particulier 153, 157
demande
    affichage 150
    transmission 149
démolition 65, 77
densité 59
dépassement du COS 59
destination des constructions 59
diagnostic de performance énergétique 63
document d'orientations générales 21
document graphique 145
dossier
    complet 151
    déclaration préalable 91
    incomplet 151
    permis d'aménager 122
    permis de construire 102, 110
    permis de démolir 135
droit de préemption 17
durée de validité 163

E

énergie renouvelable 59, 60, 62, 63
ENL 5
enquête publique 154, 159
enregistrement des demandes 149
entretien 70, 72
enveloppe existante 67
éolienne 76
escalier 45, 48
espace protégé 159
établissement public de coopération intercommunale (EPCI) 20, 28, 81, 148
établissements recevant du public 82
exhaussement 79
exonération (TLE) 190

exploitation agricole 53, 55

F

fenêtre 145
fenêtre de toit 70
forme des notifications 155
formulaire
    déclaration préalable 91
    demande de certificat d'urbanisme 34
    permis d'aménager 122
    permis de construire 102, 110
    permis de démolir 135

G

galerie 45
garage 68
garantie 197, 200
    biennale 202
    de bon fonctionnement 202
    de livraison 201
    de parfait achèvement 201
    décennale 202
grange 69

H

habitation légère 25, 81
handicapé 83

I

immeuble classé 77
immeuble de grande hauteur (IGH) 86
immeuble inscrit 71, 153, 159
impôt 189
indemnisation 199
infraction 9
    constat 10
installations temporaires 9
intérêt général 22
interruption des travaux 10, 11, 163
isolation 56

213

L

label
  BBC 2005 59, 61
  justification 63
  THPE EnR 2005 59, 60
légalité du dossier 158
loggia 52, 56
loi
  Cornudet 3
  d'orientation foncière 4
  d'orientation pour la ville 5
  engagement national pour le logement 5
  littoral 5
  Malraux 4
  montagne 5
  paysage 5
  solidarité et renouvellement urbain 5, 20, 21, 32
  Spinetta 197
lotissement 3, 77, 144
lucarne 70

M

maître
  d'œuvre 15
  d'ouvrage 15
manifestation 80
marquise 48
mezzanine 45, 67
mobile home 25
modification
  de bâtiment 68
  de la structure porteuse 69
  du volume du bâtiment 70
monte-charge 48
monument
  funéraire 80
  historique 3, 18, 29, 71, 73, 77, 153, 155, 159

mur de soutènement 73

N

notice
  descriptive 143
numéro d'enregistrement 149
numéro de dossier 149

O

opération d'instruction 151
oriel 52, 56
ouverture de chantier 180

P

panneau 165
panneaux solaires 60
parc
  national 31, 160
  résidentiel de loisirs 25
parfait achèvement 201
participation 195
participation pour raccordement à l'égout 195
patrimoine 3
percement 70
permis
  tacite 2
permis d'aménager
  dossier 122
  formulaire 122
  pièces à joindre 129
  récépissé de dépôt 134
permis de construire
  dossier 110
  formulaire 110
  pièces à joindre 117
  récépissé de dépôt 121
permis de construire pour une maison individuelle
  dossier 102

Index

formulaire 102
    pièces à joindre 107
    récépissé de dépôt 109
permis de démolir
    dossier 135
    formulaire 135
    pièces à joindre 137
    récépissé de dépôt 138
permis modificatif 173
photographie 146
pièces à joindre 139
piscine 74
plan
    d'assemblage cadastral 139
    de coupe 142
    de façade 144
    de situation 139
    de toiture 144
    de ville 139
    masse 140
plan d'aménagement et d'organisation générale 4
plan d'aménagement et de développement durable 20, 21
plan d'occupation des sols 3, 4, 5, 19, 21, 59
plan de prévention des risques 141
plan de sauvegarde et de mise en valeur 28, 153
plan local d'urbanisme 5, 19, 21, 59, 71, 81, 147
plancher intermédiaire 67
planification urbaine 3
plans d'aménagement d'ensemble 193
plaque commémorative 10
pompe à chaleur 59, 60, 62, 63
porte 145
prise de vue 146
procédure d'instruction 147

projet architectural 9, 12
prolongation exceptionnelle 154
promotion immobilière 16
propriété foncière 2
prorogation 164
    certificat d'urbanisme 40
prospect 2
publicité de la demande 150
pylône 47

R

rampe d'accès 45, 49, 55
ravalement 70
récépissé de dépôt 151
    déclaration préalable 101
    permis d'aménager 134
    permis de construire 121
    permis de construire pour une maison individuelle 109
    permis de démolir 138
récolement 185
reconstruction 4
recours
    administratif 161
    des tiers 180
redevance 189
réforme 8
refus 161
règlement
    national d'urbanisme (RNU) 4, 19, 23
    respect 7
    sanitaire communal 3
    simplification 8
rejet tacite 159
relogement d'urgence 80
remorque 54
réparation ordinaire 70, 72
réserve naturelle 31, 159
résidence mobile de loisirs 25, 78

restauration immobilière 32

S

sanction 9
schéma de cohérence territoriale 5, 20
schéma directeur d'aménagement et d'urbanisme 4
secret défense 81
secteur
    de décision communale 32
    sauvegardé 28, 71, 81, 153
    spécifique 28
secteurs
    sauvegardés 4
sécurité 2, 11, 16, 20, 170
serre de production 55
servitude 2, 3
servitude de passage 141
silo 47
site
    classé 29, 159
    inscrit 29
sous-sol 45, 49
stationnement 20, 23, 53, 54, 78, 143
    taxe 195
stockage 55
surface hors œuvre brute (SHOB) 44, 66, 67
    transformation 68
surface hors œuvre nette (SHON) 43, 49, 59
    transformation 68

T

taxe 189
    complémentaire à la TLE 191
    décharge 196
    décompte 196
    dégrèvement 196
    départementale (TDCAUE) 193
    départementale des espaces naturels sensibles 194
    locale d'équipement 189
    recouvrement 195
    restitution 196
    voiries et réseaux 195
terrasse 47
tiers (recours) 180
toiture-terrasse 45, 52
tous risques chantier (TRC) 200
transfert 170
transmission des demandes 149
trésor public 195

U

utilisation des sols 22

V

valeur forfaitaire (TLE) 190
ventilation 56
véranda 53
villages de vacances 25

Z

zone
    à urbaniser 22
    agricole 22
    naturelle et forestière 22
    urbaine 22
zone à urbaniser en priorité 4
zone d'aménagement concerté 4, 193
zone d'aménagement différé 4
zone d'environnement protégé 4
zone de protection du patrimoine architectural urbain et paysager 5, 30
zone inondable 141

www.ingramcontent.com/pod-product-compliance
Lightning Source LLC
Chambersburg PA
CBHW051048160426
43193CB00010B/1108